W0108575

DAS GROSSE BUCH DER
Allgemein-BILDUNG
für Kinder

DAS AKTUELLE KINDER-WISSEN VON HEUTE

Feryal Kanbay

Compact Verlag

LIEBE LESERIN, LIEBER LESER,

In diesem Buch erfährst du jede Menge interessante und wissenswerte Dinge aus 18 verschiedenen Themenbereichen, zum Beispiel Biologie, Astronomie, Musik oder Sport. Vielleicht erinnern dich diese Themen an Schulfächer. Aber wenn du das Buch aufschlägst, wirst du ganz schnell merken, dass Wissen sehr spannend sein und Spaß machen kann.

Natürlich steht in diesem Buch nicht alles, was es über die jeweiligen Gebiete zu wissen gibt – das würde auch gar nicht hineinpassen. Dieses Buch soll dir einen Überblick verschaffen und deine Neugierde wecken.

Um es übersichtlich zu machen, hat jedes Themengebiet seine eigene Farbe. Chemie, Physik und Mathematik sind als ein großes naturwissenschaftliches Kapitel zusammengefasst. Außerdem gibt es interessante Sonderseiten über Medizin, Film und Fernsehen, Politik sowie Wirtschaft. Wenn du einen bestimmten Begriff suchst, kannst du ihn im Stichwortverzeichnis nachschlagen. Die wichtigsten Begriffe findest du dort in alphabetischer Reihenfolge.

Nun aber kann es losgehen. Viel Spaß beim Blättern und Schmökern in der Welt des Wissens!

© 2007 Compact Verlag München
Alle Rechte vorbehalten. Nachdruck, auch auszugsweise,
nur mit ausdrücklicher Genehmigung des Verlages gestattet.
Alle Angaben wurden sorgfältig recherchiert, eine Garantie
bzw. Haftung kann dennoch nicht übernommen werden.
Text: Feryal Kanbay
Chefredaktion: Dr. Angela Sendlinger
Redaktion: Irmgard Betz, Anna Häring
Produktion: Wolfram Friedrich
Abbildungen: djd deutsche journalisten dienste (s. Bildnachweis); dpa Picture-Alliance, Frankfurt;
www.fotolia.de (s. Bildnachweis)
Titelabbildungen: dpa Picture-Alliance, Frankfurt
Gestaltung: Axel Ganguin
Umschlaggestaltung: Inga Koch

ISBN 3-8174-6149-3
5461491

Besuchen Sie uns im Internet: www.compactverlag.de

INHALTSVERZEICHNIS

ASTRONOMIE

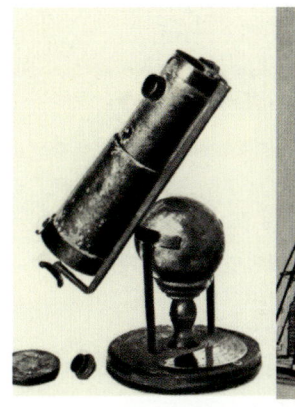

Historische Teleskope

WAS IST ASTRONOMIE?

Die wissenschaftliche Erforschung des Weltalls nennt man Astronomie oder Himmelskunde. Dazu gehört das Sonnensystem, das Milchstraßensystem und alles, was jenseits der Milchstraße liegt. Du darfst aber Astronomie nicht mit Astrologie verwechseln. Die Astrologie versucht, die Sterne zu deuten.

DAS UNIVERSUM IM ALTERTUM

Schon vor Jahrtausenden versuchten die ersten Sterngucker unser Universum zu erklären. Die alten Ägypter glaubten, dass die Himmelsgöttin Nut ihren Körper über die Erde wölbte – das war der Himmel, den sie sahen. Nut wurde so dargestellt, dass ihr Körper mit Sternen übersät war und als Band der Milchstraße am Himmel erschien. Schuh, der Gott des Lichtes und der Luft, stützte Nut. Darunter lag Nuts Gemahl Geb, der Erdgott. Chinesische Astronomen beobachteten schon früh Kometen sowie Sonnen- und Mondfinsternisse. Wenn die Sonne bei einem dieser Ereignisse ganz dunkel wurde, bekamen die Menschen Angst. Sie glaubten, ein Drache würde versuchen, die Sonne zu fressen. Sie schlugen Trommeln und schossen Pfeile gegen die Sonne, um den Drachen zu vertreiben.

Lange Zeit glaubten die Menschen, die Erde sei flach wie eine Scheibe und im Himmel würden die Götter wohnen. Die alten Griechen schließlich erkannten, dass die Erde rund ist.

ERSTE OBSERVATORIEN

Die Astronomen begannen allmählich, das, was sie am Himmel sahen, genauer zu beobachten. Sie zeichneten die Bewegungen der Planeten auf und erstellten Kalender. Sie legten Listen der Sterne an und suchten nach Erklärungen für Himmelserscheinungen. Für diese Zwecke wurden sogar eigens große Bauten errichtet. Der Tempel El Caracol in Mexiko entstand vor rund 1000 Jahren. Durch die schmalen Fensteröffnungen konnten die Astronomen zu bestimmten Zeiten den Planeten Venus sehen und dadurch das Datum bestimmen.

Das Observatorium El Caracol der Mayas

HAST DU SCHON GEWUSST, dass die Steinblöcke von Stonehenge in Südengland möglicherweise eine Art Observatorium waren? Vor über 4000 Jahren wurden sie zu einem Kreis angeordnet. Vermutlich dienten sie zur Festlegung bestimmter Tage nach dem Stand der Sonne oder anderer Sterne.

VERBREITUNG DES WISSENS

Die alten Griechen bauten ihr astronomisches Wissen auf die Kenntnisse der Babylonier auf. Um 200 vor Christus errechnete der griechische Astronom Eratosthenes die Größe der Erde. Die Griechen gaben ihr Wissen schließlich an die arabisch sprechenden Völker weiter und diese brachten die Astronomie im Mittelalter auch nach Europa.

DAS ZENTRUM DES WELTALLS

Das ptolemäische Weltbild

Lange Zeit glaubten die Astronomen, dass die Erde im Mittelpunkt des Universums stehe und die Sonne und andere Himmelskörper sie umkreisen. Der griechische Astronom Ptolemäus schrieb im 2. Jahrhundert ein Buch, in dem er das ganze astronomische Wissen dieser Zeit zusammenfasste. Auch wenn er die Erde ins Zentrum des Universums setzte, war Ptolemäus als Wissenschaftler wegweisend. Denn er bestimmte als Erster die Lage von Orten auf der Erdkugel durch Längen- und Breitenkreise. Das Weltbild des Ptolemäus blieb

NIKOLAUS KOPERNIKUS

Der Astronom Nikolaus Kopernikus(1473–1543) schuf ein neues Bild vom Weltall. Bis dahin glaubte man, dass die Erde im Mittelpunkt des Universums stehe und die Sonne und andere Himmelskörper sie umkreisten. Kopernikus bot eine neue Erklärung für den Aufbau des Universums. Er setzte die Sonne in den Mittelpunkt. Zu dieser Erklärung gelangte er durch die Beobachtung der Bewegungen der Sterne und Planeten. Er selbst konnte seine Theorie nicht beweisen – das gelang erst späteren Astronomen. Das Werk von Kopernikus beeinflusste Galilei, Kepler und Newton.

gültig, bis ein revolutionärer Gedanke auftauchte: Im Jahr 1543 behauptete der polnische Geistliche Nikolaus Kopernikus, die Erde würde sich um die Sonne drehen. Sein Buch *Über die Umläufe der Himmelskörper* leitete eine Wende im astronomischen Denken ein. Kopernikus selbst konnte seine Theorie jedoch nicht beweisen. Trotzdem vertraten bald auch andere Gelehrte wie Johannes Kepler die Ansicht von Kopernikus, die auf erbitterten Widerstand der katholischen Kirche stieß.

DAS UNIVERSUM – FRÜHER UND HEUTE

In der Frühzeit hielten die Astronomen das Weltall für viel leerer, als es in Wirklichkeit ist. Sie meinten, sie könnten das ganze Weltall sehen. Dabei erblickten sie nur einen Bruchteil davon. Sie kannten nur die Erde, den Mond und fünf Planeten – Merkur, Venus, Mars, Jupiter und Saturn. Heute wissen wir, dass es viel mehr gibt, und wir wissen, dass die Sonne nicht das Zentrum des Weltalls ist. Die Sonne ist nur einer von Milliarden von Sternen, aus denen das Milchstraßensystem, unsere Galaxis, besteht. Die Milchstraße ist wiederum nur eine von Milliarden weiterer Galaxien im Universum.

JOHANNES KEPLER

Der deutsche Astronom, Physiker und Mathematiker Johannes Kepler (1571–1630) erforschte unseren Himmel und entdeckte die drei Gesetze der Planetenbewegungen (keplersche Gesetze). Das erste Gesetz beschreibt die Form der Planetenbahnen, das zweite die Umlaufgeschwindigkeit der Planeten und das dritte macht eine Aussage über die Beziehung zwischen Umlaufzeit und Bahnradius.

DAS SONNENSYSTEM

Die Erde gehört zu einer Familie von Planeten, Monden, Kometen, Asteroiden (kleine Planeten zwischen Mars und Jupiter), die alle um die Sonne kreisen. Unser Sonnensystem entstand vor rund 4,6 Milliarden Jahren aus einer riesigen Wolke aus Gas und Staub. Es erstreckt sich über zwölf Milliarden Kilometer. Der beherrschende Himmelskörper ist die Sonne. In früheren Zeiten hielt man unser Sonnensystem für den größten Bestandteil des Universums. Heute wissen wir, dass es im Vergleich zum gesamten Weltall nur winzig klein ist.

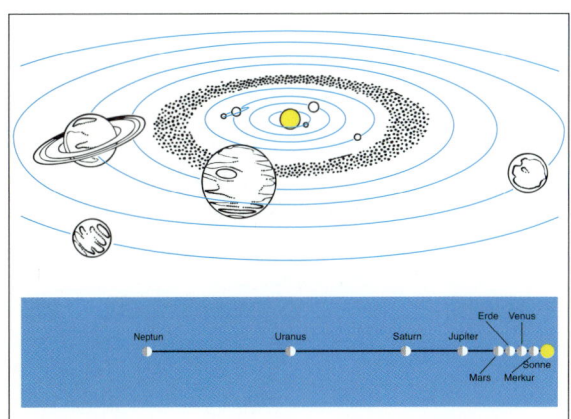

Die Positionen der Planeten im Weltall

UMLAUFBAHNEN

Das Sonnensystem ist wie eine flache Scheibe, in deren Mitte die Sonne steht. Die Planeten umkreisen sie auf ihren Umlaufbahnen. Sie bewegen sich alle in der gleichen Richtung, aber mit unterschiedlicher Geschwindigkeit. Das ist der Grund, weshalb ein Umlauf unterschiedlich lang dauert.

SCHWERKRAFT IM SONNENSYSTEM

Die Schwerkraft, eine Anziehungskraft zwischen Körpern, hält das Sonnensystem zusammen. Die Stärke der Schwerkraft hängt von der Masse der Körper und von ihrer gegenseitigen Entfernung ab. Die Wirkung der Schwerkraft wird mit zunehmender Entfernung geringer: Je weiter ein Planet von der Sonne entfernt ist, desto langsamer bewegt er sich. Es ist auch die Schwerkraft, die das Material in den Himmelskörpern zusammenhält. Ist sie stark genug, bindet sie Gase an einen Planeten oder Mond, sodass eine Atmosphäre entsteht. Im 17. Jahrhundert erforschte Isaac Newton die Bewegung des Mondes und der Planeten und formulierte das Gravitationsgesetz.

DIE SONNE

In der Mitte unseres Sonnensystems liegt die Sonne – ein wirbelnder Ball aus extrem heißen, leuchtenden Gasen, vor allem Wasserstoff und etwas Helium sowie winzigen Spuren anderer Elemente. Im Innern der Sonne entsteht durch Kernfusion (Wasserstoffkerne ver-

Die Planetenbahnen

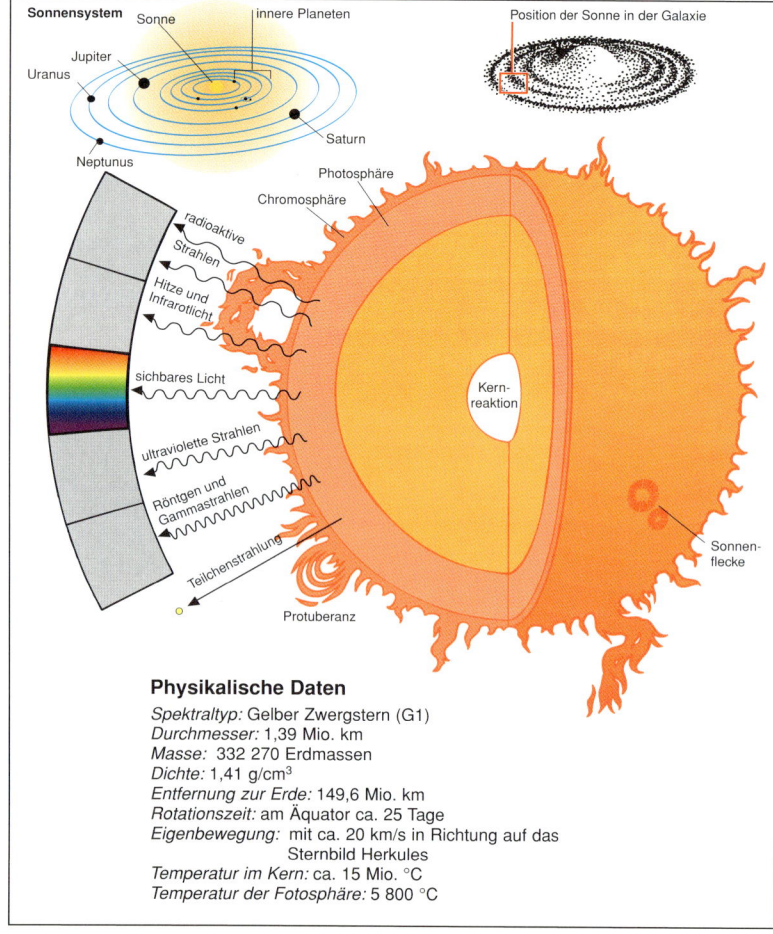

Der Aufbau der Sonne

Physikalische Daten

Spektraltyp: Gelber Zwergstern (G1)
Durchmesser: 1,39 Mio. km
Masse: 332 270 Erdmassen
Dichte: 1,41 g/cm³
Entfernung zur Erde: 149,6 Mio. km
Rotationszeit: am Äquator ca. 25 Tage
Eigenbewegung: mit ca. 20 km/s in Richtung auf das Sternbild Herkules
Temperatur im Kern: ca. 15 Mio. °C
Temperatur der Fotosphäre: 5 800 °C

schmelzen zu Heliumkernen) ständig Licht- und Wärmeenergie. Diese Reaktion findet bei etwa 14 Millionen Grad Celsius statt; an der Oberfläche der Sonne (Photosphäre) herrscht eine Temperatur von 5500 Grad Celsius. Die Sonne leuchtet, weil sie Lichtenergie erzeugt. Das Licht braucht rund acht Minuten, um von der Sonne auf die Erde zu gelangen. Die Sonne scheint seit rund 4,6 Milliarden Jahren und wird noch einmal so lang ihr Licht aussenden.

HAST DU SCHON GEWUSST,

dass die Sonne einen Durchmesser von rund 1,4 Millionen Kilometern hat? Sage und schreibe 109 Erdkugeln würden aneinandergereiht diese Strecke ergeben. Sie ist unser nächster Stern und ca. 150 Millionen Kilometer von der Erde entfernt.

SONNENFINSTERNIS

Vielleicht hast du schon einmal eine Sonnenfinsternis erlebt. Der Mond steht dann zwischen Sonne und Erde. Der Mondschatten fällt nur auf ein kleines, streifenförmiges Gebiet der Erde. Wer gerade in dieser Schattenzone steht, sieht die komplett verdunkelte Sonne nicht. Der Mond braucht nur eine Stunde, um die Sonne vollständig zu bedecken. Wir können dann die Sonnenkorona sehen. Die Korona ist die äußere Schicht der Sonne, die nur bei einer totalen Sonnenfinsternis zu sehen ist. Die Phase der totalen Bedeckung dauert höchstens 7,6 Minuten.

ERDE

Unser Heimatplanet, die Erde, ist von der Sonne aus der dritte Planet. Sie hat einen Durchmesser von 12.756 Kilometern. Die Erde

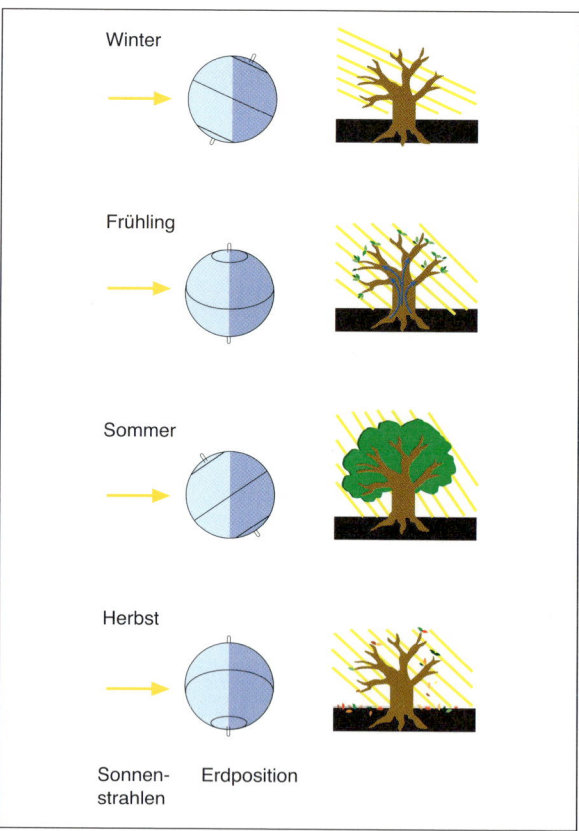

Die vier Jahreszeiten

DIE JAHRESZEITEN

Die vier Jahreszeiten der Erde entstehen durch die Neigung der Erdachse. Im Laufe eines Jahres herrschen auf der Nord- und Südhalbkugel entgegengesetzte Jahreszeiten: Wenn auf der Nordhalbkugel Winter ist, herrscht auf der Südhalbkugel Sommer.

ist möglicherweise der einzige Planet des Sonnensystems, auf dem Leben, wie wir es kennen, entstehen konnte. Von einem Raumschiff aus betrachtet, erscheint die Erde als farbiger Planet mit grünen Flächen, gelben Wüsten, blauen Ozeanen und weißen Eisfeldern. Leben auf der Erde ist nur möglich, weil sie gerade so weit von der Sonne entfernt ist, dass das Wasser nicht verdampft. Wäre unser Planet der Sonne um einige Millionen Kilometer näher, wäre es auf ihm so heiß wie auf der Venus. Läge die Erde von der Sonne weiter weg, wäre es auf ihr öde und kalt wie auf dem Mars.

Anders als andere Planeten ist die Erde von einer Gashülle, der sogenannten Atmosphäre, umgeben, die ausreichend Sauerstoff enthält. Die Rotation der Erdkugel und die Atmosphäre sorgen dafür, dass die Temperaturen auf unserem Planeten keine extremen Schwankungen zeigen. Eine Drehung der Erde um die eigene Achse in 23,9 Stunden bringt uns Tag und Nacht, und jedes 365,25 Tage dauernde Jahr, in dem die Erde die Sonne umrundet, die vier verschiedenen Jahreszeiten.

Erde (hinten) und Mond (vorne)

DER ERD-MOND

Der Mond ist unser nächster Nachbar im Weltall. Er ist etwa 384.500 Kilometer von der Erde entfernt. Er dreht sich in 27 Tagen um seine eigene Achse, umkreist die Erde in der gleichen Zeit und bewegt sich mit ihr um die Sonne. Der Mond ist eine kalte und unbelebte Gesteinskugel und etwa so groß wie ein Viertel der Erde. Auf dem Mond gibt es keine Atmosphäre und kein flüssiges Wasser. Seine Oberfläche ist von Bergen und Kratern übersät. Er scheint am Nachthimmel nur, weil er das Sonnenlicht reflektiert. Der Mond gehört zu den bestuntersuchten Himmelskörpern im Sonnensystem. Im Jahr 1609 betrachtete der italienische Astronom Galileo Galilei erstmals mit einem Teleskop den Mond. Er ist der einzige außerirdische Ort, den Menschen je betreten haben. Neil Armstrong (geb. 1930) landete 1969 als erster Mensch auf dem Mond.

GALILEO GALILEI

Der italienische Astronom und Naturforscher Galileo Galilei (1564–1642) beobachtete im Jahr 1610 mit einem selbst gebauten Fernrohr den Jupiter. Dabei entdeckte er die ersten vier Jupitermonde Io, Europa, Ganymed und Callisto. Aus diesem Grund nennt man sie heute auch galileische Monde. Er trat wiederholt für das von Kopernikus aufgestellte Weltbild ein und entdeckte, dass nicht alle Himmelskörper um die Erde kreisen. Durch diese Behauptungen geriet Galilei in Konflikt mit der Kirche. Es war schwierig, die Menschen seiner Zeit davon zu überzeugen, dass die Erde nicht im Mittelpunkt des Weltalls steht, sondern sich um die Sonne dreht. Er wurde von der Kirche zum Schweigen, dann unter Androhung von Folter zum Widerruf verurteilt und in Haft gehalten. Galilei war Mathematiker am Hof von Florenz und gilt als Begründer der modernen mathematischen Naturwissenschaft. Er entdeckte die Gesetzte der Pendelschwingung und untersuchte am Schiefen Turm von Pisa die Gesetze des freien Falles.

GESTEINSWELTEN

Venus und Mars sind unsere nächsten planetarischen Nachbarn. Alle drei – Erde, Venus und Mars – sind Gesteinskugeln, allerdings mit sehr unterschiedlichen Oberflächen. Die Venus ist der Sonne näher als die Erde und daher eine wahre Gluthölle. Die Temperatur erreicht 460 Grad Celsius – das ist achtmal heißer als die höchste Temperatur, die auf der Erde nachgewiesen wurde. Der Mars liegt weiter von der Sonne entfernt als unser Planet. Er ist kalt und öde. Die Temperaturen an seinen Polen betragen –120 Grad Celsius. Venus und Mars sind am Himmel leicht zu sehen. Beide Planeten werden schon seit Jahrtausenden von Astronomen beobachtet, aber Näheres über sie haben wir erst mithilfe von Raumsonden erfahren.

Der Mars

VULKANISCHE OBERFLÄCHE

Auf die Oberfläche der Venus, die sich hinter dichten Wolken verbirgt, konnten die Astronomen zum ersten Mal 1975 blicken, als eine Raumsonde den Flug durch die Atmosphäre schaffte und Bilder von der steinigen Oberfläche zur Erde sandte. Heute verwenden Wissenschaftler Radar, um durch die Wolken auf die Oberfläche der Venus zu blicken. Überall auf dem Planeten gibt es Vulkane und Lavaströme. Mons Maat ist mit 110 Kilometer Durchmesser und acht Kilometer Höhe einer der größten Vulkane auf der Venus.

Die Venus

DER ROTE PLANET

Wenn du am Nachthimmel einen hellen roten Stern siehst, könnte dies der Planet Mars sein. Seine charakteristische rote Färbung verdankt er dem eisenhaltigen Gestein und Staub. Der Mars hat eine sehr dünne Atmosphäre, darum können wir meist direkt auf seine Oberfläche blicken. Diese gleicht einer riesigen gefrorenen Felswüste, die mit gewaltigen Vulkanen durchsetzt ist. Mons Olympus ist der größte Vulkan im Sonnensystem – er ist 600 Kilometer breit und etwa 24 Kilometer hoch. Außerdem durchzieht den Mars eine riesige Schlucht, die 4500 Kilometer lange und acht Kilometer tiefe Valles Marineris.

BLICK AUF MERKUR

Merkur ist der kleinste Planet des Sonnensystems. Er ist der Sonne am nächsten und unvorstellbar heiß. Er umkreist die Sonne in 88 Tagen am schnellsten und dreht sich in 59 Tagen um die eigene Achse. Merkur ist schwer zu beobachten, weil er sich nie weit von der Sonne entfernt. Seine der Sonne zugewandte Seite wird bis zu 450 Grad Celsius heiß. Nachts aber geht die Temperatur auf –180 Grad Celsius zurück, weil die Atmosphäre von Merkur viel zu dünn ist und die Wärme nicht halten kann. Merkur und der Erdmond sind sich sehr ähnlich. Da beide früher von Meteoriten bombardiert wurden, haben sie eine von Kratern überzogene Oberfläche. Bisher

HAST DU SCHON GEWUSST,

dass die Venus am langsamsten von allen Planeten rotiert? Sie dreht sich selbst nur einmal in 243 Tagen um die eigene Achse und braucht 225 Tage, um die Sonne zu umrunden.

wurde Merkur nur von der Raumsonde Mariner 10 besucht. Sie flog 1974 und 1975 dreimal am Planeten vorbei. 2008–2009 soll die amerikanische Sonde Messenger dort eintreffen.

Der Merkur

RINGWELTEN

Die vier größten Planeten im Sonnensystem – Jupiter, Saturn, Uranus und Neptun – haben vieles gemeinsam. Sie sind alle ferne, farbige, kalte Planeten, deren äußere Schichten aus Gasen bestehen. Und alle sind von Ringen umgeben. Sie bestehen hauptsächlich aus Wasserstoff, aber ihre besondere Färbung verdanken sie anderen Elementen. Die Ringe aller vier Planeten bestehen aus Milliarden von winzigen Felsbrocken, die um ihren Planeten kreisen.

JUPITER, DER RIESE

Jupiter ist der größte Planet des Sonnensystems – seine Masse ist dreimal so groß wie die der anderen acht Planeten zusammen. Er

HAST DU SCHON GEWUSST, dass Pluto, früher der neunte Planet unseres Sonnensystems, seit August 2006 nur noch ein Zwergplanet ist?

Der Pluto

HAST DU SCHON GEWUSST, dass Jupiter seit Millionen von Jahren jedes Jahr um mehrere Zentimeter schrumpft? Heute hat er „nur noch" einen Durchmesser von 142.984 Kilometern.

dreht sich in 9,8 Stunden am schnellsten von allen vieren um die eigene Achse und braucht 11,9 Jahre, um die Sonne zu umrunden. Obwohl Jupiter hauptsächlich nur aus Gasen besteht, herrscht auf ihm eine ungeheure Schwerkraft und damit ein sehr hoher Druck. Seine Atmosphäre besteht aus Wasserstoff, Ammoniak und Methan. In ihr gibt es eiskalte Wirbelstürme. An Jupiters Oberfläche herrscht eine Temperatur von bis zu –140 Grad Celsius, aber in seinem Kern ist es 30.000 Grad Celsius heiß. Im Jahre 1979 fand die Raumsonde Voyager 1 heraus, dass der Jupiter von einem schmalen Ring aus Gesteins- und Eisteilchen umgeben ist. Die Raumsonde Galileo war bei der Erkundung des Planeten am erfolgreichsten. Sie erreichte Jupiter 1995 und umkreiste ihn und seine Monde acht Jahre lang.

Der Jupiter

IM INNEREN JUPITERS

Jupiter besteht vorwiegend aus Wasserstoff und etwas Helium. Wäre Jupiter aus 50-mal so viel Wasserstoff entstanden, hätte er sich zu einem Stern entwickelt. Der Planet hat keine feste Oberfläche, sondern eine 1200 Kilometer dicke Atmosphäre aus den Gasen Wasserstoff und Helium. Darunter befinden sich Wasserstoff und Helium in flüssiger Form. Ganz im Inneren hat Jupiter einen festen Gesteinskern. 1989 schickte die NASA die Raumsonde Galileo in das Weltall. Bei seinen Vorbeiflügen an Jupiter machte Galileo zahlreiche Aufnahmen von Vulkanausbrüchen auf der Oberfläche.

Der Saturn

DER AUFFALLENDE SATURN

Saturn ist von der Sonne aus gesehen der sechste Planet. Das Auffallendste an ihm sind seine Ringe. Diese hat der Naturforscher Christaan Huygens vor 300 Jahren als Erster erkannt. Von der Erde aus hat es den Anschein, als sei der Saturn von drei Ringen umgeben. Doch die Raumsonde Voyager 2 entdeckte, dass jeder dieser Ringe aus Tausenden sehr schmaler Bänder besteht. Der Saturnring als Ganzes erstreckt sich über 400.000 Kilometer ins Weltall und ist nur wenige Hundert Meter

SATURNMONDE
Saturn ist einer der Rekordhalter, was die Anzahl bekannter Monde betrifft. 27 Monde entdeckte man von der Erde aus, sieben fanden die Raumsonden. Als Erster wurde im Jahre 1655 Titan entdeckt.

breit. Der Saturn rotiert sehr schnell um die eigene Achse – sein Tag dauert nur 10,5 Stunden. Der Saturn umrundet die Sonne in 29,5 Jahren. Er ist aus drei Schichten aufgebaut. Ein Kern aus Gestein und Eis wird von metallischem Wasserstoff umgeben. Die äußere Schicht aus flüssigem Wasserstoff und Helium wird nach außen gasförmig.

URANUS, DER KALTE PLANET

Uranus liegt doppelt so weit von der Sonne entfernt wie Saturn. Auf ihm wird es nie wärmer als −209 Grad Celsius, denn der Planet erhält von der Sonne 370-mal weniger Wärme als die Erde. Uranus, der 1781 vom englischen Astronom William Herschel entdeckt wurde, ist nach dem griechischen Gott des Himmels benannt. Sein Durchmesser ist über viermal so groß wie der Durchmesser der Erde. Er umkreist die Sonne in 84 Jahren und dreht sich in 17,9 Stunden um die eigene Achse. Die Drehachse der meisten Planeten ist gegen ihre Umlaufbahn leicht gekippt. Der Uranus liegt aber völlig auf der Seite, d. h. die Drehachse liegt fast in der Bahnebene. Das ist einzigartig im Sonnensystem.

Der Uranus

WANDELBARER NEPTUN

Neptun ist der kleinste der vier Gasplaneten und über vier Milliarden Kilometer von der Sonne entfernt. Er wurde nach dem römischen Gott der Meere benannt. Helle und dunkle Wolken aus Wasserstoff, Helium und Methan

Der Neptun

ziehen über Neptun hinweg. Ein riesiges Wolkensystem, der Große Dunkle Fleck, wurde auf Neptuns Oberfläche 1989 von Voyager 2 entdeckt. Aber er war verschwunden, als nur fünf Jahre später das Hubble-Weltraumteleskop auf den Planeten gerichtet wurde. Der Kern des Neptuns besteht vermutlich aus Gesteinen. Darüber liegt ein Mantel aus Wasser, Ammoniak und Methan in gefrorenem und flüssigem Zustand. Das Methan in seiner Atmosphäre verleiht Neptun seine tiefblaue Farbe. Er wurde schon 1846 entdeckt und besitzt viele schwache Ringe und acht Monde – der größte davon, Triton, ist von Eis bedeckt und der kälteste Ort im Sonnensystem.

Wenn du den Planeten Neptun am Sternenhimmel beobachten möchtest, ist ein Teleskop empfehlenswert. Mit bloßem Auge oder mit einem Fernglas wirst du ihn wahrscheinlich nicht finden.

HAST DU SCHON GEWUSST,

dass die Sonde Voyager auf Neptun Windgeschwindigkeiten von bis zu 2160 Stundenkilometern gemessen hat? Ein Aufenthalt auf diesem Planeten wäre für uns Menschen ein wirklich stürmisches Erlebnis.

ANDERE GALAXIEN

Sterne liegen nicht beliebig im Weltall verstreut, sondern gehören zu Galaxien. Galaxien sind riesengroße Sternfamilien im unendlichen Universum, die von der Schwerkraft zusammengehalten werden. Jede Galaxie enthält unzählige Sterne: Riesen (Sterne mit überdurchschnittlichem Durchmesser und überdurchschnittlicher Leuchtkraft) und Zwerge (Sterne mit nur geringem Durchmesser und geringer Leuchtkraft) sowie alte und junge Sterne. Einige Galaxien sind spiralförmig, andere linsenförmig, manche haben keine bestimmte äußere Form. Im Weltall gibt es sehr viele Galaxien, von denen mehrere einen Galaxiehaufen (Cluster) bilden. Unser Stern, die Sonne, befindet sich in dem großen Sternsystem unserer Galaxie, der Milchstraße. Der Andromedanebel ist eine der Galaxien, die unserer am nächsten liegen. Er ist so groß, dass wir ihn ohne Teleskop am sehr dunklen Nachthimmel erkennen können. Der Andromedanebel ist über zwei Millionen Lichtjahre von der Erde entfernt. Bis in das 20. Jahrhundert hielt man die Milchstraße für die einzige Galaxie im Universum. Heute wissen wir, dass sie nur eine von 100 Milliarden Galaxien ist.

Elliptische Galaxie

Stab-Spiral-Galaxie

Spiralgalaxie

unregelmäßige Galaxie

Die verschiedenen Galaxien

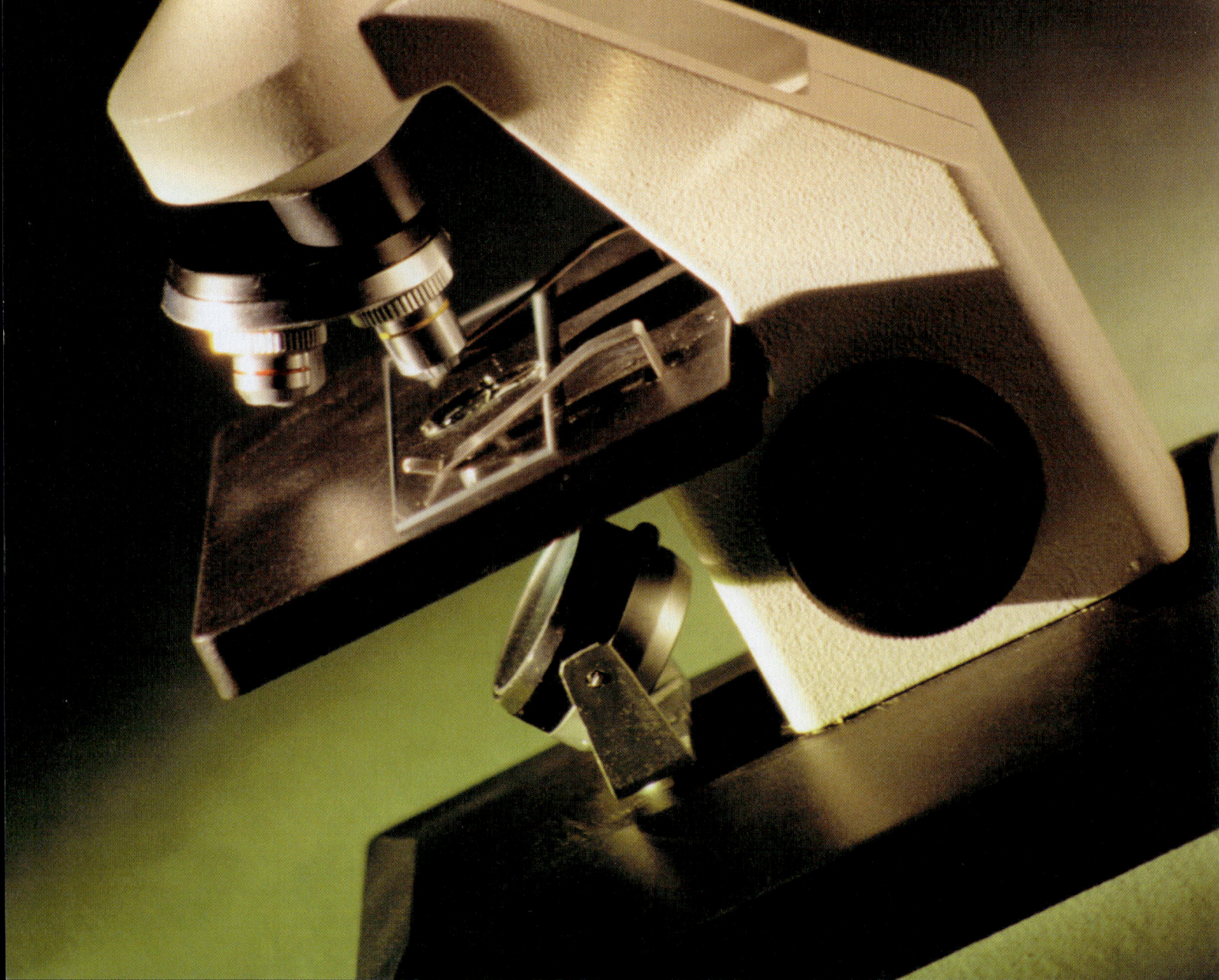

BIOLOGIE

VON DER URSUPPE ZUR DNS

Das Wort Biologie stammt aus dem Griechischen und bedeutet „Lehre vom Leben".
Die Biologie beschäftigt sich vor allem mit den Lebensweisen von Organismen, d. h. mit den Beziehungen der Lebewesen untereinander und mit ihrer Umwelt. In Urzeiten wussten die Menschen nicht viel über Tiere und Pflanzen und deren Lebensweise. Man kannte keine Naturwissenschaften und glaubte, dass die Erde und das Leben von Gott geschaffen waren.

ERSTE UNTERSUCHUNGEN

Die Menschen eigneten sich ihr praktisches Wissen über Tiere und Pflanzen hauptsächlich in der Landwirtschaft an. Erst im griechischen Altertum begannen sie, die Lebewesen systematisch zu untersuchen. Der bedeutendste und einflussreichste griechische Denker war Aristoteles, der schon damals ein System zur Klassifizierung von Tieren und Pflanzen entwickelte. Die alten Griechen wussten nichts von den Vorgängen des Lebens. Sie beobachteten die Lebewesen und die Natur und konnten nur Vermutungen darüber anstellen. Erst als viel später das Mikroskop erfunden wurde, konnten die Menschen die Feinheiten der Zellen untersuchen und entdeckten Kleinstlebewesen, an deren Existenz sie zuvor noch nicht einmal gedacht hatten.

BIOLOGIE ALS NATURWISSENSCHAFT

Die Naturwissenschaften machten erst im Mittelalter große Fortschritte. Arabische Gelehrte übersetzten die Werke von Aristoteles und anderen Philosophen des Altertums und fügten ihre eigenen Kenntnisse hinzu. Dieses Wissen kam etwa im 13. Jahrhundert nach Europa. Naturwissenschaften wie Zoologie und Botanik entwickelten sich weiter. Die Künstler der Renaissance wie Leonardo da Vinci untersuchten die Muskeln, Knochen und inneren Organe von Tieren und Menschen und erfuhren dabei viel über den Aufbau des Körpers. Später verwendeten Naturwissenschaftler chemische Reaktionen, um herauszufinden, welche Funktionen bei Pflanzen und Tieren ablaufen – dies war der Anfang der Biochemie. Dieser Wissenschaftszweig untersucht die chemischen Reaktionen, die in Lebewesen vor sich gehen. Mitte des 19. Jahrhunderts erkannte man, dass das Leben auf der Erde von der Sonnenenergie abhängt.

Mikroskop von 1922

FRANCIS HARRY COMPTON CRICK

Der englische Molekularbiologe Francis Harry Compton Crick (1916–2004) konnte 1953 zusammen mit seinen Kollegen, dem Biochemiker James Watson (geb. 1928) und dem Physiker Maurice Wilkins (1916–2004), die räumliche Struktur der DNS nachweisen. Die DNS war zwar schon 1869 entdeckt worden, ihre räumliche, einer Strickleiter ähnliche Struktur war aber bisher nicht bekannt gewesen. 1962 erhielten Crick, Watson und Wilkins für ihre Arbeiten den Nobelpreis.

ROBERT KOCH

Der deutsche Arzt und Mikrobiologe Robert Koch (1843–1910) begründete die Bakterienforschung. Er entdeckte und isolierte 1876 den Milzbranderreger. Koch fand heraus, dass ein Erreger bei Kühen und Menschen den Milzbrand verursacht. Berühmtheit erlangte er durch die Entdeckung und Isolierung des Tuberkuloseerregers 1882. Bis dahin war nicht bekannt, dass auch die Tuberkulose durch ein Bakterium verursacht wird. Den Erreger von Cholera konnte er 1893 isolieren. 1905 erhielt Robert Koch den Nobelpreis für Medizin.

DIE NACHGEKOCHTE URSUPPE

In der Frühzeit der Erde enthielten die Meere und die Atmosphäre nur einfache chemische Verbindungen wie Wasser, Methan, Ammoniak und Wasserstoff. Damals gingen unzählige Gewitter auf die Erde nieder. Mithilfe der Energie von der Sonne und aus Blitzen reagierten diese Stoffe miteinander. Bei manchen Reaktionen entstanden neue Stoffe. Die Chemiker Harold Urey und Stanley Miller hatten sich Versuche erdacht, in denen sie diesen Urzustand („Ursuppe") nachstellten und die damals vorhandenen Stoffe miteinander reagieren ließen. Dabei fanden sie heraus, dass aus einfachen Verbindungen wichtige Bausteine des Lebens entstehen können. So konnten sie zeigen, dass sich Lebewesen langsam entwickelt haben.

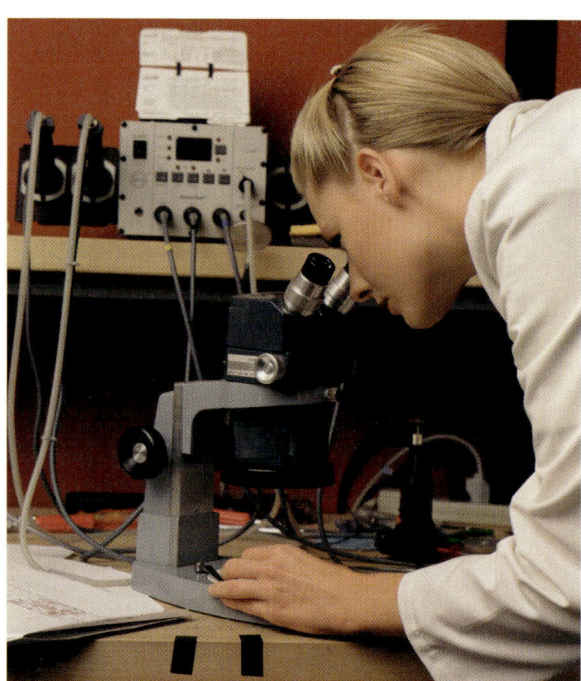

Forscher untersuchen die Bausteine des Lebens.

Abbildung einer Doppelhelix

FORTPFLANZUNG DER MOLEKÜLE

Die ersten Lebensformen waren vermutlich sehr einfach. Ein Molekül machte zufällig eine Reihe von Reaktionen durch und dabei verdoppelte es sich. Anschließend verdoppelte sich diese Kopie ein weiteres Mal. Man kann also sagen, das Molekül konnte sich „fortpflanzen". Das passiert auch mit der Erbsubstanz, der DNS (Desoxyribonukleinsäure). Jede Zelle enthält dieses lange Molekül in Form von schraubenförmig gedrehten Doppelsträngen (Doppelhelix). Vor jeder Zellteilung kopiert sich die DNS selbst. Daher konnten sich die ersten Lebensformen auf der Erde entwickeln.

SPEZIALGEBIETE DER BIOLOGIE

Zoologie = Wissenschaft von den Tieren
Botanik = Wissenschaft von den Pflanzen
Genetik = Wissenschaft von der Vererbung
Physiologie = Wissenschaft von den Körperfunktionen der Lebewesen
Anatomie = Wissenschaft von dem Körperbau der Lebewesen

ZELLEN UND ZELLFUNKTIONEN

Zellen sind die Grundbausteine des Lebens und alle Lebewesen bestehen aus ihnen. Eine Zelle musst du dir als eine winzige Fabrik vorstellen, in der Tausende von chemischen Reaktionen aufeinander abgestimmt ablaufen. Die meisten sind so klein, dass man ihren komplizierten Aufbau erst unter dem Mikroskop erkennen kann. Sie können sich durch Teilung vermehren. Manche Lebewesen, z. B. Amöben, bestehen aus nur einer einzigen Zelle. Bei anderen Lebewesen arbeiten Milliarden dieser kleinen Wunderwerke zusammen.

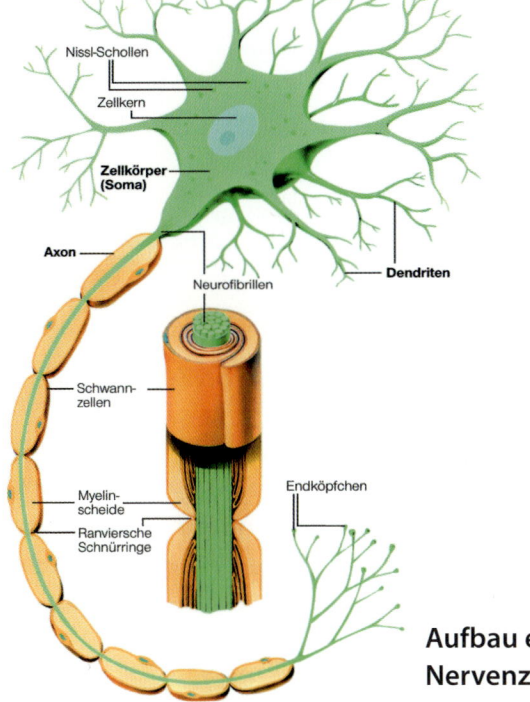

Aufbau einer Nervenzelle

„ECHTE" ZELLEN

Es gibt zwei Arten von Zellen: Zellen mit einem Zellkern und Zellen ohne Zellkern. Zellen mit Zellkern, sogenannte „echte" Zellen, kommen bei Tieren, Pflanzen und Pilzen vor.

ALEXANDER FLEMING

Der Bakteriologe Alexander Fleming (1881–1955) entdeckte 1928 durch einen Zufall das Penizillin: Die Bakterienkulturen, die er angelegt hatte, waren von einem Schimmelpilz, dem Penicillium, verunreinigt worden und konnten daher nicht weiterwachsen. Dies war bahnbrechend für die Medizin. Fleming veröffentlichte seine Erkenntnisse bereits 1929, sie fanden jedoch lange Zeit keine Beachtung. Erst als die Wissenschaftler Howard Walter Florey (1898–1968) und Ernst Boris Chain (1906–1979) das Penizillin isolieren konnten, gelang es, ein Verfahren zur Herstellung zu entwickeln. Fleming, Florey und Chain erhielten 1945 den Nobelpreis.

Sie besitzen eine äußere Hülle (Zellmembran), einen Zellkern mit der Erbinformation (DNS-Moleküle) und das geleeartige Zellplasma mit den Zellorganellen, von denen jede eine bestimmte Aufgabe hat. Tierische Zellen nehmen Nährstoffe auf, um sich teilen und wachsen zu können. Pflanzenzellen können Sonnenenergie umwandeln und ihre Nahrung selbst herstellen. Zellen ohne Kern findet man bei Bakterien. Diese sind sehr einfach gebaut, haben keinen abgegrenzten Zellkern (die DNS schwimmt im Zellplasma) und nur wenige Organellen.

SO IST EINE TIERZELLE GEBAUT

Die Zellen der Tiere ähneln winzigen Säckchen. Jede Zelle ist von der dünnen, biegsamen Zellmembran umgeben. Diese ist halbdurchlässig, lässt also nur bestimmte Stoffe durch. In der Zelle liegt der Zellkern in dem Zellplasma. Dort befinden sich auch die winzigen Organellen, die Organe der Zelle. Sie werden vom Zellkern gesteuert.

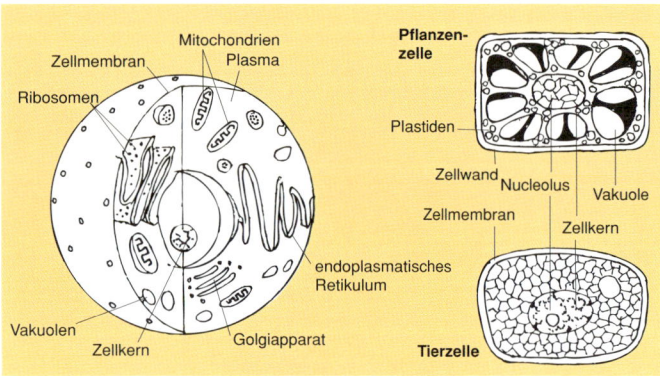

Querschnitt von Zellen

Der Zellkern: Der Zellkern ist die „Kommando-zentrale". Dort liegen in den DNS-Molekülen die Anweisungen für alle Tätigkeiten der Zelle. Durch kleine Öffnungen in der Hülle des Zellkerns können diese Anweisungen ins Zellplasma wandern.

Mitochondrien: Die Form der Mitochondrien erinnert ein bisschen an dicke Bohnen, aber natürlich sind sie ganz winzig (etwa 0,001 mm lang). Sie stellen das „Kraftwerk" der Zelle dar. Hier findet die Zellatmung statt, bei der aus Nahrung Energie gewonnen wird. Mitochondrien haben eine eigene DNS, deshalb vermuten Wissenschaftler, dass sie in Urzeiten eigenständige Lebewesen waren, die erst später in tierische Zellen eingewandert sind.

Endoplasmatisches Retikulum: Sicher weißt du, was ein Labyrinth ist. Das endoplasmatische Retikulum (ER) musst du dir wie ein winziges Labyrinth vorstellen, nur dass die Wände aus dünnen Membranen bestehen. Im ER laufen wichtige chemische Reaktionen ab. Es stellt verschiedene Stoffe her, speichert und transportiert sie. Deshalb sind die Membranen mit der Hülle des Zellkerns und der Zellmembran verbunden. Es gibt ein glattes ER und ein raues ER (mit Ribosomen an der Oberfläche).

Ribosomen: Ribosomen sind komplexe, aber winzige Organellen, in denen die Eiweiße hergestellt werden. Sie sind sehr viel kleiner als Mitochondrien und sitzen entweder auf dem rauen ER oder schwimmen im Zellplasma.

Golgiapparat: Der Golgiapparat besteht aus länglichen Hohlräumen und Membranen, die übereinander gestapelt im Zellplasma liegen.
Hier werden Eiweiße in winzige Bläschen verpackt, abgeschnürt und weitertransportiert.

Mikroskopaufnahme einer Pflanzenzelle

Vesikel: Vesikel sind Bläschen in der Zellmembran. Sie umschließen Eiweiße und befördern sie in andere Zellbereiche oder nach außen.

HAST DU SCHON GEWUSST,

Nervenzelle

dass die Zellen von Tieren und Pflanzen jeweils auf ganz bestimmte Aufgaben spezialisiert sind? Nervenzellen z. B. transportieren Nachrichten durch den Körper. Muskelzellen können sich zusammenziehen, wodurch wir uns bewegen können. In Fettzellen wird Fett gespeichert, das unser Körper zur Energieversorgung braucht. Schließzellen einer Pflanze regulieren die Spaltöffnungen der Laubblätter, durch die Luft in das Blatt eintreten kann. Die roten Blutzellen von Tieren und Menschen tragen den Sauerstoff in das Körpergewebe, bei Pflanzen werden Nährstoffe von Siebzellen transportiert.

SO IST EINE PFLANZEN-ZELLE GEBAUT

Pflanzen- und Tierzellen haben viele Gemeinsamkeiten, doch gibt es auch drei wesentliche Unterschiede: 1. Eine Pflanzenzelle ist zusätzlich von einer festen Zellwand umgeben, die ihr eine festgelegte Form gibt und das Pflanzengewebe stützt. 2. Viele Pflanzenzellen enthalten Chloroplasten. In diesen Organellen wird durch Fotosynthese mithilfe von Sonnenenergie Nahrung für die Pflanze hergestellt. 3. Die meisten Pflanzenzellen haben eine große Zentralvakuole (eine Art Riesenblase), die mit Zellsaft gefüllt ist. Dieser Zellsaft übt Druck auf die Zellwand aus, sodass die Pflanze eine bestimmte Form bekommt. Vergisst man, die Pflanze regelmäßig zu gießen, fällt dieser Druck und sie welkt.

FOTOSYNTHESE

Wie alle Lebewesen brauchen auch Pflanzen Energie, um zu überleben, aber anders als Tiere gewinnen sie ihre Energie direkt aus dem Sonnenlicht – sie können Fotosynthese betreiben. Das Wort Fotosynthese bedeutet „durch Licht zusammenfügen". Fotosynthese ist die wichtigste chemische Reaktion für alle Lebewesen, da die grünen Pflanzen die gesamte Nahrung auf der Erde liefern. Alle Tiere und auch wir Menschen sind direkt oder indirekt von der Nahrungsproduktion der Pflanzen abhängig. Um diese Nahrung zu verdauen, brauchen wir Sauerstoff, der bei der Fotosynthese frei wird. Dafür geben wir bei der Atmung Kohlendioxid ab, das die Pflanzen wiederum zum Aufbau neuer Nahrung benötigen. Bei der Fotosynthese stellt die Pflanze mithilfe der Sonnenenergie aus Wasser und Kohlendioxid den Zucker Glukose her. Der Zucker dient als Brennstoff für die Zellen und als Rohstoff für andere Verbindungen wie Stärke und Zellulose.

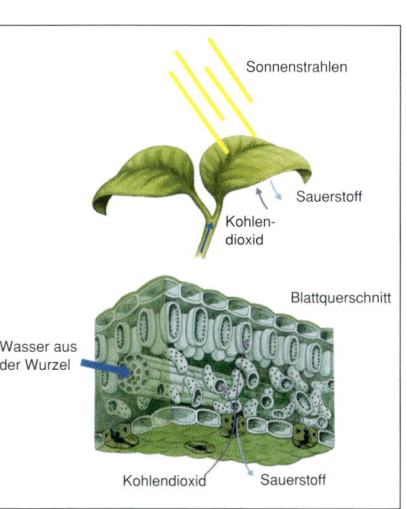

Darstellung der Fotosynthese

Sonnenstrahlen

Sauerstoff

Kohlendioxid

Blattquerschnitt

Wasser aus der Wurzel

Kohlendioxid

Sauerstoff

WIE GROSS WERDEN ZELLEN?

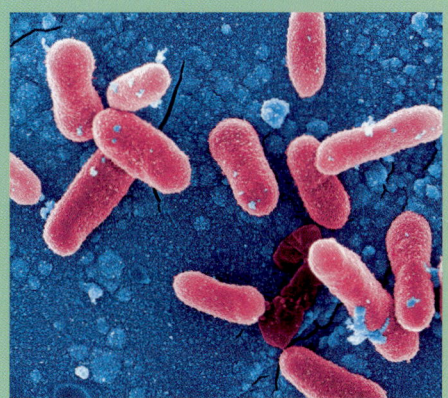

Mikroskopaufnahme von Bakterien

Die meisten Tierzellen haben einen Durchmesser von 1/100 bis 1/50 Millimeter. Pflanzenzellen sind etwas größer. Die kleinsten Zellen überhaupt haben einen Durchmesser von 1/1000 Millimeter. Aber auch ein Vogelei ist eine Zelle – eine Riesenzelle. Ein Straußenei wird bis zu 25 Zentimeter lang und kann bis zu 1,5 Kilogramm wiegen.

SO FUNKTIONIERT DIE FOTOSYNTHESE

Bei den meisten Pflanzen findet die Fotosynthese in den Blättern statt. Dort liegen die Zellen mit den Chloroplasten, die das Blattgrün (Chlorophyll) enthalten. Blätter fangen über das Chlorophyll das Sonnenlicht ein und nehmen Kohlendioxid aus der Luft auf. Aus den Wurzeln wird Wasser zum Blatt transportiert. Mit der Energie des Sonnenlichts stellt die Pflanze aus Wasser und Kohlendioxid Zucker her, wobei Sauerstoff als Abfallprodukt abgegeben wird. Anschließend wird der Zucker zu anderen Stellen in der Pflanze transportiert.

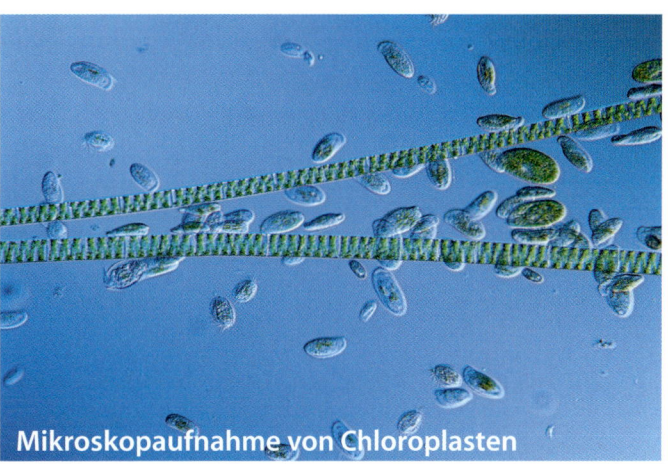

Mikroskopaufnahme von Chloroplasten

EVOLUTION

Leider können wir nicht in die Vergangenheit reisen und uns ansehen, wie die Lebewesen vor einigen Millionen Jahren ausgesehen haben. Aber wir haben die Möglichkeit, aus Versteinerungen (Fossilien) eine Menge über frühere Zeiten zu erfahren. Fossilien entstehen, wenn ein Lebewesen nach seinem Tod von Schlamm oder Sand begraben wird. Die Weichteile des Körpers zersetzen sich meist, ohne Spuren zu hinterlassen, aber härtere Teile wie Knochen, Zähne oder Schalen bei Tieren sowie Blätter oder Stämme bei Pflanzen werden nach und nach zu Stein.

Versteinertes Tier

VERÄNDERTE LEBEWESEN

Paläontologen – das sind Wissenschaftler, die sich mit Fossilien befassen – haben in der ganzen Welt viele Fossilien gefunden und konnten zeigen, dass es im Laufe der Jahrmillionen unterschiedliche Lebewesen gegeben hat. Viele Arten sind nach und nach ausgestorben, viele andere haben sich aus Vorläufern neu entwickelt. Diese langsame Veränderung von Lebewesen nennt man Evolution.

WIE LÄUFT DIE EVOLUTION AB?

Jetzt wo du weißt, was Evolution ist, wirst du dich fragen, warum Tiere und Pflanzen im Laufe der Zeit diese Wand-

Ein toter Fisch sinkt auf den Grund. Bevor die Verwesung beginnt ...

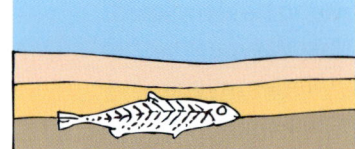

... wird er vom Sediment bedeckt (Schlamm, Ton, Sand).

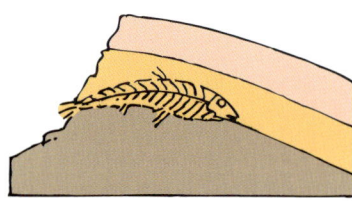

Das Sediment wird zu Stein und das Fischskelett mineralisiert. Durch geologische Verschiebungen und Elevation (Erhöhung) wird das Fossil an die Oberfläche befördert.

Versteinerung

lung durchgemacht haben. Mitte des 19. Jahrhunderts stieß der englische Naturforscher Charles Darwin (1809–1882) auf eine Antwort: Als Biologe wusste er, dass sich die Individuen einer Art immer geringfügig unterscheiden und dass diese Unterschiede an die nächsten Generationen weitergegeben werden. Außerdem war ihm klar, dass alle Lebewesen um Nahrung und Lebensraum konkurrieren müssen. Darwin erkannte, dass Individuen mit den günstigsten Eigenschaften gegenüber den anderen im Vorteil sind.

Sie haben auch die besten Chancen zu überleben und bekommen die meisten Nachkommen. Nach und nach setzen sich also diejenigen Individuen durch, die sich am besten an ihre Umwelt anpassen. Diesen Vorgang nennt man Auslese durch bessere Anpassung oder Selektion. Heute ist die Evolutionstheorie weitgehend anerkannt. Aber es gibt auch einige wenige Menschen, die daran glauben, dass alle Lebewesen in ihrer heutigen Form mit all ihren Merkmalen von Gott erschaffen wurden – so wie es in der Bibel zu lesen ist.

Versteinerung des Urvogels Archäopteryx

KRIECHTIER ODER VOGEL?

Paläontologen können oft an Fossilien ablesen, wie eine Tier- oder Pflanzengruppe aus einer anderen hervorgegangen ist. Ein solches Fossil ist z. B. der Urvogel Archäopteryx. Der Archäopteryx war ein Tier mit den Klauen und Zähnen eines Kriechtiers (Reptils) und den Flügeln und Federn eines Vogels. Er konnte sehr wahrscheinlich nicht richtig fliegen, aber wohl von Baum zu Baum gleiten. Aus diesem Fund haben die Wissenschaftler geschlossen, dass die heutigen Vögel mit ziemlicher Sicherheit von den Reptilien abstammen, also die nächsten lebenden Verwandten der Dinosaurier sind. Bisher hat man neun Fossilien des Archäopteryx in Deutschland entdeckt. Der

älteste Fund stammt aus der Mitte des 19. Jahrhunderts, das jüngste Exemplar ist erst ein paar Jahre alt.

GEMEINSAMER GRUNDBAUPLAN

Nicht nur Lebewesen verändern sich, auch die Umwelt wandelt sich. In der Evolution passen sich bestehende Arten an neue Lebensbedingungen an. Aus einer Art können dabei neue Arten entstehen, die anders aussehen. Manche Grundmuster aber bleiben gleich. Lebendige Zeugnisse der Evolution sind z. B. die

CHARLES ROBERT DARWIN

Der englische Naturforscher Charles Robert Darwin (1809–1882) ist der Begründer der modernen Evolutionstheorie und zählt zu den bekanntesten Naturwissenschaftlern. 1831 startete er eine fünfjährige Weltreise. Das Studium der Fossilien und der Lebewesen auf den fremden Inseln und Kontinenten weckten in Darwin große Zweifel an der damaligen Lehrmeinung, wonach die Arten unveränderlich waren. Der Aufenthalt auf den Galapagosinseln vor der Westküste Südamerikas hatte besonderen Einfluss auf sein Denken. Dort entdeckte Darwin, dass die Finken der einzelnen Inseln einander sehr ähnelten, sich jedoch unterschiedlich spezialisiert hatten. Er folgerte, dass diese Finken aus einer gemeinsamen Stammform hervorgegangen sein müssten. 1859 veröffentlichte er sein Hauptwerk *Über die Entstehung der Arten durch natürliche Zuchtwahl*. Darwins Evolutionstheorie wurde von der Kirche heftig kritisiert, weil sie dem biblischen Schöpfungsgedanken widersprach.

HAST DU SCHON GEWUSST,

wie die Giraffe zu ihrem langen Hals kam? Bei der Evolution hatten Tiere mit langem Hals Vorteile, da sie besser an höher hängende Blätter herankamen. Vermutlich bekamen diese langhalsigen Giraffen Junge, die besser überleben konnten, denn ganz oben an den Bäumen gibt es meistens die saftigsten Blätter. Der lange Hals wurde an die nächsten Generationen weitergegeben und wurde zu einem typischen Merkmal der Giraffe.

DARWINFINKEN – BEWEIS FÜR DIE EVOLUTIONSTHEORIE

Charles Darwin trat 1831 mit dem Schiff „Beagle" eine mehrjährige Forschungsreise um die Welt an und kam auch auf die Galapagosinseln vor der Westküste Südamerikas. Dort fand er viele einzigartige Tiere, unter anderem auch 13 Finkenarten. Jede von ihnen hatte eine ganz eigene Lebensweise und eine auf die Nahrung abgestimmte Schnabelform: Die samenfressenden Arten haben einen kräftigen Schnabel, um die Samenkörner aufzuknacken. Bei den insektenfressenden Arten hingegen ist der Schnabel dünn und spitz, um die Insekten besser aufzusammeln. Darwin vermutete, dass alle Finken von einer einzigen Art abstammen mussten, die vom südamerikanischen Festland eingewandert war und deren Nachkommen sich an die unterschiedlichen Lebensbedingungen angepasst haben. Darwinfinken sind ein Beispiel dafür, dass sich aus einer Art viele Arten entwickeln können, die jeweils eigene Lebensräume besetzen. Aufgrund seiner Studien formulierte Darwin seine Evolutionstheorie, die auf drei Grundgedanken beruht:

1. Die Individuen einer Art gleichen sich nicht vollkommen, es gibt immer Veränderungen.
2. Es gibt immer eine Überproduktion an Nachkommen.
3. Im Kampf ums Dasein überleben nur die am besten angepassten Individuen und pflanzen sich fort.

Evolution

fünffingrigen bzw. fünfzehigen Gliedmaßen unserer Hände und Füße. Alle Säugetiere haben die gleiche Knochenanordnung. Das bedeutet, dass sich alle Säugetiere wahrscheinlich aus einem gemeinsamen Vorfahren entwickelt haben. Wenn du die Vordergliedmaßen von Mensch, Delfin und Fledermaus vergleichst, kannst du den Beweis dafür erkennen: Der Arm des Menschen besteht aus zwei Abschnitten mit langen Knochen und drei Gruppen von Handknochen. Die Vorderflossen eines Delfins enthalten zwei Abschnitte mit kurzen Knochen und drei Gruppen von „Handknochen". Die Flügel einer Fledermaus haben denselben Grundbauplan wie die Arme des Menschen, also Unterarm- und Oberarmknochen sowie lange, dünne Hand- und Fingerknochen, die ein leichtes Flügelgerüst bilden. Der Grund für die Unterschiede zwischen den Tiergruppen ist, dass sie sich an verschiedene Lebensweisen angepasst haben: Der Mensch lebt an Land, Delfine schwimmen im Wasser und Fledermäuse fliegen.

Darwinfinken

FORTPFLANZUNG UND VERERBUNG

Die Fortpflanzung ist der wichtigste Vorgang in der Natur, denn ohne sie wäre das Leben auf der Erde bald zu Ende. Es gibt zwei Formen der Fortpflanzung: ungeschlechtliche (vegetative) und geschlechtliche (sexuelle). Für jedes Lebewesen, von der einzelligen Amöbe bis zum Menschen, gibt es einen bestimmten „Bauplan". Er liegt als chemische Verbindung in den Zellen der Lebewesen vor und zwar in den spiralförmigen Molekülen der DNS (Desoxyribonukleinsäure).

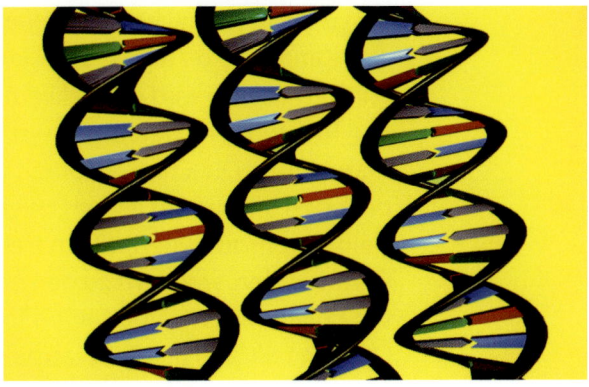

DNS-Molekül

DIE ERBINFORMATION

Die Erbinformation hat eine sehr komplizierte Form und besteht aus zahlreichen Einzelanweisungen, den Genen. Jedes Gen bestimmt ein einzelnes Merkmal, z. B. die Farbe der Augen oder Haare bei Menschen. Diese Merkmale werden bei der Fortpflanzung auf die nächste Generation weitergegeben. Die Wissenschaft, die sich mit der Vererbung dieser Merkmale befasst, nennt man Vererbungslehre oder Genetik.

UNGESCHLECHTLICHE FORTPFLANZUNG

Die ungeschlechtliche (vegetative) Fortpflanzung ist die einfachste Form der Vermehrung, da nur ein Elternteil erforderlich ist. Bei Amöben kannst du unter dem Mikroskop sehen, wie sie immer wieder ihre Form verändern (daher nennt man sie auch Wechseltierchen). Die Amöbe pflanzt sich fort, indem sie sich teilt – aus einer Zelle werden zwei. Auch Bakterien vermehren sich durch Teilung. Aber es gibt auch mehrzellige Tiere, z. B. Seeanemonen, die sich durch Teilung fortpflan-

zen. Manche mehrzellige Lebewesen vermehren sich nicht durch einfache Teilung, sondern durch Knospung, wie z. B. der Süßwasserpolyp. Die Nachkommen werden einfach abgeschnürt. Von manchen Pflanzen, z. B. Geranien, kann man Stecklinge machen, die man in die Erde steckt und bewurzeln lässt. Bei der ungeschlechtlichen Vermehrung sind Eltern und Nachkommen genetisch identisch.

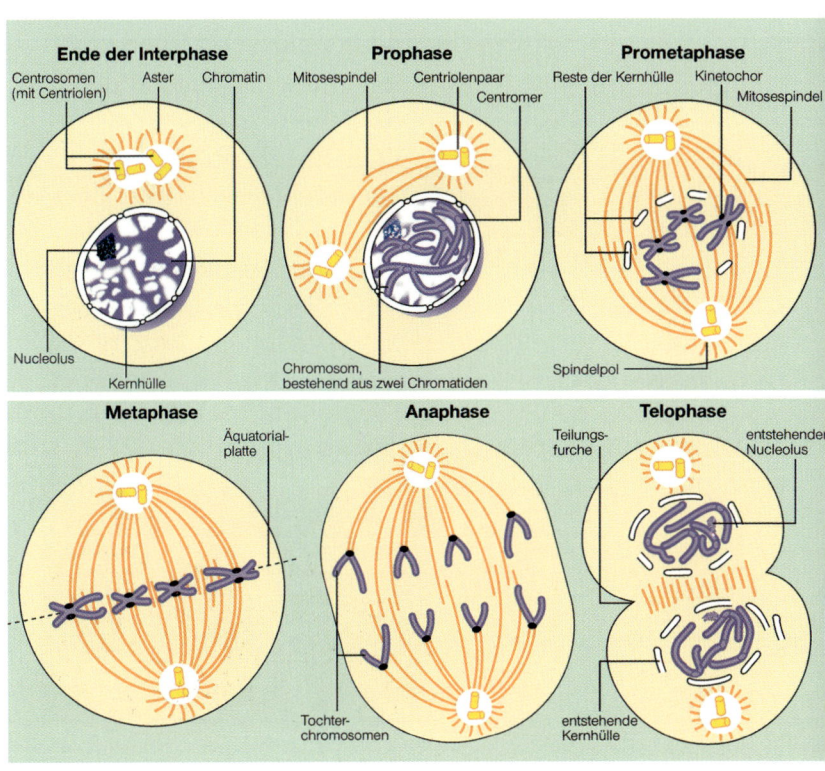

Geschlechtliche Fortpflanzung: der Vorgang der Mitose

WIE TEILT SICH EINE ZELLE?

Du weißt jetzt schon, wie eine Zelle aussieht. Kannst du dir auch vorstellen, wie sie sich teilt? Zu Beginn wird der Zellkern in zwei erbgleiche Tochterkerne geteilt. Diesen Vorgang nennt man Mitose: Die Chromosomen im Kern verdoppeln sich und bilden jeweils zwei verbundene Hälften (Chromatiden). Dann trennen sich die Chromatiden, wandern zu den entgegengesetzten Polen der Zelle und bilden Tochterkerne. Danach teilt sich das Zellplasma mit den Organellen und es entstehen zwei Zellen. Solche Zellteilungen dienen bei einzelligen Organismen zur Vermehrung, bei mehrzelligen Lebewesen dem Wachstum und zur Entwicklung.

GESCHLECHTLICHE FORTPFLANZUNG

Bei der geschlechtlichen (sexuellen) Fortpflanzung gibt es immer zwei Eltern – einen männlichen und einen weiblichen Elternteil. Ihre Geschlechtszellen entstehen durch eine besondere Form der Zellteilung, der Meiose. Bei der Befruchtung vereinigen sich eine männliche Geschlechtszelle (Samenzelle) und eine weibliche Geschlechtszelle (Eizelle). Aus der befruchteten Eizelle entwickelt sich ein neues Lebewesen. Die geschlechtliche Fortpflanzung ist weitaus komplizierter als die ungeschlechtliche Fortpflanzung. Hier finden mehrere Vorgänge statt, bei denen auch die Chromosomen beider Geschlechtszellen Stücke untereinander austauschen. Daher haben die Zellen, die bei der Meiose entstehen, eine einzigartige Kombination aus Genen und damit natürlich auch eine neue Mischung von Eigenschaften – d. h. die Nachkommen sind keine genauen Kopien ihrer Eltern.

WAS SIND CHROMOSOMEN, GENE UND DNS?

Chromosomen sind fadenförmige Gebilde im Zellkern, die aus Nukleinsäuren und Proteinen bestehen. Wichtigster Bestandteil ist die DNS (Desoxyribonukleinsäure), der Träger der genetischen Information. Demnach können wir die Chromosomen als Pläne auffassen, nach denen die Zellen arbeiten. Bei den höheren Lebewesen sind Chromosomen in allen Körperzellen in doppelter, d. h. paarweise gleicher Ausführung vorhanden, bis auf ein einziges Paar, die Geschlechtschromosomen. Die DNS-Moleküle liegen in der Zelle jeweils paarweise in Doppelstruktur (Doppelhelix) vor. Ein Gen ist ein Abschnitt auf dem Chromosom, der die Bauanweisungen für ein Protein enthält. Es bestimmt die Ausbildung eines einzelnen Merkmals. Die DNS teilt der Zelle mit, wie sie die vielen Proteine aufbauen muss, die sie für ihre verschiedenen Funktionen braucht. Dazu wird ein Teil der DNS-Doppelhelix in Einzelstränge aufgelöst, damit die Information abgelesen werden kann. Es entsteht eine Kopie, die anschließend aus dem Zellkern ins Zellplasma wandert und dort als Vorlage für ein Protein dient. Der Bau der Proteine (Proteinsynthese) findet an den Ribosomen statt.

HAST DU SCHON GEWUSST,

dass manchmal Körperteile nachwachsen? Du hast sicher schon einmal eine Schnittwunde gehabt, die nach kurzer Zeit verheilt war. Nach einer Schnittverletzung teilen sich die Zellen in der Haut, die verletzte Hautstelle wird erneuert und die Wunde verheilt schließlich. Bei manchen Tieren wachsen sogar ganze Körperteile wie Beine oder Arme nach. Der Seestern z. B. kann einen abgeschnittenen Arm durch einen neuen ersetzen.

Seestern

MUTATIONEN

Die DNS-Moleküle sind sehr lang und werden oft beschädigt, z. B. durch starke UV-Strahlen beim Sonnenbaden. Die DNS hat aber ein eigenes Reparatursystem und kann solche Schäden oft beheben. Manchmal entsteht jedoch auch eine neue genetische Information, die zu einer plötzlichen Veränderung des Erbguts führt. Diese Veränderung nennt man Mutation. Über die Geschlechtszellen kann die Veränderung auf die nächste Generation übergehen und es entsteht ein Lebewesen mit einem neuen Merkmal. Sicher hast du schon einmal den Begriff Albino gehört. Ein Beispiel für eine Mutation ist die Albinofärbung, wenn bei Tieren und beim Menschen die Farbstoffe (Pigmente) in der Körperhaut sowie in der Regenbogenhaut des Auges fehlen: Betroffene Lebewesen haben milchweiße Haut, weiße Haare und tiefrote Pupillen.

Ein Albino-Igel

WIE WERDEN MERKMALE VERERBT?

Die Vererbung sorgt dafür, dass bei der Fortpflanzung Merkmale von der einen auf die nächste Generation übertragen werden. Manche Kinder ähneln einem Elternteil oft sehr stark in einem bestimmten Merkmal. Wie kommt es dazu? Jede Samenzelle (männliche Geschlechtszelle) und jede Eizelle (weibliche Geschlechtszelle) enthält einen Satz aller Chromosomen und somit aller Erbfaktoren. Wenn die beiden Zellen bei der Befruchtung miteinander verschmelzen, vereinigt sich also das Erbgut des Vaters mit dem der Mutter. Jedes Merkmal der Nachkommen wird durch zwei entsprechende Erbanlagen (Gene) beider El-ternteile bestimmt. Die meisten Zellen enthalten zwei Chromosomensätze, einen von jedem Elternteil. Meist ist jeweils eines der Gene dominant, d. h. nur eines der Gene bestimmt die Ausprägung des Merkmals. Das andere Gen ist zwar vorhanden, kann sich aber nicht durchsetzen, da es von dem dominanten Gen verdeckt wird. Wir nennen dieses Gen rezessiv.

ENTDECKER DER VERERBUNG

Wie kommt es, dass wir so viel über die Vererbung wissen? Unsere Erkenntnisse verdanken wir dem Mönch und Botaniker Gregor Mendel (1822–1884). Jahrelang experimentierte er mit Erbsenpflanzen und fand heraus, dass bestimmte Merkmale der Elterngeneration – bei Erbsenpflanzen die Blütenfarbe – sich bei den Nachkommen nicht mischen, sondern nur in der einen oder der anderen Form auftreten. Das, was Mendel entdeckte, gilt für alle Lebewesen, die sich geschlechtlich fortpflanzen. Die Kreuzungsversuche von Mendel zeigen, wie ein solches Genpaar die Blütenfarbe der Erbsenpflanze bestimmt. Das dominante Gen (R) bewirkt eine rote Färbung, das rezessive oder unterlegene Gen (r) eine weiße. Weiße Blüten kann es nur geben, wenn das rezessive Gen zweimal vorhanden ist. Rot blühende Eltern haben den Genotyp RR, weiß blühende rr. Alle Nachkommen der ersten Generation haben den Genotyp Rr und blühen rot, weil das dominante Gen das rezessive verdeckt. In der zweiten Generation gibt es drei mögliche Kombinationen: RR, Rr und rr. Drei Viertel der Nachkommen sind rot. Davon hat die Hälfte den Genotyp Rr (rot), ein Viertel RR (rot) und ein Viertel rr (weiß).

HAST DU SCHON GEWUSST,
dass jede Tier- und Pflanzenart eine charakteristische Chromosomenzahl hat? Bei manchen sind es weniger als zehn Chromosomen, z. B. zwei beim Spulwurm, bei anderen mehr als 100 (häufig bei Krebsen, Vögeln und Farnen). Der Mensch besitzt 46 Chromosomen.

DER MENSCHLICHE KÖRPER

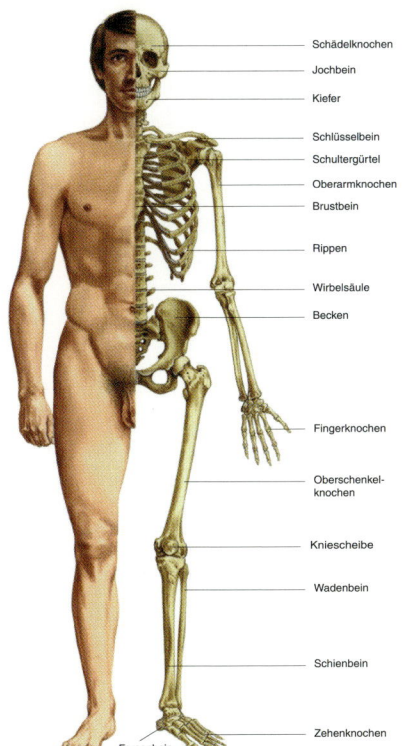

Schädelknochen
Jochbein
Kiefer
Schlüsselbein
Schultergürtel
Oberarmknochen
Brustbein
Rippen
Wirbelsäule
Becken
Fingerknochen
Oberschenkel-
knochen
Kniescheibe
Wadenbein
Schienbein
Zehenknochen
Fersenbein

Der menschliche Körper

DIE BAUSTEINE DES KÖRPERS

Alle menschlichen Körper haben denselben Bauplan und funktionieren nach den gleichen Grundlagen. Aber innerhalb dieses Plans gibt es viel Spielraum. Aus diesem Grund sieht jeder Mensch anders aus.

MOLEKÜLE UND DIE ZELLE

Die Elemente, aus denen der Körper vor allem besteht, sind Wasserstoff, Sauerstoff, Kohlenstoff und Stickstoff. Aber auch viele andere Elemente wie Kalzium, Phosphor, Schwefel, Natrium und Eisen sind vorhanden. Jedes dieser Elemente besteht aus winzigen Atomen. Eine Einheit aus zwei oder mehr Atomen bildet ein Molekül. Die Stoffe, die den Körper zusammenhalten, ihm Gestalt geben und Muskeln, Haut und Knochen bilden, setzen sich aus viel größeren Molekülen zusammen, die das Element Kohlenstoff zur Grundlage haben. In unserem Körper gibt es Zehntausende von verschiedenen Molekülen, die man jedoch in wenige Grundtypen einteilen kann: Lipoide (fetthaltige Stoffe), Kohlenhydrate (Zuckerstoffe), die Nukleinsäuren DNS und RNS (sie enthalten genetische Informationen) und Proteine (Eiweißstoffe), die dem Körper Kraft und Struktur geben. Diese Moleküle schwimmen in unserem Körper

nicht einfach frei herum, sondern befinden sich in Zellen, den Grundbausteinen des Lebens. Eine Zelle ist wie eine winzige Fabrik, in der Tausende von Reaktionen ablaufen. Für die Arbeit der Zelle ist Energie nötig. Dafür verbrennen Körperzellen die aufgenommene Nahrung, gewinnen Energie und können dann ihre Aufgaben erfüllen.

KÖRPERGEWEBE – ANATOMISCHE BAUELEMENTE

Nicht alle Zellen besitzen die gleichen Funktionen. Daher gibt es unterschiedliche Typen. Zellen mit gleichen Aufgaben sind zu einem Gewebe verbunden. Es gibt vier Hauptarten von Körpergewebe: Bindegewebe wie Knochen- und Fettgewebe verbindet – wie sein Name schon sagt – die Körperzellen miteinander und stützt den Körper bzw. speichert Energie. Epithelgewebe schützt die äußeren und inneren Oberflächen des Körpers. Es bildet die Haut und kleidet Hohlräume wie den Mund aus. Das Muskelgewebe besteht immer aus lang gestreckten Zellen, die fähig sind, sich zusammenzuziehen. Das Nervengewebe setzt sich aus Zellen zusammen, die elektrische Reize aufnehmen und weiterleiten.

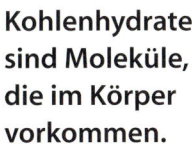

Kohlenhydrate sind Moleküle, die im Körper vorkommen.

27

DAS BLUT UND SEIN KREISLAUF

Das Besondere am Blut ist, dass es ein flüssiges Organ ist. Unser Blut kreist ständig durch den Körper und beliefert dabei alle anderen Organe mit lebenswichtigem Sauerstoff und Nährstoffen. Es entsorgt aber auch Abfallprodukte aus den Körperzellen. Blut ist außerdem für die Abwehr von Krankheitserregern zuständig. Außerdem verteilt es die Wärme und hält so die Körpertemperatur bei etwa 37 Grad Celsius.

BLUT IST DICKER ALS WASSER

Ein Erwachsener hat ungefähr fünf Liter Blut. Etwas mehr als die Hälfte davon nimmt das Blutplasma ein. Das ist eine hellgelbe Flüssigkeit, die hauptsächlich aus Wasser besteht, in dem wiederum viele lebenswichtige Stoffe gelöst sind. Es transportiert diese Substanzen zwischen den Körperzellen hin und her. Der übrige Teil des Blutes setzt sich aus Blutzellen (Blutkörperchen) zusammen, von denen es drei Arten gibt: rote Blutzellen (Erythrozyten), weiße Blutzellen (Leukozyten) und Blutplättchen (Thrombozyten). Die besonders zahlreichen roten Blutzellen haben die Aufgabe, den Sauerstoff von der Lunge zu den verschiedenen Organen des Körpers zu bringen und den Abfallstoff Kohlendioxid zur Lunge zurückzubefördern. Die weißen Blutzellen sind die sogenannte Gesundheitspolizei und haben die wichtige Funktion, den Körper vor Infektionen zu schützen. Die Blutplättchen dienen der Wundheilung und sorgen dafür, dass das Blut gerinnt. Die Blutgerinnung ist ein überaus komplizierter Vorgang, an dem mehr als 20 verschiedene Stoffe beteiligt sind.

DER BLUTKREISLAUF

Das Blut in unserem Körper strömt fortwährend durch ein geschlossenes Röhrensystem. Zwei Pumpen – das sind die linke und die rechte Herzhälfte – treiben es 1500-mal am Tag im Kreis herum. Die Adern, die das Blut vom Herzen zu den verschiedenen Organen transportieren, nennt man Arterien. Die Gefäße, die das Blut zum Herzen zurückbefördern, heißen Venen. Die linke Herzhälfte pumpt das sauerstoffreiche Blut der Lungen zuerst in die größte Schlagader im Körper: die Aorta. Diese presst das Blut in ihre Äste, die Arterien, die sich immer mehr verzweigen und das Blut in den Körper leiten. Das verbrauchte, sauerstoffarme Blut kehrt über die Venen aus dem Körper zurück, sammelt sich in den Venenstämmen und strömt über die beiden Hohlvenen ins rechte Herz. Das rechte Herz ist die zweite Pumpe des Blutkreislaufs. Es pumpt nun das sauerstoffarme, dunkelrote Blut in die Lungenflügel. Dort verzweigen sich die Gefäße

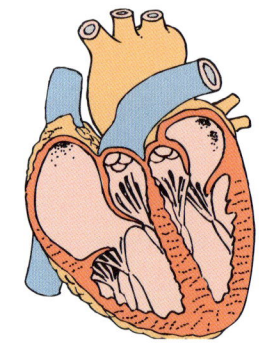

Das Herz

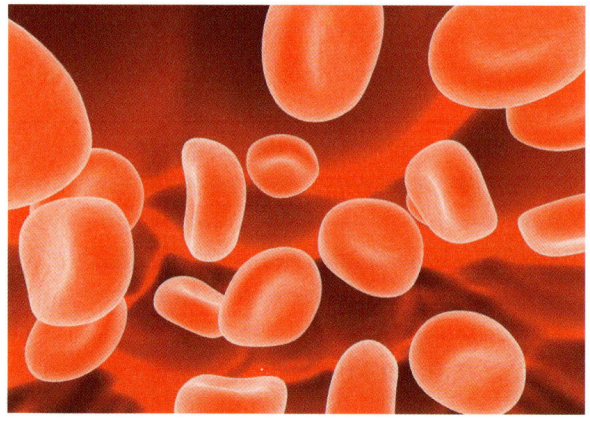

Blutkörperchen

HAST DU SCHON GEWUSST,

dass die roten Blutzellen verklumpen, wenn sie mit Blutplasma anderer Blutgruppen zusammengebracht werden? Wissenschaftler haben dieses Problem erforscht und festgestellt, dass die roten Blutzellen auf ihrer Oberfläche bestimmte Stoffe tragen, von denen es zwei Sorten gibt, nämlich A und B. Manche Menschen haben nur den Stoff A, also die Blutgruppe A, und manche haben nur B, also die Blutgruppe B; andere tragen sogar beide Stoffe, haben also die Blutgruppe AB. Es gibt aber auch Menschen, deren Blutzellen gar keine Oberflächensubstanz besitzen. Sie haben die Blutgruppe 0.

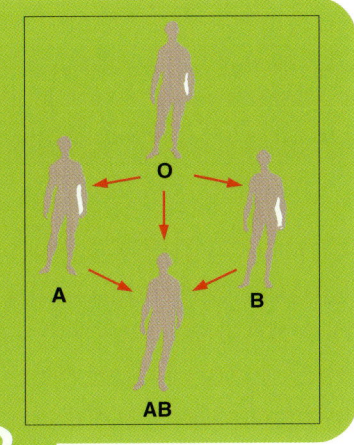

in feine Kapillaren, durch die das Blut Kohlendioxid abgibt und Sauerstoff (beim Atmen) aufnimmt. Das sauerstoffreiche, hellrote Blut fließt aus der Lunge über die Lungenvene wieder in das linke Herz und der Kreislauf schließt sich.

DIE ATMUNG

Menschen atmen ihr ganzes Leben lang ein und aus, jeden Tag über 20.000-mal. Diese lebenswichtige Bewegung macht der Körper automatisch, ob man will oder nicht. Denn ohne Luft würde man nach einigen Minuten sterben.

DIE LUNGE

Wir haben gelernt, dass die Körperzellen Sauerstoff brauchen und Kohlendioxid abgeben müssen. Dazu transportiert das Blut diese Substanzen in die Lunge. Dieses schwammige Organ besteht aus zwei Lungenflügeln, füllt den Brust-

korb aus und umhüllt das Herz wie ein Mantel. Die Lunge ist ein Labyrinth aus 400 Millionen winzigen Kammern, den Lungenbläschen, in denen die Atemluft hin- und herpendelt.

DER WEG DES SAUERSTOFFS

Das Einatmen ist ein automatischer Vorgang, über den wir nicht nachdenken müssen. Durch die Nase und den Mund wird Luft eingeatmet, die erst in den Rachen und von dort in die Luftröhre gelangt. Die Luftröhre teilt sich in zwei Äste, die Bronchien, die zu den beiden Lungenflügeln führen. Die Bronchien verzweigen sich immer weiter in Tausende kleiner Ästchen, die in Lungenbläschen enden. Diese werden von haarfeinen Blutgefäßen, den sogenannten Kapillaren, wie ein Netz umschlossen. Die Wände der Lungenbläschen und der winzigen Blutgefäße sind so dünn, dass der Sauerstoff aus der Lunge in das Blut dringen kann. Die roten Blutzellen nehmen den Sauerstoff auf und geben gleichzeitig das von den Organen eingesammelte Kohlendioxid ab. Das Kohlendioxid geht also den umgekehrten Weg wie der Sauerstoff und wird schließlich ausgeatmet.

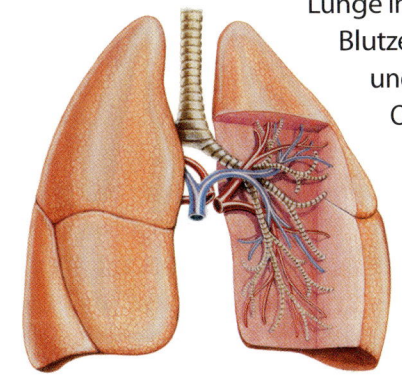

Die Lunge

DIE VERDAUUNG

Um leben zu können, muss der Mensch nicht nur atmen, sondern auch essen. Dabei nehmen wir Nährstoffe zu uns, die in den Körperzellen verwertet werden und so Energie für den Körper liefern. Die Nahrungsstoffe sind im Allgemeinen kompliziert zusammengesetzte Verbindungen, die unser Körper in der ursprünglichen Form nicht aufnehmen kann. Daher muss er sie vorher in ihre Bausteine zerlegen.

Die Verdauungsorgane

Mund
Zunge
Speicheldrüsen
Rachen
Speiseröhre
Leber
Magen
Bauchspeicheldrüse
Zwölffingerdarm
Gallenblase
Dünndarm
Dickdarm
Enddarm
After

SO ARBEITEN DIE VERDAUUNGSORGANE

Der Verdauungsapparat ist ein langer Schlauch mit dem Mund als Eingang und dem After am anderen Ende als Ausgang. Die Verdauung beginnt im Mund. Die Nahrung wird durch das Kauen im Mund mit Speichel durchmischt, zerkleinert und gelangt über die Speiseröhre in den Magen. Der Magen ist ein 30 Zentimeter langer Muskelschlauch, der zwei bis drei Liter fasst. Die kräftigen Muskelwände kneten den Nahrungsbrei gut durch und vermischen ihn dabei mit Magensaft, der Verdauungsenzyme und Magensäure enthält. Der zersetzte Nahrungsbrei verlässt nach einigen Stunden den Magen und gelangt in den Dünndarm. Dieser über fünf Meter lange Schlauch liegt in vielen engen Schlingen, damit er im Bauchraum Platz findet. Im Zwölffingerdarm, dem ersten Teil des Dünndarms, werden die Säfte der Bauchspeicheldrüse und Leber untergemischt. Die Leber erzeugt Galle, die in der Gallenblase aufbewahrt wird. Sie hilft bei der Verdauung der Fette. Der Bauchspeichel enthält verschiedene Enzyme, die dafür sorgen, dass Kohlenhydrate, Fette und Eiweißstoffe in ihre Einzelbausteine zerfallen. Die Dünndarmwand hat innen viele Falten mit Millionen von Ausstülpungen, den Darmzotten. Diese haben die Aufgabe, die Einzelbausteine der verdauten Nahrung aufzunehmen und sie ans Blut weiterzugeben.

Die unverdauten Teile der Nahrung gelangen schließlich als wässriger Brei in den Dickdarm, der, wie der Name schon sagt, mehr als doppelt so dick ist wie der Dünndarm, aber nur etwa zwei Meter lang. Der Dickdarm entzieht dem wässrigen Brei möglichst viel Flüssigkeit: Wasser und Mineralstoffe werden dem Blutkreislauf zugeführt. Die übrig gebliebenen Abfallstoffe werden als Kot durch den After ausgestoßen.

?

LEBER UND NIEREN

Die Leber, eine Drüse der Verdauungsorgane, produziert nicht nur Galle, sie entgiftet auch den Körper, indem sie Alkohol, Medikamente und andere schädliche Stoffe abbaut. Ist die Leber die „chemische Fabrik" des Körpers, so kann man die Nieren als seine „Klärwerke" bezeichnen. Ununterbrochen reinigen sie unser Blut von unbrauchbaren Stoffen.

SKELETT UND MUSKELN

Das Skelett ist das Gerüst unseres Körpers, das ihn stützt und seine empfindlichen Organe durch Knochen schützt. Die einzelnen Knochen des Skeletts sind steif, aber sie sind untereinander durch Gelenke verbunden. Das ermöglicht einzelnen Teilen des Körpers, sich zu beugen und die Gestalt zu verändern. Die Muskeln kann man als den Motor des Körpers bezeichnen. Die Muskelkraft ermöglicht, dass sich der menschliche Körper bewegen kann.

DER KNOCHENBAU

Unser Knochengerüst befindet sich im Körperinneren. Es hat die Aufgabe, unseren Körper zu stützen und die Organe zu schützen. Sein Baumaterial ist Bindegewebe, in dessen Grundsubstanz Kalksalze eingelagert wurden. Das Knochenmaterial ist genauso hart wie Beton. Als Babys haben wir zunächst ein Skelett aus einer weichen, noch weitgehend unverkalkten Substanz, die erst nach und nach zu Knochen umgebildet wird. Beim Menschen ist diese Knochenbildung erst mit 25 Jahren abgeschlossen. Wenn du dir einen Knochen unter dem Mikroskop ansiehst, kannst du erkennen, dass er nicht kompakt ist, sondern innen löcherig aussieht. Deshalb sind die Knochen sehr leicht, denn andernfalls würden wir ein enormes Gewicht mit uns herumschleppen. Im Knocheninneren befindet sich das Knochenmark, in dem der größte Teil unserer Blutzellen gebildet wird. Unser Gehirn ist von einer Knochenschale, dem Schädel umgeben. Daran schließt sich die Wirbelsäule an. Diese besteht aus 24 freien und fünf verwachsenen Wirbeln, die in ihrem Inneren einen Hohlraum bilden, den Wirbelkanal. Darin verläuft das Rückenmark, das viele wichtige Nervenfasern enthält. Zwölf Rippenpaare, die von der Wirbelsäule ausgehen und vorne mit dem Brustbein verwachsen sind, bilden den Brustkorb. Dieser schützt Herz und Lunge. Frei beweglich am Brustkorb aufgehängt ist das Skelett der Arme. Am unteren Ende ist das Becken an der Wirbelsäule verankert. Daran schließen sich die Beinknochen an, die durch Gelenke mit dem Beckenknochen verbunden sind. Den Abschluss bildet das Fußskelett.

Ausschnitt aus der Wirbelsäule

MUSKELKRAFT

Über ein Drittel des Körpergewichts besteht aus Muskelmasse. Unsere Muskeln produzieren die Kraft, die den Körper bewegt, aber auch für den reibungslosen Ablauf der Funktionen von Herz, Lunge und Verdauungssystem sorgt. Beim Gehen werden rund 200 Muskeln eingesetzt.

In unserem Körper finden sich zwei Arten von Muskeln: quer gestreifte und glatte. Quer gestreifte Muskeln bestehen aus Muskelfasern, die – unter dem Mikroskop betrachtet – helle und dunkle Streifen haben. Die quer gestreiften Muskeln bilden die Skelettmuskulatur. Sie sind am Skelett befestigt, erstrecken sich teilweise über die Gelenke und ermöglichen uns alle Arten von Bewegung. Die meisten dieser Muskeln gehorchen dem Willen. Eine Ausnahme bildet der Herzmuskel. Es besitzt ein eigenes, selbstständiges Steuerzentrum, das wir nicht mit unserem Willen beeinflussen können. Die glatten Muskeln bestehen aus spindelförmigen Muskeln, die unter dem Mikroskop keinerlei Zeichnung aufweisen, also glatt erscheinen. Auch die glatten Muskeln sind vom Willen unabhängig. Sie umgeben unsere Blutgefäße sowie Magen, Darm und Blase.

DIE SINNES-ORGANE

Als Sinnesorgane bezeichnen wir Organe, die Informationen über den Zustand der Umwelt oder des eigenen Körpers empfangen und zur weiteren Verarbeitung an das Nervensystem weiterleiten. Die klassischen fünf Sinne sind: Hören, Sehen, Riechen, Schmecken und Tasten.

AUGEN UND SEHEN

Die meisten Informationen, die unser Gehirn über unsere Umgebung erhält, kommen von den Augen. Das Auge selbst ist rund und wird oft auch Augapfel genannt. Im Inneren befindet sich der durchsichtige Glaskörper, der aus einem weichen, gelatineartigen Stoff besteht. Außen wird das Auge von einer schützenden Schicht, der Lederhaut, umhüllt. Der vordere Teil dieser Lederhaut ist durchsichtig und wird als Hornhaut bezeichnet. Die Hornhaut lässt das Licht durch die dahinterliegende Öffnung, die Pupille, ins Augeninnere fallen. Um die Pupille liegt die Iris, der farbige Teil des Auges. Die Iris, auch Regenbogenhaut genannt, bestimmt unsere Augenfarbe. Sie funktioniert ähnlich wie die Blende einer Kamera. Bei schwachem Licht öffnet sie sich mehr und die Pupille wird groß. Bei hellem Licht zieht sie sich schnell zusammen und die Pupille wird klein, damit man nicht geblendet wird.

Mithilfe unserer Augen können wir sehen.

OHREN UND HÖREN

Das Hören ist die Wahrnehmung von Schallwellen, die von Sinneszellen im Ohr empfangen und vom Gehirn gedeutet werden. Das Ohr besteht aus drei Teilen: äußeres Ohr, Mittelohr und Innenohr. Doch sehen kannst du nur den äußeren Teil, die Ohrmuschel, die wie ein Trichter geformt ist, damit sie die Schallwellen möglichst gut auffangen kann. Die Luftschwingungen wandern durch den äußeren Gehörgang und treffen auf das Trommelfell. Das Trommelfell ist ein dünnes Häutchen, das den äußeren Gehörgang von Mittel- und Innenohr

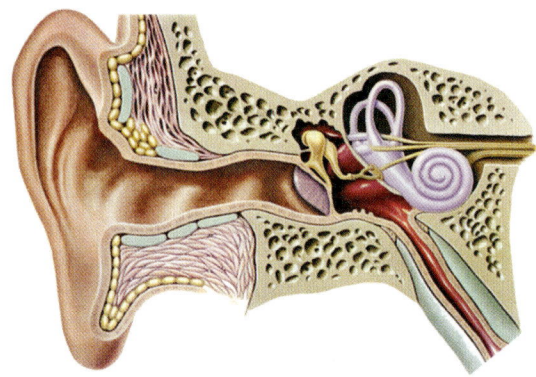

Das Ohr

trennt. Ankommende Schallwellen bringen das Trommelfell zum Schwingen. Auf der Innenseite des Trommelfells im Mittelohr liegen drei winzige Knochen. Man nennt sie Hammer, Amboss und Steigbügel. Diese Knöchelchen, von denen jedes kaum größer ist als ein Reiskorn, verstärken die Schwingungen des Trommelfells und geben sie an das Innenohr weiter. Im Innenohr sitzt die Schnecke, unser eigentliches Hörorgan. Die Schnecke ist eine aufgerollte Röhre, die mit Flüssigkeit gefüllt ist. Bevor du einen Ton hörst, klopft der Steigbügel an das mit einem Häutchen bedeckte Fenster der Schnecke. Dadurch bringt er die Flüssigkeit in deren gewundenen Gängen zum Schwingen. Die Vibrationen bewegen beim Hin- und Herschwappen die Härchen der Sinneszellen. Diese Reizung der Haarzellen wird in elektrische Signale umgewandelt und über den Gehörnerv an das Gehirn gemeldet.

Die Nase

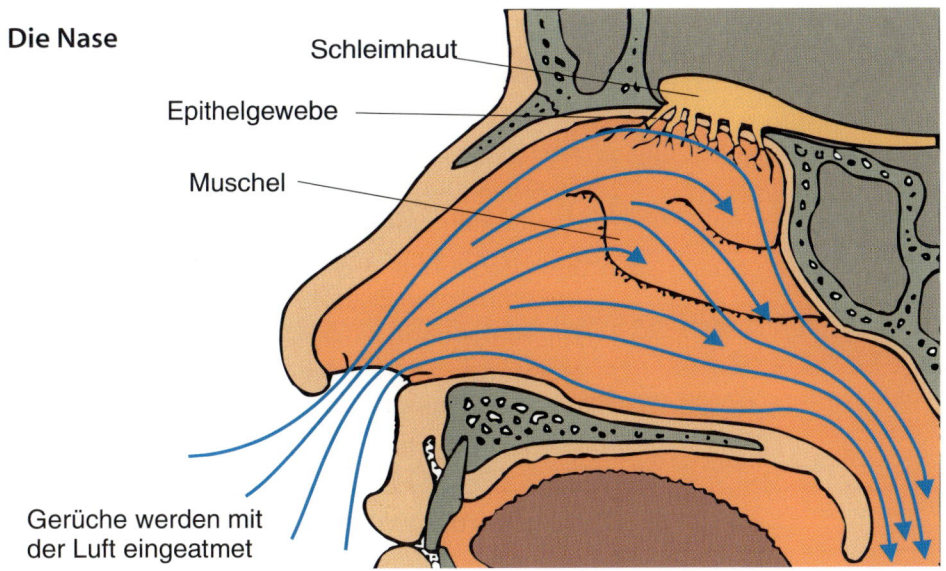

Schleimhaut

Epithelgewebe

Muschel

Gerüche werden mit der Luft eingeatmet

Vergleich zu vielen anderen Lebewesen noch kümmerlicher ausgeprägt als unser Geruchssinn. Wenn du Schnupfen hast, ist dein Riechen beeinträchtigt. Du wirst kaum eine Orange von einer Grapefruit unterscheiden können. Dieses Beispiel zeigt, dass der volle Geschmack nicht nur von den Geschmackszellen hervorgerufen wird. Oft glauben wir zu schmecken, aber in Wirklichkeit riechen wir.

NASE UND RIECHEN

Die Nasenschleimhaut an der Decke der Nasenhöhle enthält Millionen von Riechzellen, die auf Stoffe reagieren, die mit der Atemluft in die Nase strömen. In den Riechzellen sitzen Rezeptoren, die auf ganz unterschiedliche Gerüche ansprechen. Ist der Duftstoff identifiziert, wird die Information über Nervenbahnen an das Gehirn weitergeleitet. Der Mensch besitzt über 300 unterschiedliche Rezeptoren, mit denen er immerhin etwa 10.000 Gerüche unterscheiden kann. Dadurch kann uns der Geruchssinn beispielsweise vor Gefahren warnen, etwa Feuer oder Gas, während andere Gerüche den Appetit anregen. Bei vielen Tieren ist er aber viel besser ausgebildet als beim Menschen.

ZUNGE UND SCHMECKEN

Auch die Geschmackszellen der Zunge sind Sinneszellen, die für vier Grundempfindungen empfänglich sind: süß, sauer, bitter und salzig. Unser Geschmackssinn, der eng mit den Riechzellen zusammenhängt, ist im

HAST DU SCHON GEWUSST,

dass der Geruchssinn von Hunden etwa 1.000.000-mal empfindlicher ist als der des Menschen? Der Grund dafür ist, dass Hunde sehr viel mehr Riechzellen besitzen als wir. Daher können sie sogar die wenigen Teilchen des menschlichen Schweißes riechen, die durch die Schuhsohlen nach außen dringen.

?

HAUT UND FÜHLEN

Die Haut ist unser größtes Organ. Sie hat bei Erwachsenen eine Fläche von rund zwei Quadratmetern und wiegt etwa vier Kilogramm. Die Haut besteht aus mehreren Schichten. Von außen nach innen sind das: Oberhaut, Lederhaut und Unterhaut.
Die Haut hat vielfältige Aufgaben. Sie grenzt den Körper gegen die Außenwelt ab und schützt ihn vor schädlichen Umwelteinflüssen. Darüber hinaus ist sie ein Sinnesorgan. Winzige Rezeptoren in der Ober- und Lederhaut empfangen Reize aus der Umwelt und wandeln sie in elektrische Signale um. Das Gehirn deutet diese Signale als Berührung, Druck, Schmerz, Kälte und Wärme.

DAS ZUSAMMENSPIEL IM KÖRPER

Nur wenn alle Zellen unseres Körpers gemeinsam wirken, kann dieser richtig funktionieren. Damit die einzelnen Zellen, die unterschiedliche Aufgaben haben, voneinander erfahren, gibt es im Körper Nachrichtensysteme, die alle Bereiche miteinander verbinden und die Informationen an die richtigen Stellen weiterleiten. Diese Vorgänge übernehmen zwei Organsysteme: das System der Hormone und das Nervensystem.

HORMONE – CHEMISCHE BOTSCHAFTER

Hormone sind chemische Stoffe, die über das Blut Nachrichten übermitteln und dem Körper so mitteilen, was zu tun ist. Die meisten von ihnen werden von kleinen Organen, den Hormondrüsen, gebildet und ausgeschieden. Hormondrüsen sind: die Hirnhangdrüse (Hypophyse), die Zirbeldrüse, die Schilddrüse, Teile der Bauchspeicheldrüse, die Nebennieren und die Geschlechtsdrüsen – bei der Frau die Eierstöcke, beim Mann die Hoden. Die Hormone der Geschlechtsdrüsen steuern die Fortpflanzungsorgane. Die typisch weibliche beziehungsweise männliche Gestalt erhält der Körper durch den Einfluss von Hormonen.

Ein besonders wichtiges Hormon ist das Insulin, das in der Bauchspeicheldrüse entsteht und den Kohlenhydratstoffwechsel des Körpers reguliert. Wird nicht genügend Insulin gebildet, bekommt man Diabetes, die Zuckerkrankheit. Die Hirnanhangdrüse ist eine ganz besondere Hormondrüse. Viele Hormone, die hier gebildet werden, haben keine direkte Wirkung auf die Körperzellen. Ihre eigentliche Aufgabe besteht darin, andere Hormondrüsen zur Hormonbildung anzuregen, z. B. die Geschlechtsdrüsen.

NERVENSYSTEM – DAS NACHRICHTENNETZ

Das menschliche Nervensystem ist eine Arbeitsgemeinschaft aus mehr als zehn Milliarden Nervenzellen (Neuronen), die ein kompliziertes Nachrichtennetz bilden. Jede dieser Nervenzellen kann zugleich senden und von vielen anderen Körperzellen Signale empfangen. Der einfachste Teil unseres Nervensystems ist das Rückenmark, die wichtigste Verbindung zwischen Körper und Gehirn. Es verläuft in der Wirbelsäule geschützt in einem Wirbelkanal. Vom Rückenmark zweigen 31 Nervenpaare ab und führen zu Rumpf, Armen und Beinen. Dieses Organ empfängt in jeder Sekunde Tausende von Signalen aus allen Körperteilen und antwortet darauf mit kurzen, sinnvollen Befehlen. Es enthält auch Nervenbahnen, die von den Organen zum Gehirn und umgekehrt führen. Darum ist der Körper eines Menschen, dessen Rückenmark verletzt wurde, unterhalb der verletzten Stellen empfindungs- und bewegungslos.

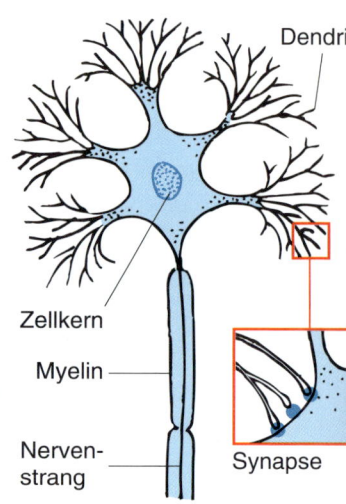

Dendri
Zellkern
Myelin
Nervenstrang
Synapse

Nervenzelle

HAST DU SCHON GEWUSST,

dass das menschliche Nervensystem hundertmal komplizierter ist als das gesamte elektronische Nachrichtennetzwerk der Erde? Es ist bislang der einzige Computer, der so vollkommen ist, dass er Macht über sich selbst hat – also, eine Maschine, die über sich selbst nachdenkt, sich selbst Befehle erteilt und ihre eigene Zukunft plant.

DAS GEHIRN

Dieses wichtige Organ ist die Steuerzentrale unseres Körpers. Es besteht aus Milliarden von Gehirnzellen. Jede von ihnen kann mit Zehntausenden von anderen Zellen verbunden sein und ein kompliziertes Netzwerk bilden. Der Mensch hat im Verhältnis zu seinem Körpergewicht ein vergleichsweise großes Gehirn (es ist etwa 1,3 Kilogramm schwer). Es gliedert sich in die drei Hauptabschnitte Kleinhirn, Hirnstamm und Großhirn. Der Hirnstamm liegt zwischen Großhirn und Rückenmark und besteht aus mehreren Teilen. Er ist für alle lebenswichtigen Aufgaben zuständig, denn hier liegen das Atem- und Kreislaufzentrum. Wird dieser Teil des Gehirns verletzt, tritt augenblicklich der Tod ein. Das Kleinhirn liegt im Hinterkopf und steuert unsere Bewegungen, ohne dass wir darüber nachdenken müssen. Das Großhirn ist der Teil, der für so typisch menschliche Fähigkeiten wie Sprechen und Denken verantwortlich ist. Das Großhirn besteht aus zwei Hälften, die über eine Nervenbahn miteinander verbunden sind. Die linke Gehirnhälfte steuert dabei die rechte Körperseite und umgekehrt.

Das Gehirn

DIE FORT-PFLANZUNG

Der Mensch gehört zur Klasse der Säugetiere. Die Fortpflanzung erfolgt wie bei jedem anderen Säugetier auch: Im Mutterleib verschmilzt eine Eizelle der Mutter mit einer Samenzelle des Vaters. Die Organe, die Ei- und Samenzellen bilden, heißen Keimdrüsen.

DIE GESCHLECHTS-ORGANE

Von den Geschlechtsorganen der Frau ist äußerlich nur die Öffnung der Scheide sichtbar, die nach innen führt und in der Gebärmutter endet. Diese ist ein sehr dehnbarer Muskel und bildet die Höhle, in der ein Baby heranwachsen kann. Links und rechts davon führt jeweils ein Eileiter zu den Eierstöcken, den Keimdrüsen der Frau, die etwa 200.000 Eizellen enthalten. Trifft eine Eizelle während der Wanderung durch den Eileiter auf die Samenzelle eines Mannes, können beide verschmelzen. Diesen Vorgang nennt man Befruchtung. Schon nach wenigen Stunden fängt die befruchtete Eizelle an, sich zu teilen, und wandert dabei weiter zur Gebärmutter, wo sich das nun mehrzellige Wesen einnistet: Aus diesem Embryo wächst ein Baby heran.

Beim Mann ist von außen der Penis, auch Glied genannt, sichtbar. Ganz vorne an der Spitze, die auch Eichel genannt wird, ist die kleine Öffnung der Harnröhre, durch die entweder Urin aus der Blase oder Samenflüssigkeit aus den Hoden austreten kann. Unter dem Glied hängt der Hodensack mit den beiden Hoden, den Keimdrüsen des Mannes. Sie bilden täglich Hunderttausende bis Millionen von neuen Samenzellen. Wenn du dir die Samenzellen unter dem Mikroskop anschaust, wirst du kleine Gebilde sehen, die winzigen Kaulquappen ähneln.

In der Gebärmutter wächst das Kind heran.

Gebärmutterschleimhaut · Eileiter · Fruchtwasser · Eierstock · Gebärmutterwand · Mutterkuchen (Plazenta) · Gebärmutterhals · Nabelschnur · Muttermund

MEDIZIN

Wenn wir uns nicht wohlfühlen oder Schmerzen haben, gehen wir zum Arzt und beschreiben die Symptome (Krankheitszeichen). Um eine Diagnose stellen zu können, also die Krankheit zu erkennen, untersucht der Arzt den Körper, misst den Blutdruck, hört mithilfe eines Stethoskops Herz und Lunge ab. Wenn nötig, werden Urin- und Blutproben entnommen und in einem Labor untersucht. Wenn diese Verfahren nicht reichen, muss der Patient spezielle Untersuchungen mit Röntgen oder Ultraschall machen lassen.

Medikamentenfläschchen

MEDIKAMENTE GEGEN KRANKHEITEN

Wenn der Arzt eine Diagnose gestellt hat, verschreibt er meistens ein Medikament zur Behandlung. Arzneimittel werden aus Pflanzen, Tieren und Naturstoffen gewonnen oder künstlich (synthetisch) im Labor hergestellt.

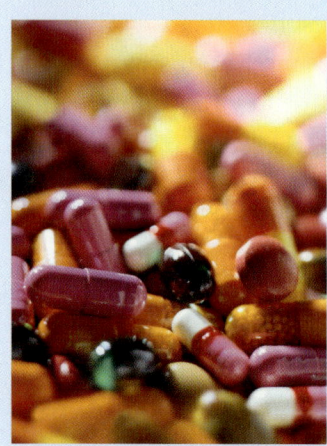

Medikamentenkapseln

Es gibt **verschiedene Formen** von Medikamenten: Tabletten und Kapseln kann man schlucken; Medikamente in wässriger Form werden unter die Haut, in Muskeln oder Venen gespritzt oder getropft (z. B. Augentropfen); Arznei als fein zerstäubtes Pulver wird inhaliert (z. B. bei Asthma); Salben, Cremes und Lotionen reibt man in die Haut ein und Zäpfchen werden in After oder Scheide eingeführt.

HILFE DURCH OPERATION

Helfen bei einer Krankheit Medikamente allein nicht, muss manchmal eine Operation durchgeführt werden. Dafür braucht man einen **Operationssaal**, der besonders eingerichtet und vollkommen steril ist. Operationen werden fast immer unter Vollnarkose durchgeführt, die ein **Anästhesist** (Narkosearzt) überwacht. Für offene Operationen benötigt der Chirurg ganz bestimmte Instrumente wie Skalpell, Schere, Pinzette oder Klemme. Es gibt auch eine Operationsmethode, bei der der Chirurg keine oder nur winzige Schnitte vornimmt – die **minimalinvasive Chirurgie**. Der Arzt arbeitet mit einem sogenannten Endoskop,

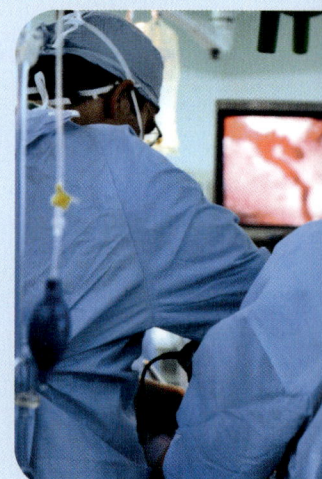

Ärzte bei einer Operation

das an einem dünnen Schlauch durch eine natürliche Körperöffnung oder den Einschnitt eingeführt wird. Auf einem Monitor kann er dann das Körperinnere beobachten und gleichzeitig operieren. Eine weitere Behandlungsmethode ist die **Mikrochirurgie**. Sie wird mit Miniaturinstrumenten durchgeführt und ermöglicht Eingriffe an unzugänglichen oder sehr kleinen Stellen im Körper wie z. B. im Ohr, im Rückenmark und sogar im Gehirn.

GESCHICHTE DER MEDIZIN

Menschen fanden sehr früh heraus, dass viele Pflanzen eine heilende Wirkung haben, und machten Salben und Säfte daraus, um Kranke zu behandeln. Die **alten Ägypter** kannten schon den Fingerhut, der heute noch bei Herzerkrankungen verwendet wird. Der berühmteste Arzt im antiken Griechenland war **Hippokrates** (um 400 vor Christus), der als der Begründer der modernen Medizin gilt. Während **im Mittelalter** das medizinische Wissen der Antike in Europa in Vergessenheit geriet, entwickelte sich die Medizin im Orient weiter. Arabische Ärzte beschrieben zahlreiche Krankheiten und führten neue Arzneimittel ein. Der Berühmteste unter ihnen war Avicenna (um 980 bis 1037).

Im 19. Jahrhundert kam es in Europa zu einer rasanten Entwicklung der Medizin. Der deutsche Arzt **Robert Koch** (1843–1910) und der französische Forscher **Louis Pasteur** (1822–1895) z. B. entdeckten, dass Krankheiten wie Cholera und Tuberkulose durch winzige Krankheitserreger entstehen, und gelten als die Begründer der Bakteriologie. Der ungarische Geburtshelfer **Ignaz Philipp Semmelweis** (1818–1865) zeigte, dass die hohe Sterblichkeit von Frauen nach der Entbindung (Kindbettfieber) auf infektiöse Erreger zurückging, die durch die ungewaschenen Hände der Ärzte übertragen wurden. Anfang des 20. Jahrhunderts entdeckte **Alexander Fleming** (1881–1955) das Penizillin, das erste Antibiotikum.

MODERNE MEDIZINISCHE METHODEN

Heute gibt es moderne Untersuchungsmethoden, die wir einer hoch entwickelten Technik verdanken. Dadurch können Krankheiten besser und schneller erkannt und behandelt werden. Bei der **Röntgenuntersuchung** werden kurzwellige elektromagnetische Strahlen durch den Körper geschickt und es wird eine Art von Foto gemacht, auf dem nur feste Körperteile wie Knochen und Organe sichtbar werden. Bei der **Computertomografie** (CT) werden die Röntgenstrahlen von einem Computer ausgewertet und als Schnittbilder von Weichteilen des Körpers oder räumlich dargestellt. Allerdings dürfen solche Untersuchungen nicht zu häufig durchgeführt

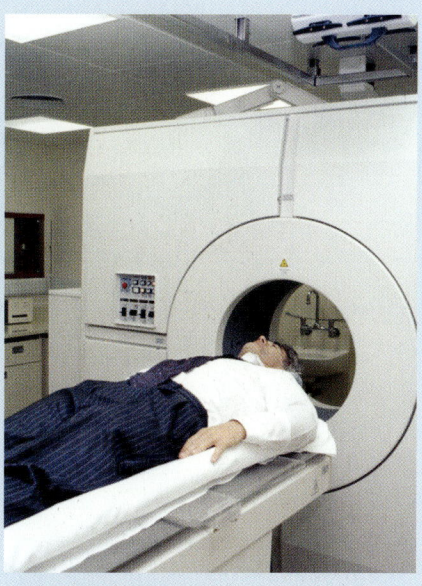

Computertomografie

werden, weil Röntgenstrahlen in zu hohen Dosen Zellen zerstören können. Durch **EKG** (Elektrokardiografie) kann der Arzt das Herz untersuchen und sehen, ob es richtig arbeitet. EKG ist ein Ultraschallverfahren, bei dem hochfrequente Töne durch den Körper geschickt werden, die ein Computer zu einem Bild zusammensetzt. Schallwellen sind ungefährlich. Bei der **Kernspintomografie** werden Radiowellen in einem sehr starken Magnetfeld genutzt, was das Aufspüren von Tumoren ermöglicht. Bei nuklearmedizinischen Verfahren muss der Patient radioaktiv markierte Stoffe einnehmen, deren Strahlung mit einer Spezialkamera aufgenommen wird: Die **Positronenemissionstomografie** (PET) wird zur Diagnose von Hirnerkrankungen angewandt.

ALTERNATIVE MEDIZIN ?

Neben der Schulmedizin gibt es auch andere (alternative) Methoden, mit denen man manche Krankheiten behandeln kann. Dazu zählt beispielsweise die sehr alte chinesische Heilmethode **Akupunktur** (etwa 4000 Jahre alt). Dabei werden Nadeln an bestimmten Stellen des Körpers in die Haut gesetzt und leicht gedreht. Akupunktur hilft unter anderem gegen Schmerzen, Schlaflosigkeit, Allergien und Asthma. Auch **Naturheilverfahren** sind eine Alternative zur Schulmedizin. Dazu zählen beispielsweise Therapien mit Wasser, Licht, Luft, Wärme und Heilpflanzen.

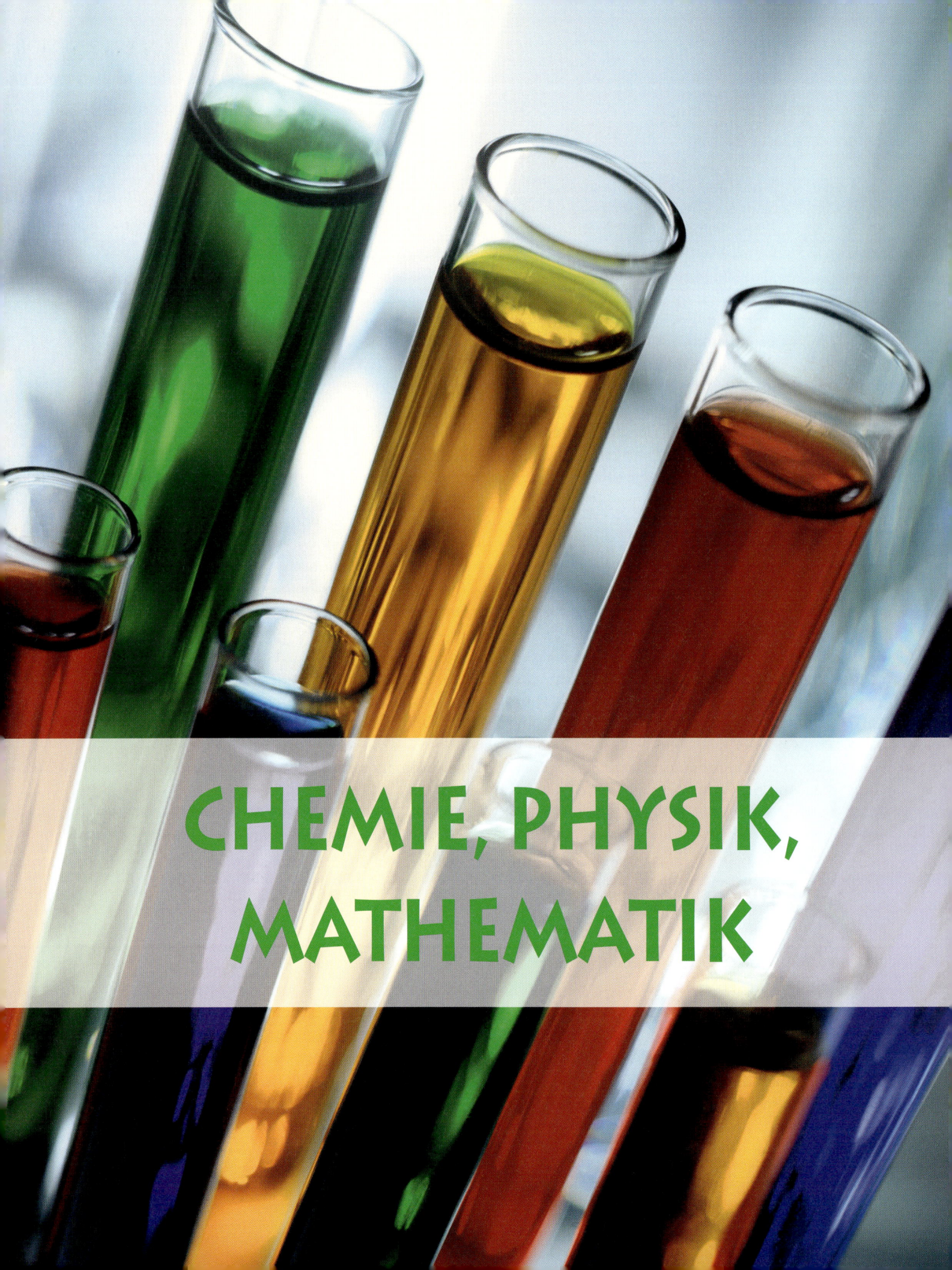

CHEMIE, PHYSIK, MATHEMATIK

CHEMIE

Chemie, Physik, Mathematik – vielen Schülern bereiten diese drei Schulfächer oft Schwierigkeiten. Viele von euch finden diese Fächer nicht nur schwer, sondern auch etwas trocken und langweilig. Das muss aber nicht so sein. Wenn ihr z. B. wisst, wie Isaac Newton die Schwerkraft entdeckte oder wie schon die frühen Menschen mit einfachen Mitteln gerechnet haben, werdet ihr diese naturwissenschaftlichen Gebiete bestimmt viel interessanter finden.

Antike Glasbläser

WAS IST CHEMIE?

Chemie ist die Wissenschaft von den Stoffen, ihrem Aufbau, ihren Eigenschaften und ihren Veränderungen. Mit „Stoff" meint der Chemiker natürlich nicht den Stoff, aus dem der Schneider Kleider näht. Stoffe im chemischen Sinn sind z. B. Wasser, Sauerstoff, Kohlendioxid, Eisen, Kupfer, aber auch Glas, Holz, Papier, Milch oder ein Kunststoff und viele Millionen andere Substanzen. Stoffe können fest, flüssig oder gasförmig sein. Die Chemie befasst sich mit chemischen Elementen, aus denen Stoffe zusammengesetzt sind, und den Reaktionen der Elemente sowie ihren Verbindungen. Chemie bestimmt unser Leben, denn chemische Vorgänge laufen ständig überall ab – in und auf der Erde, in Gesteinen, im Wasser und in allen Lebewesen. Aber der Mensch kann chemische Abläufe steuern und künstliche Stoffe mit nützlichen Eigenschaften industriell herstellen. Die Chemie hat sehr große Auswirkungen auf unseren Alltag – ohne Medikamente, Kunstdünger, Kunststoffe und andere Chemieprodukte wäre unser Leben heute wohl kaum vorstellbar.

CHEMIE IM ALTERTUM

Im Altertum entdeckten die Menschen die Gärung und nutzten diesen Vorgang, um aus Fruchtsäften Wein und Bier herzustellen. Sie kochten Seife aus Asche und Fett. Sie gerbten Tierhäute mit Extrakten aus Eichenrinden und stellten Leder her. Auch wussten die Menschen schon damals, wie man chemische Vorgänge im Körper mit bestimmten Stoffen beeinflussen konnte. Sie gewannen aus Pflanzen und Mineralstoffen Arzneimittel, mit denen sie viele Krankheiten heilen konnten. Im alten Ägypten waren die Priester sehr gebildet und wussten sehr viel über bestimmte Stoffumwandlungen. Sie konnten schon ab ca. 1250 vor Christus farbiges Glas herstellen und viele Farbstoffe aus Pflanzen und Tieren gewinnen, z. B. Purpur aus einer Schneckenart im Mittelmeer und Blau aus der Indigopflanze. Die alten Ägypter ver-

JOHN DALTON

Der Chemiker John Dalton (1766–1844) führte die Atomtheorie in die Chemie ein. Damit griff er die Auffassung des griechischen Philosophen Demokrit (um 400 vor Christus) auf, dass alle Stoffe aus winzigen, unteilbaren Teilchen aufgebaut sind. Nach Daltons Atomtheorie sind alle Atome eines Elements gleich. Die Elemente unterscheiden sich, weil ihre Atome verschieden sind. Neue chemische Stoffe entstehen, wenn sich Atome verschiedener Elemente in einem bestimmten Verhältnis miteinander verbinden.

wendeten Indigopflanzen, um ihre Mumientücher zu färben. Man hat bis heute über 4000 Jahre alte Mumientücher gefunden, die mit Indigo gefärbt sind, genauso wie deine Jeans auch!

Mumie

WIE ERKLÄRTEN DIE ALTEN GRIECHEN CHEMIE?

Die Menschen in früher Zeit konnten sich chemische Vorgänge, also die Umwandlung von Stoffen, nicht erklären. Sie glaubten, dies sei das Wirken der Götter oder der Einfluss der Sterne. Erst die alten Griechen versuchten, hinter das Geheimnis dieser Vorgänge und der Naturphänomene zu kommen. Die Philosophen und Naturforscher Empedokles (495–435 vor

Christus) und Aristoteles (384–322 vor Christus) glaubten, dass alle Materie aus den vier Elementen Erde, Luft, Wasser und Feuer bestünde. Aristoteles lehrte, dass jedes Element gleichzeitig durch die Eigenschaften kalt oder heiß und feucht oder trocken gekennzeichnet sei. Jedes Element sei eine Kombination von jeweils zwei dieser Eigenschaften: die Erde kalt und trocken, die Luft warm und feucht, das Wasser kalt und feucht und das Feuer warm und trocken. Die Griechen Leukippos (um 450 vor Christus) und Epikur (341–370 vor Christus) stellten sich diese Mischung oder Verbindung der Elemente so vor, dass sich alle Stoffe aus unteilbaren und winzigen Teilchen zusammensetzen. Griechisch heißt unteilbar „atomos" und deshalb nannten sie diese Teilchen oder Bausteine Atome.

DIE MODERNE CHEMIE

Die Wissenschaftler erkannten erst im 17. Jahrhundert, dass Naturphänomene durch physikalische Gesetze erklärbar sind. Das hatte zur Folge, dass man an mystische Vorstellungen immer weniger glaubte. So konnte sich die Chemie als Naturwissenschaft behaupten. 1661 stellte Robert Boyle (1627–1691) die Theorie von den vier Elementen (Erde, Luft, Wasser und Feuer) in Frage. Er definierte das Element als chemischen Grundstoff, der mit chemischen Mitteln nicht weitergespalten werden kann. Diese Definition gilt noch heute. In dieser Zeit entstanden viele Theorien zur Erklärung chemischer Reaktionen.
Als Begründer der modernen Chemie gilt jedoch der französische Chemiker Antoine Lavoisier (1743–1794). Er experimentierte in seinem großem Labor und erkannte den Zusammenhang zwischen Sauerstoff und Verbrennungsvorgängen. Lavoisier konnte durch seine Versuche zeigen, dass ein Stoff schwerer wird, wenn er verbrennt. Er führte dies darauf zurück, dass sich beim Verbrennen ein Gas (Sauerstoff) mit dem brennenden Stoff verbindet.

ANTOINE LAURENT DE LAVOISIER

Der französische Chemiker Antoine Laurent de Lavoisier (1743–1794) gilt als der Begründer der neuzeitlichen Chemie. Er fand eine Erklärung für den Ablauf chemischer Reaktionen und erkannte unter anderem, dass Verbrennung auf Sauerstoffaufnahme beruht: Lavoisier konnte zeigen, dass ein Körper schwerer wird, wenn er verbrennt. Lavoisier entdeckte außerdem die Zusammensetzung des Wassers.

Antoine Laurent de Lavoisier

BAU DER ATOME

Alle Dinge auf der Welt bestehen aus winzigen Teilchen, den Atomen. Sie sind so unvorstellbar klein, dass sogar auf dem Punkt am Ende dieses Satzes Millionen von Atomen passen würden. Selbst die Luft, die wir einatmen, setzt sich aus Atomen zusammen. Die erste Atomtheorie hatten schon die griechischen Philosophen aufgestellt. Anfang des 19. Jahrhunderts griff der englische Physiker und Chemiker John Dalton (1766–1844) diese Idee wieder auf und entwickelte eine moderne Atomtheorie. Mithilfe dieser Theorie lassen sich grundlegende chemische Gesetzmäßigkeiten sehr anschaulich erklären.

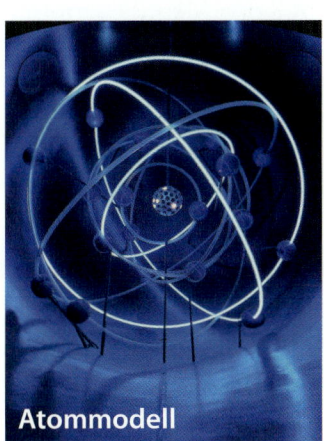

Atommodell

Zunächst wurde angenommen, die Atome seien die allerkleinsten Bausteine und damit nicht teilbar. Seit Anfang des 20. Jahrhunderts weiß man jedoch, dass sich Atome aus noch kleineren Teilen zusammensetzen. 1911 stellte der britische Physiker Ernest Rutherford (1871–1937) sein erstes Atommodell vor. Danach befindet sich im Zentrum des Atoms ein Kern, der aus winzigen elektrisch positiv geladenen Teilchen, den Protonen, und elektrisch ungeladenen (neutralen) Teilchen, den Neutronen, besteht. Um den Atomkern kreisen – nur scheinbar – negativ elektrisch geladene Teilchen, die sogenannten Elektronen.
1913 nahm der dänische Physiker Niels Bohr (1885–1962) an, dass die Elektronen den Kern des Atoms in Schalen umhüllen. Das Atommodell von Bohr wurde später mehrfach verbessert. Heute weiß man, dass die Protonen und die Neutronen aus den noch kleineren Quarks aufgebaut sind. Quarks werden von sogenannten Gluonen (englisch glue, „Klebstoff"), den Bindungsteilchen, zusammengehalten.

NIELS BOHR

Der dänische Physiker Niels Bohr (1885–1962) lieferte u. a. wichtige und grundlegende Beiträge zur Kernphysik sowie zum Verständnis des atomaren Aufbaus. Er leitete seine Arbeit vom rutherfordschen Atommodell ab. Das bohrsche Atommodell war ein entscheidender Beitrag für weitere Entwicklungen in der theoretischen Atomphysik. Für seine Arbeiten auf diesem Gebiet erhielt der Wissenschaftler 1922 den Nobelpreis für Physik.

WAS SIND MOLEKÜLE?

Atome verbinden sich miteinander zu größeren Gebilden, den Molekülen. Die kleinste Einheit einer chemischen Verbindung aus Atomen verschiedener Elemente nennt man Molekül. Ein Molekül besteht also aus mindestens zwei Atomen. Es gibt so viele Arten von Molekülen, wie es verschiedene Verbindungen gibt. Inzwischen sind mehr als zehn Millionen Moleküle bekannt, die sich durch ihre Zusammensetzung, Größe, Masse, Form und viele andere Eigenschaften unterscheiden.

ELEMENTE UND VERBINDUNGEN

Die Chemiker unterteilen alle Stoffe, die uns umgeben, grob in zwei Arten. Auf der einen Seite gibt es reine Substanzen, wie Gold und Silber in der Erde oder Sauerstoff und Stickstoff in der Luft. Diese Stoffe bestehen nur aus einer Art von Atomen und werden als chemische Elemente bezeichnet. Elemente lassen sich chemisch nicht aufspalten. Auf der anderen Seite gibt es die Gruppe der chemischen Verbindungen wie z. B. Wasser. Sie setzen sich aus Atomen verschiedener Elemente zusammen.
Mitte des 19. Jahrhunderts erkannten die Naturwissenschaftler, dass sich manche Elemente wegen ihrer ähnlichen chemischen und physikalischen Eigenschaften in Gruppen zusam-

menfassen lassen. In seinem sogenannten Periodensystem der Elemente schrieb Dimitri Mendelejew die Elemente nach steigendem Atomgewicht nebeneinander auf. Nach jeweils sieben Elementen wiederholten sich die Eigenschaften. So schrieb er die chemisch ähnlichen Elemente jeweils untereinander und erhielt auf diese Weise ein System aus waagerechten Perioden und senkrechten Gruppen. Es ergaben sich dabei einige Lücken und Mendelejew sagte die Eigenschaften der noch nicht entdeckten Elemente ziemlich genau voraus.

Seit Anfang des 19. Jahrhunderts verwenden die Chemiker als Symbol die Anfangsbuchstaben der lateinischen oder griechischen Elementnamen. 1813 hatte der schwedische Chemiker Jöns Jakob Berzelius (1779–1848) die heute noch gültigen Symbole der chemischen Elemente eingeführt, die immer noch gebräuchlich sind. Natrium wird beispielsweise mit Na, Chlor mit Cl, Aluminium mit Al, Uran mit U abgekürzt. Andere Abkürzungen leiten sich von den lateinischen Namen der Elemente ab wie Cu (Cuprum) für Kupfer, Au (Aurum) für Gold, H (Hydrogenium) für Wasserstoff, C (Carbon) für Kohlenstoff, O (Oxygenium) für Sauerstoff, N (Nitrogenium) für Stickstoff und Fe (Ferrum) für Eisen.

MARIE CURIE

Die in Polen geborene französische Chemikerin und Physikerin Marie Curie (1867–1934) entdeckte zusammen mit ihrem Mann Pierre die radioaktiven Elemente Polonium und Radium. Dafür erhielt sie 1903 gemeinsam mit ihrem Mann und Antoine Henri Becquerel (1852–1908), dem Entdecker der radioaktiven Strahlung, den Nobelpreis für Physik. 1911 erhielt sie allein den Nobelpreis für Chemie. Marie Curie zahlte schließlich mit dem Leben für ihre Forschung – sie starb an Blutkrebs, verursacht durch die Strahlung der radioaktiven Stoffe. Die Gefahren durch radioaktive Strahlen kannte man damals noch nicht.

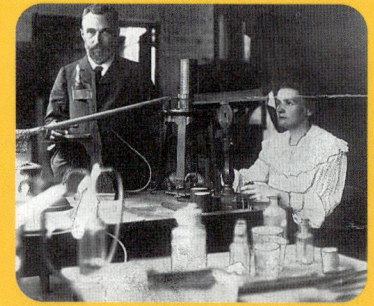

Marie und Pierre Curie

WENN STOFFE SICH VERÄNDERN

Was passiert, wenn man zwei oder mehr Stoffe zusammenfügt? Entweder sie mischen sich, behalten aber ihre ursprüngliche Form. Oder sie verändern sich chemisch und werden zu einer neuen Art von Stoff. Dann hat eine chemische Reaktion stattgefunden. Die Produkte der Reaktion haben andere Eigenschaften als die Ausgangsstoffe.

Bei einer Reaktion geht keine Materie verloren und es wird auch keine zerstört, selbst wenn sie ihre Form ändert. Dies ist eines der grundlegenden naturwissenschaftlichen Gesetze. Es besagt, dass die Masse der Stoffe vor der chemischen Reaktion gleich der Masse der Stoffe nach der chemischen Reaktion ist. Chemische Reaktionen laufen unterschiedlich schnell ab. Manche benötigen kaum Zeit, wie z. B. die Explosion von Sprengstoff, während andere Stunden, Monate oder sogar Jahre brauchen.

OHNE CHEMISCHE REAKTIONEN KEIN LEBEN

Wir benötigen Sauerstoff zum Atmen, denn nur so kann der Körper Energie gewinnen. In unserem Körper läuft nämlich ständig eine Reaktion mit Sauerstoff ab. Die Stoffe aus der Nahrung, z. B. Kohlenhydrate und Fette, gelangen vom Darm aus über den Blutkreislauf in die Zellen. Beim Atmen strömt Sauerstoff in die Lunge. Der rote Blutfarbstoff Hämoglobin transportiert den Sauerstoff mit dem Blutstrom in jede Zelle des Körpers. Dort reagiert der Sauerstoff mit den Nahrungsstoffen, wobei chemische Energie und Wärme entstehen. Der Körper nutzt diese chemische Energie für verschiedene Tätigkeiten wie Fortbewegung oder Arbeit. Durch die Wärme wird die Körpertemperatur gehalten. Bei diesen chemischen Vorgängen bildet sich als Abfallprodukt das Gas Kohlendioxid. Es wird mit dem Blut wieder zur Lunge transportiert und dort ausgeatmet.

PHYSIK

Die Physik beschäftigt sich mit den Dingen unserer Umgebung und mit der Energie, die in ihnen steckt. Dazu gehören z. B. Fragen, wie sich Dinge bewegen, was Licht ist, wie Geräusche entstehen, warum etwas heiß wird und vieles andere. Das Wort „Physik" leitet sich von dem griechischen Wort physikos („Naturphilosophie") ab. Deshalb nennt man die Naturwissenschaftler der Antike oft auch Naturphilosophen.

Bei einem Gewitter wird elektrische Energie freigesetzt.

WAS IST PHYSIK?

Für einen Physiker besteht die Welt aus Materie und Energie. Um sie zu erforschen, stellen Physiker zahlreiche Theorien auf und überprüfen sie. Dazu müssen sie viele Experimente durchführen. Die Physik wird in die Gebiete Mechanik, Akustik, Wärmelehre, Optik, Elektrizitätslehre und die Lehre vom Magnetismus eingeteilt. Diese scharfe Unterteilung der Physik wird zwar immer noch verwendet – bei dir in der Schule sicher auch –, hat aber weitgehend an Gültigkeit verloren: Akustik und Wärmelehre kann man zur Mechanik zählen; Optik, die Lehre von Magnetismus und Elektrizität kann man unter Elektrodynamik zusammenfassen. Die moderne Physik baut auf neue Betrachtungsweisen auf und beschäftigt sich unter anderem mit den kleinsten Teilchen der Welt – den sogenannten Atomen, Elementarteilchen und Quarks.

WAS IST ENERGIE?

Energie ist ein Maß für die Fähigkeit, Dinge in Bewegung zu setzen, also eine Arbeit zu leisten. Es gibt verschiedene Formen von Energie. Wärmeenergie, elektrische Energie, chemische Energie und andere. Energie kommt aus der Materie und weder Energie noch Materie können verloren gehen. Wenn Energie angewendet wird, um Arbeit zu leisten, wird sie dabei nur von einer Form in eine andere umgewandelt. Wenn z. B. Blitze aus Gewitterwolken zucken, wird elektrische Energie schlagartig in die Energieformen Licht, Schall und Wärme umgewandelt. Und wenn ein Auto losfährt oder eine Feuerwerksrakete explodiert, wird die chemische Energie in Bewegungsenergie umgewandelt.

KRÄFTE, DIE DIE WELT BEWEGEN

Auf alle Dinge in unserer Umgebung wirken Kräfte und mit diesen Kräften beschäftigt sich die Mechanik. Sie ist die Lehre vom Zusammenwirken der Kräfte und Bewegungen. Alle unsere Bewegungen haben etwas mit Ziehen, Heben, Schieben oder Drücken zu tun. In jedem Fall handelt es sich dabei um Kräfte. Eine Kraft kann einen Gegenstand beispielsweise in Bewegung setzen, ihn anhalten, ihn beschleunigen, die Richtung seiner Bewegung ändern, ihn zusammendrücken oder sogar seine Form verändern.

ISAAC NEWTON

Der englische Physiker und Mathematiker Isaac Newton (1642–1727) war der Erste, der das Wirken der Schwerkraft verstand. Angeblich verhalf ihm ein vom Baum fallender Apfel zu dieser Erkenntnis. 1666 warf Newton die Frage auf, ob die Anziehungskraft, die Dinge fallen lässt, auch den Mond in seiner Laufbahn hält. Er brauchte Jahre, um die für die damalige Zeit kühne Behauptung zu beweisen. Er stellte das Gravitationsgesetz (Gesetz der Schwerkraft) auf und erklärte es für allgemeingültig. Mit seinem Gesetz konnte er die Bewegung der Planeten um die Sonne erklären. Newton baute auch im Jahr 1668 ein Teleskop mit einem konkaven, also nach innen gewölbten Spiegel, um das Licht zu sammeln und zu fokussieren. Dieser Teleskoptyp, der Reflektor, wird heute von den meisten Astronomen benutzt.

Es gibt verschiedene Arten von Kräften. Die vier Grundkräfte, denen alle Materie unterliegt, sind Schwerkraft (Gravitation), Elektromagnetismus, schwache und starke Wechselwirkungen. Alle anderen Kräfte lassen sich auf diese vier zurückführen.

DIE SCHWERKRAFT

Es gibt eine Kraft, die auf alle Körper auf der Erde wirkt – die Schwerkraft. Eine Kugel fällt, weil sie von der Erdanziehungskraft zum Erdmittelpunkt gezogen wird. Die Schwerkraft (Gravitation) ist die Anziehungskraft, die zwischen Körpern wirkt. Die Erde übt eine anziehende Kraft z. B. auf den Mond aus. Die Sonne hält die Erde und die anderen Planeten mit einer gewaltigen Anziehungskraft auf ihren Umlaufbahnen. Die gegenseitige Anziehungskraft zweier Körper hängt von ihrer Masse ab – je größer die Massen, desto stärker ist die Anziehungskraft. Sie wird außerdem von der Entfer-

nung der Körper zueinander beeinflusst – je größer die Entfernung, desto geringer ist die Anziehungskraft.

WIE KOMMT MAN IN BEWEGUNG?

Immer wenn eine Bewegung begonnen, beschleunigt oder aufgehalten werden soll, muss eine Kraft einwirken. Schon vor 300 Jahren hat Isaac Newton (1642–1727) eine Reihe von Gesetzen formuliert, die erklären, wie Dinge sich bewegen.

1. Trägheit: Jeder Körper beharrt in Ruhe oder gleichförmig geradliniger Bewegung, solange keine Kraft von außen auf ihn einwirkt.
2. Dynamik: Ein Körper erfährt durch einwirkende Kräfte eine Beschleunigung, eine Verzögerung, eine Richtungsänderung oder wird durch sie erst in Bewegung gesetzt.
3. Wechselwirkung: Eine Kraft, die in eine Richtung wirkt, erzeugt eine gleich große Gegenkraft, die jedoch in die entgegengesetzte Richtung wirkt.

Serpentinen verringern den Kraftaufwand beim Erklimmen eines Berges.

EINFACHE MASCHINEN

Die Mechanik ist der älteste Zweig der Physik. Schon im Altertum befassten sich Wissenschaftler mit dieser Disziplin. Der große Ma-

HAST DU SCHON GEWUSST,

dass Archimedes das Prinzip des Auftriebs beim Baden entdeckt haben soll? Er habe beobachtet, dass das Badewasser in der Wanne anstieg, als er eintauchte. Ihm wurde klar, dass er nur so viel Wasser verdrängte, wie sein Körper an Volumen ausfüllte. Er soll mit dem Ruf heureka! („Ich habe gefunden") aufgesprungen, nur mit einem Handtuch bedeckt auf die Straße gerannt sein und seine Entdeckung laut verkündet haben.

thematiker Archimedes (um 287–212 vor Christus) erkannte das Prinzip, das der Hebelwirkung zugrunde liegt: doppelter Weg = halbe Kraft. Der Hebel, die schiefe Ebene, der Keil, die Schraube, das Rad und die Rolle sind einfache Maschinen. Das Wort Maschine ist griechisch-lateinisch und bedeutet „Hilfsmittel" oder „Werkzeug". Wir nennen alle Vorrichtungen, die Kräfte übertragen und dabei deren Größe und/oder Richtung ändern können, Maschinen. An jeder Maschine, sei sie noch so kompliziert, kann man die Wirkungsweise der „einfachen Maschinen" erkennen. Archimedes soll schon eine Maschine gebaut haben, die mit geringstem Kraftaufwand große Lasten heben konnte. Wir kennen eine solche Maschine heute als Flaschenzug.

WAS IST REIBUNG?

Wenn du z. B. dein Fahrrad aus voller Fahrt auf ebener Straße einmal schön lange ausrollen lassen möchtest, wirst du feststellen, dass es bald zum Stillstand kommt. Die Bewegung des Fahrrads wird von der Reibung zwischen Reifen und Straße verlangsamt. Reibung tritt immer dann auf, wenn sich zwei Oberflächen berühren, denn keine Oberfläche ist vollkommen glatt – je rauer die Reibflächen, desto größer die Reibung und die Bremswirkung. In bestimmten Fällen ist die Reibung er-

wünscht, z. B. zum sicheren Gehen. Unsere Füße oder Schuhe müssen den Boden „greifen", sie müssen Kraft auf den Boden ausüben können. Reibung ist auch wichtig beim Bremsen eines Fahrzeugs. Um die Reibung zwischen Schuhen und Straße bzw. Reifen und Straße zu verstärken, haben Schuhsohlen und Reifen Profile. Der Verschleiß und die Abnutzung der Schuhsohlen bzw. der Reifen sind auch eine Wirkung der Reibung.

WAS IST AUFTRIEB?

Ein Gegenstand, der im Wasser schwimmt, taucht bis zu einer ganz bestimmten Tiefe ein. Der untergetauchte Teil verdrängt Wasser, und zwar genau so viel, wie dem Gesamtgewicht des Gegenstandes entspricht. Der griechische Mathematiker Archimedes erkannte das Prinzip vom Auftrieb.

MAGNETISMUS UND ELEKTRIZITÄT

Der Magnetismus wurde bereits vor 2500 Jahren entdeckt und zwar im sogenannten Magneteisenstein. Schon im antiken Griechenland und in China war Magnetismus bekannt. Unsere Bezeichnung „magnetisch" geht auf die griechische Landschaft Magnesia zurück.

Durch die geringe Dichte schwimmt Holz im Wasser.

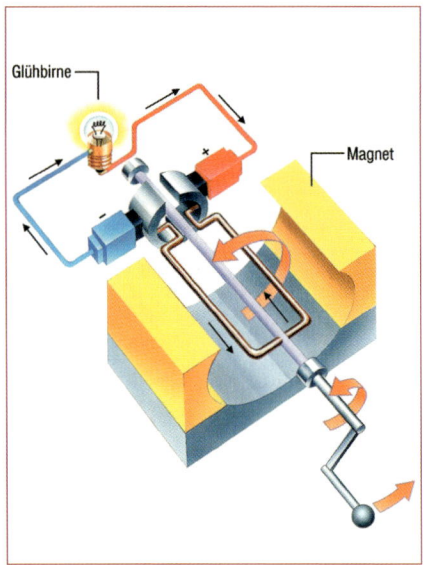

Das Prinzip eines Generators

Magnetismus entsteht durch bewegte Ladungen, hat also immer mit Elektrizität zu tun. Ohne Magnetismus und Elektrizität gäbe es kein elektrisches Licht, kein Fernsehen, keine Musikanlagen, keine Computer und viele andere Dinge. Die Elektrizität liefert nicht nur die Energie für viele Geräte und Maschinen, sondern auch die elektrischen Signale für Radio und Fernsehen, für Telefon und Computer.

WIE ENTSTEHT ELEKTRIZITÄT?

Elektrizität kommt überall in der Natur vor. Sie zeigt sich in Blitzen, aber auch in Muskeln und Nerven. Vor etwa 2500 Jahren entdeckten die Griechen, dass Bernstein, der an Stoffen gerieben wurde, Wolle anzieht. Heute wissen wir, dass Bernstein durch Reibung eine

Tag und Nacht fließt Strom durch die elektrischen Leitungen.

WILHELM CONRAD RÖNTGEN

Der deutsche Physiker Wilhelm Conrad Röntgen (1845–1923) entdeckte 1895 die Röntgenstrahlen. Sie entstehen beim Durchgang von Elektronen durch Materie. Die Einheit Röntgen (Einheit der Dosis für Röntgen- und Gammastrahlung) wurde nach ihm benannt. Er arbeitete auch auf dem Gebiet der spezifischen Wärme und untersuchte die Wärmeleitfähigkeit von Kristallen. Röntgen erhielt 1901 den ersten Nobelpreis für Physik.

elektrostatische Ladung erhält. Die Elektrizität verdankt ihren Namen dieser Erscheinung – denn „Elektron" ist das griechische Wort für Bernstein. Die Elektrizität geht wie jede andere Form von Energie nie verloren, sie wird allenfalls in andere Energieformen umgewandelt, z. B. in Wärme.

WAS IST MAGNETISMUS?

Magnetismus ist die Eigenschaft der Stoffe, in einem magnetischen Feld Krafteinwirkung zu erfahren. Magnete bestehen oft aus Eisen oder Stahl. Ihre beiden Enden nennt man Pole. Jeder Magnet baut ein Magnetfeld um sich herum auf, das mit Eisenspänen sichtbar

MICHAEL FARADAY

Der britische Chemiker und Physiker Michael Faraday (1791–1867) war zunächst Buchbinder. Angeregt durch das Studium der zu bindenden Bücher kam er zur Naturwissenschaft. Faraday entdeckte zahlreiche elektrische Erscheinungen. Er stellte 1821 fest, dass ein stromdurchflossener Leiter in einem Magnetfeld in Bewegung versetzt wird und entdeckte so das Prinzip des Elektromotors. Zehn Jahre später entdeckte er das Prinzip zur Entwicklung von Generatoren.

gemacht werden kann. Magnete können sich anziehen oder abstoßen – gleichnamige Pole stoßen einander ab, ungleichnamige ziehen einander an.

ELEKTROMAGNETISMUS

Im Jahr 1819 machte der dänische Physikprofessor Hans Christian Oerstedt (1777–1851) eine interessante Entdeckung: Eine Kompassnadel begann sich zu bewegen, sobald er sie in die Nähe eines stromdurchflossenen Drahtes brachte. Daraus schloss er, dass sich mit Elektrizität Magnetismus erzeugen ließ – Elektromagnetismus.

Heute begegnen wir Elektromagnetismus überall – von der Türklingel über Radio und Fernsehen bis hin zum Computer und Metalldetektor im Flughafen. Es handelt sich um Geräte, die mithilfe der Elektrizität ein magnetisches Feld aufbauen. Anders als Dauermagnete können Elektromagnete ein- und ausgeschaltet werden und durch Ändern der Stromstärke die Stärke des Magnetfeldes verändern.

Der britische Chemiker und Physiker Michael Faraday (1791–1867) stellte sich eine Frage: Wenn sich mit Elektrizität Magnetismus erzeugen lässt, geht das dann nicht auch umgekehrt? Nach langem Experimentieren entdeckte er 1830, dass durch Hin- und Herbewegen eines Magneten in einer Drehspirale ein elektrischer Strom erzeugt

Ein Regenbogen leuchtet in allen Spektralfarben.

werden kann. Je schneller der Magnet bewegt wurde, desto mehr Strom wurde geliefert. So erfand Faraday den Generator. Ein Generator ist eine Maschine, die Bewegungsenergie in elektrische Energie umwandelt. Ein einfacher Generator ist der Fahrraddynamo.

LICHT UND FARBE

Ohne Licht gäbe es kein Leben auf der Erde, denn Sonnenlicht liefert allen Lebewesen die zum Wachstum nötige Energie. Licht ist eine Form elektromagnetischer Strahlung. Es scheint keine Zeit zu brauchen, um sich auszubreiten, weil seine Geschwindigkeit so unvorstellbar groß ist – es legt 300.000 Kilometer in der Sekunde zurück. Damit würde ein Lichtstrahl die Erde in einer Sekunde achtmal umkreisen. Nichts auf der Welt ist schneller als das Licht. Es kann von Körpern reflektiert oder geschluckt werden und breitet sich auch im luft-

WIE ENTSTEHT EIN REGENBOGEN?

Sonnenlicht ist ein Gemisch aus den Farben Rot, Orange, Gelb, Grün, Blau und Violett. Wird es an einer Grenzfläche gebrochen, wird es in diese Farben zerlegt. Da die vielen Regentropfen, die bei einem Regenschauer niedergehen, wie winzige Prismen wirken, spalten sie das Licht in seine Grundbestandteile – es entsteht ein Band aus den Regenbogenfarben.

ALBERT EINSTEIN

Albert Einstein (1879–1955) war einer der bedeutendsten Physiker und ist wohl der berühmteste Naturwissenschaftler des 20. Jahrhunderts. Er begründete die Spezielle und die Allgemeine Relativitätstheorie und schuf damit die Grundlagen für die moderne Atomphysik und für unsere Vorstellung vom Universum. Auch seine Quantenhypothese des Lichtes veränderte das Bild der physikalischen Forschung grundlegend. Einstein, geboren in Ulm, war Professor für Physik in Berlin. 1921 erhielt er den Nobelpreis für Physik. 1933 musste Einstein aufgrund seiner jüdischen Abstammung vor der nationalsozialistischen Gefahr auswandern und emigrierte in die USA. Nach dem Zweiten Weltkrieg setzte sich Einstein für die internationale Abrüstung, Frieden und die Völkerverständigung ein. Nach ihm wurde auch der Albert-Einstein-Friedenspreis benannt.

leeren Raum aus. Lichtwellen werden zu den sogenannten elektromagnetischen Wellen gezählt. Dazu gehören auch Röntgenstrahlen, Funk- und Wärmewellen. Sie alle bewegen sich mit der gleichen Geschwindigkeit fort, unterscheiden sich jedoch durch ihre Wellenlängen und ihre unterschiedliche Wirkung. Das Licht bewegt sich in verschiedenen Materialien unterschiedlich fort. Mit der Geschwindigkeit ändert es an der Grenzfläche zwischen zwei Materialien auch seine Richtung. Dieses Phänomen nennen wir Lichtbrechung. Wird Licht aber von einer Oberfläche, z. B. einem Spiegel,

zurückgeworfen, wird es reflektiert. Diese Eigenschaften nutzt man in optischen Geräten, die aus Linsen und/oder Spiegeln zusammengesetzt sind wie beispielsweise Brille, Mikroskop und Teleskop.

WIE ENTSTEHEN DIE FARBEN?

Das Licht, das wir sehen, erscheint uns farblos, aber es ist eine Mischung verschiedener Farben, die alle eine unterschiedliche Wellenlänge haben. Der englische Naturwissenschaftler Isaac Newton entdeckte im Jahr 1666, dass Licht aus verschiedenen Farben zusammengesetzt ist. Er ließ einen Sonnenstrahl durch ein Loch in seiner Jalousie auf ein Glasprisma fallen. Das Licht wurde im Glasprisma gebrochen und in ein Farbbündel zerlegt, das auf der Wand abgebildet wurde. Dieses Spektrum entsteht, weil die verschiedenen Wellenlängen unterschiedlich stark gebrochen werden.

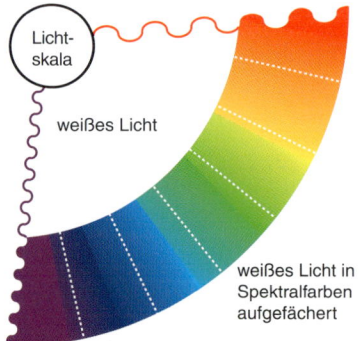

Lichtskala
weißes Licht
weißes Licht in Spektralfarben aufgefächert

grüne Farbe: grünes Licht wird reflektiert
rote Farbe: rotes Licht wird reflektiert

Gelb
Grün
Rot
Blau
Farbkreis

MATHEMATIK

Mathematik ist griechisch und bedeutet „Wissenschaft". Und sie ist auch eine der ältesten Wissenschaften überhaupt. Sie hat sich aus den praktischen Aufgaben des Zählens, Rechnens und Messens entwickelt. Viele Völker der Antike wie die chinesische, die ägyptische, die babylonische und die griechische Hochkultur wendeten bereits die Mathematik an.

Abakus

WAS IST MATHEMATIK?

Mathematik befasst sich natürlich in erster Linie mit Zahlen. Geschriebene Zahlensysteme kannten die Menschen schon um 4000 vor Christus.

Heute kommt niemand ohne die Kenntnisse der einfachen mathematischen Grundlagen aus. Addieren, Subtrahieren, Multiplizieren und Dividieren sind Rechenvorgänge, die jeder täglich anwendet, z. B. beim Einkauf. So wie es keine Literatur ohne Worte geben kann, kommt die Wissenschaft nicht ohne Zahlen aus. Ohne sie könnte man keine Häuser und Brücken bauen, es gäbe keine Computer und Telekommunikation, keine moderne Medizin, keine Autos, Flugzeuge und Weltraumfahrt, keine Finanz- und Geschäftswelt. Mathematik hilft uns auch zu verstehen, wie Atome aufgebaut sind und wie sich die Planeten bewegen. Man kann sagen, die Mathematik hat den Lauf der Geschichte verändert.

WIE LERNTEN MENSCHEN ZÄHLEN?

Der frühe Mensch gebrauchte zuerst die Zeichensprache, um die Zahl auszudrücken, die er meinte. Vielleicht hat er seine Finger benutzt,

um die Zahl anzuzeigen oder deutete auf etwas hin, das er gegen einen anderen Gegenstand tauschen wollte. Wir wissen durch täglichen Gebrauch, dass eine Zahl eine bestimmte Menge (Anzahl) angibt. Die frühen Menschen kannten nur „eins" und „zwei"; jede größere Anzahl bezeichneten sie als „viele". Noch heute gibt es Völker wie die Ureinwohner Australiens, die Aborigines, die nur drei Zahlen kennen – „eins", „zwei" und „viele". Einige frühe Völker zählten auch schon bis zehn, eben so viel, wie sie Finger an den Händen hatten. Andere zählten bis 20, also nahmen sie ihre Finger und Zehen zu Hilfe. Als sich die Menschen weiterentwickelten, verwendeten sie auch Stöcke, Muscheln oder Kieselsteine, um Zahlen darzustellen. Andere machten Kerben in einen Stock oder Knoten in eine Schnur, wie die Inkas in Peru.

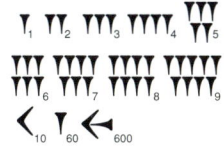

Babylonisches Zahlensystem

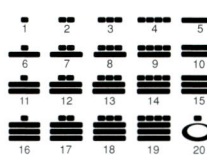

Das Zahlensystem der Mayas

WER ERFAND DIE ZAHLZEICHEN?

Die ältesten geschriebenen Zahlen, die man gefunden hat, stammen aus Ägypten und Mesopotamien (heute Irak) und wurden etwa um 3000 vor Christus gebraucht. Beide Völker

PYTHAGORAS

Der griechische Philosoph und Mathematiker Pythagoras (um 570 – um 480 vor Christus) gründete in Italien eine Schule, die zu einem Geheimbund wurde. Die Gelehrten dort wurden als Pythagoreer bezeichnet. Ihre Lehre verbreitete sich über die ganze griechische Welt. Ihr Leitsatz war „Alles ist Zahl". Die Entdeckung bestimmter rationaler Zahlenverhältnisse in der Natur,

Pythagoras

führte Pythagoras zu der Erkenntnis, dass das Wesen der Wirklichkeit die Zahl ist. Wichtig ist der pythagoreische Lehrsatz, der uns bei der Berechnung von Dreiecken hilft.

entwickelten völlig unabhängig voneinander eine Zahlenreihe.

Im alten Ägypten, in China, Griechenland und Rom wurden besondere Zeichen gebraucht, um große Zahlen auszudrücken. Diese Erfindung war ein großer Fortschritt beim Zahlenschreiben. Stell dir vor, wie viel Zeit man gebraucht hätte, um eine Million durch Einkerben einzelner Schnitte in Stöcke darzustellen. Wenn man nur eine Sekunde für eine Kerbe rechnet, so würde man sage und schreibe 278 Stunden oder elf Tage und 14 Stunden zählen müssen, um eine Million zu erreichen.

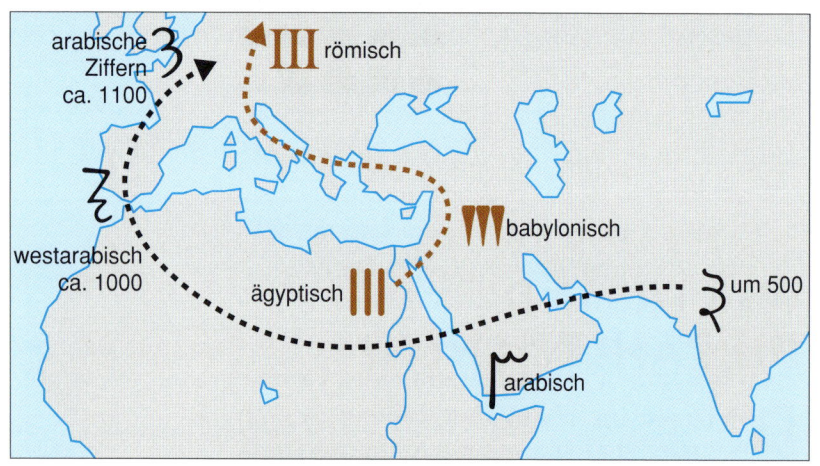

Die Entwicklung und Verbreitung des Ziffernsystems

WER ERFAND DIE NULL?

Obwohl die Menschen im Altertum bereits viel von Mathematik wussten, kannten sie die Null noch nicht. Die Maya in Zentralamerika hatten schon um 500 vor Christus die Null entdeckt, aber sie nicht verwendet. Eine Tempelinschrift von 870 nach Christus zeigt zum ersten Mal die Null als Ziffer. Es waren die Inder, die um 500 nach Christus die Null erstmals einsetzten. Sie fanden ein System, das nur die Zahlen eins bis neun benötigte und ein besonderes Zeichen für null hatte. Mit diesem Zahlensystem konnten indische Mathematiker auch schwierige Aufgaben bewältigen, die vorher unlösbar waren. Um 800 nach Christus übernahmen die Araber das neue System und verbreiteten es in der islamischen Welt. Durch den Handel und die Kreuzzüge kam das indisch-arabische Zahlensystem ab dem 11. Jahrhundert auch nach Europa. Die Zeichen haben sich zwar im Laufe der Zeit etwas verändert, aber sie bilden immer noch die Grundlage für das System, das wir heute benutzen.

MATHEMATIK IN DER NEUZEIT

Die Übersetzungen der Werke der griechischen und arabischen Mathematiker erreichten Europa zwischen dem 11. und 15. Jahrhundert. In Deutschland entstanden im 15. Jahrhundert viele der heute bekannten Symbole und in Italien gab es im 16. Jahrhundert wichtige Fortschritte in der Geometrie. Gegen Ende des 16. Jahrhunderts begannen europäische Mathematiker, Brüche als Dezimalzahlen zu schreiben und damit zu rechnen. In dieser Epoche wurde der Grundstein für viele wichtige Erkenntnisse und Zweige der modernen Mathematik gelegt. Im 17. und 18. Jahrhundert wurde die Geometrie umfassend erforscht. Im 19. Jahrhundert wurden sowohl die reine, als auch die angewandte (praktische) Mathematik genauer und leistungsfähiger. In dieser Zeit entstand die Mengenlehre, die mit der Theorie der Logik eng zusammenhängt. Das war von größter Bedeutung für die Entwicklung der ersten Computer in den 1940er-Jahren. In der zweiten Hälfte des 20. Jahrhunderts wurde die Chaostheorie entwickelt. In den 1960er- und 70er-Jahren entwickelte der amerikanische Mathematiker Benoit Mandelbrot schließlich die sogenannte fraktale Geometrie.

WAS IST ARITHMETIK?

Die Arithmetik ist das Gebiet der Mathematik, das die verschiedenen Zahlenarten und ihre Rechengesetze behandelt. Die niedere Arithmetik umfasst die vier Grundrechenarten und die Potenzrechnung. Zur höheren Arithmetik gehören die Theorie der unendlichen Folgen und Reihen sowie die Zahlentheorie.

WAS IST ALGEBRA?

Die Algebra ist ein Teilgebiet der Mathematik, die sich in erster Linie mit der Lösung von Gleichungen mit Variablen befasst. Eine algebraische Gleichung kannst du dir als eine Waage vorstellen. Damit beide Seiten im

GOTTFRIED WILHELM LEIBNIZ

Der deutsche Philosoph und Mathematiker Gottfried Wilhelm Leibniz (1646–1716), der in Leipzig geboren wurde, brachte sich die Mathematik zum Großteil selbst bei. Am bekanntesten wurde er wohl für seine Arbeit auf dem Gebiet der Infinitesimalrechnung, die sich mit dem Verhalten mathematischer Funktionen in kleinsten Intervallen befasst. Leibniz baute eine der ersten funktionierenden Rechenmaschinen. Er perfektionierte das sogenannte Binärsystem, das noch heute in der Elektronik und im Computerbereich angewandt wird.

ARCHIMEDES

Der griechische Mathematiker, Physiker und Konstrukteur Archimedes (um 287–212 vor Christus) gilt als der größte Mathematiker der Antike. Er lebte in Syrakus (Sizilien), nachdem er einige Zeit in Alexandrien (Ägypten) studiert hatte. Archimedes war ein sehr praktisch veranlagter Naturwissenschaftler, dem viele mathematische Erkenntnisse zugeschrieben werden. Er entdeckte unter anderem das Gesetz für den Auftrieb schwimmender Körper und die Gesetze des Hebels und der schiefen Ebene. Als Mathematiker berechnete er Quadratwurzeln, kubische Gleichungen, den Kreisumfang sowie die Flächen des Kreises und der Ellipse und stellte zahlreiche geometrische Formeln auf.

Archimedes

Gleichgewicht bleiben, muss alles, was auf der rechten Seite passiert, auch auf der linken Seite geschehen. Beispielsweise wird die Waage mit acht Eiern auf der einen und mit einem 400-Gramm-Gewicht auf der anderen Waagschale im Gleichgewicht gehalten. Wenn jedes Ei gleich viel wiegt, muss es ein Gewicht von 50 Gramm (400 geteilt durch 8) haben. Entsprechend dazu kann man mit Gleichungen den Wert von unbekannten Zahlen (von einem Ei) leicht berechnen:

$8x = 400$

$x = 400 \div 8$

$x = 50$

WAS IST GEOMETRIE?

Geometrie ist das Gebiet der Mathematik, das sich mit dem Raum beschäftigt. Das Wort Geometrie kommt aus dem Griechischen und bedeutet „Landvermessung". Die wichtigsten Begriffe der Geometrie sind Punkt, Linie, Gerade, Kreis, Winkel und Dreieck. Nur mithilfe der Geometrie können wir z. B. Häuser mit geraden Wänden bauen und Felder vermessen.

GEOLOGIE UND GEOGRAFIE

GEOLOGIE ODER GEOGRAFIE?

Wie ist die Erde aufgebaut? Was sind Vulkane? Was bedeutet Tektonik? Diese Fragen und noch andere über die Erdkruste, die Kräfte, die wirken, und über die Erdgeschichte beantwortet die Geologie. Wenn wir aber wissen wollen, wo der höchste Berg der Erde liegt, wie viele Einwohner Städte wie München, New York oder Tokio haben, welche Tiere in Afrika leben und welche Pflanzen in den Regenwäldern wachsen, müssen wir die Geografie zu Hilfe nehmen.

Die Erde von oben

UNSER PLANET – DIE ERDE

Die Erde ist ein rastloser Planet. Sie wird ständig von Beben und Explosionen erschüttert. Meist passiert das, weil Gestein in Bewegung gerät. Dafür ist die Wärme im Erdkern verantwortlich. Durch diese Wärme steigen Teile des Gesteins zwischen dem Kern und der Erdoberfläche hoch oder sinken ab. Als die Erde entstand, bestand der Erdmantel ausschließlich aus heißem, flüssigem Gestein. Als die Erde dann allmählich abkühlte, erstarrte die äußere Schicht zu einer dünnen, harten Kruste, die in mehrere Stücke zerbrach. Diese Schollen nennt man tektonische Platten. Sie treiben auf dem geschmolzenen Gestein (Magma) des Erdmantels und sind in ständiger Bewegung. Diese Bewegung nehmen wir aber nicht wahr. Die Platten bewegen sich sehr langsam – etwa zwölf Zentimeter im

Jahr – und doch verändern sich die Kontinente dadurch ständig. Die tektonischen Platten gleiten langsam auseinander, stoßen zusammen oder reiben sich. Wenn sich eine Platte plötzlich bewegt, spüren wir diese Bewegung als Erdbeben. Wenn das Gestein unter einer Platte schmilzt, kann das geschmolzene Gestein sich seinen Weg an die Oberfläche bahnen – dann bricht ein Vulkan aus.

WIE ENTSTAND DIE ERDE?

Unser Sonnensystem ist aus einer riesigen Staub- und Gaswolke entstanden. Vor etwa fünf Milliarden Jahren begann diese Wolke zu rotieren. Die Gase wurden in ihr Zentrum gezogen und daraus bildete sich die Sonne. Außen herum prallten Staub und Gesteinsbrocken aufeinander und wurden zu Planeten – einer davon war die Erde. Sie entstand vor etwa 4,5 Milliarden Jahren.

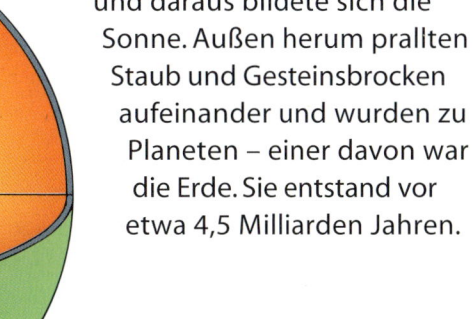

Erdkruste

Mantel

Kern

Innerer Kern

Die Schichten der Erde

BEWEGUNG DER KONTINENTE

Jahrtausendelang glaubte man, die Kontinente lägen unveränderlich immer an der gleichen Stelle. Erst zu Beginn des 20. Jahrhunderts wurde das Gegenteil bewiesen. Die Kontinente sind nur scheinbar zufällig so geschaf-

Im Laufe von Jahrmillionen veränderte sich die Oberfläche der Erde immer wieder.

fen, wie wir sie sehen – in Wahrheit ist ihre Form eine Folge von Plattenbewegungen. Die Kontinente treiben ständig auf der Erdoberfläche wie Balken auf dem Wasser. In einer Tiefe von 80 bis 240 Kilometern unter der Erdoberfläche passiert in den Gesteinen des Erdman-

tels etwas Seltsames. Die Gesteine werden weich und schmelzen an manchen Stellen. Dadurch entsteht eine Zwischenzone (Asthenosphäre). Darüber bilden die feste obere Schicht des Mantels und die Kruste eine harte Schale (Lithosphäre). Diese schwimmt auf der zähflüssigen Asthenosphäre, sodass die darüber liegenden Platten sich leichter bewegen.

DAS PUZZLE DER KONTINENTE

Im Jahre 1910 fiel dem deutschen Wissenschaftler Alfred Wegener auf, dass die Kontinente aussehen wie die Teile eines Puzzles. Er glaubte, dass die Erdteile, wie wir sie heute kennen, einst einen einzigen Kontinent gebildet hatten. Diesen Kontinent nannte er Pangäa. Bevor es Pangäa gab, waren die

Die Entwicklung der Kontinente

Landmassen getrennte Kontinente. Sie waren auf der ganzen Erde verteilt, sahen aber ganz anders aus als die heutigen Erdteile. Sie bewegten sich sehr langsam aufeinander zu. Vor etwa 300 Millionen Jahren bildeten die Landmassen zusammen einen Riesenkontinent (Pangäa). Er blieb etwa 100 Millionen Jahre erhalten. Dann dehnte sich der Meeresboden aus und der riesige Kontinent zerbrach in zwei

?

JAMES COOK

Der britische Seefahrer James Cook (1728–1779) ist durch seine drei großen Entdeckungsreisen in den Südpazifik und die nordamerikanischen Küstengewässer berühmt geworden. Cook entdeckte die Ostküste Australiens (1770), Neuseeland sowie zahlreiche Inseln im Pazifischen Ozean, darunter auch Hawaii. Auf seiner zweiten großen Expedition wollte er den sagenumwobenen Süderdteil Terra Australis suchen. Cook segelte in den Südpazifik und am Rand der antarktischen Eismasse entlang. Am 16. Januar 1773 kreuzte er als erster Mensch den südlichen Polarkreis. Cook befuhr auch die Nordwestküste Amerikas bis zur Beringstraße. Später kehrte er nach Hawaii zurück, wo er bei einem Streit mit den Inselbewohnern getötet wurde.

Teile – den nördlichen Teil nannte man Laurasia, den südlichen Gondwana. Vor 120 Millionen Jahren wurde Nordamerika von Afrika getrennt und der breiter werdende Indische Ozean schob Indien nach Norden. Vor 65 Millionen Jahren war der Atlantik bereits ein breiter Ozean und Indien bewegte sich auf die Eurasische Platte zu. Seither bewegen sich die Kontinente sehr langsam. Aber auch ihre heutige Position haben sie nur vorübergehend.

ZUSAMMENSTOSS DER PLATTEN

Tektonische Platten befinden sich immer auf einem Kollisionskurs. Wo sie aufeinandertreffen, stoßen sie mit unvorstellbarer Kraft aneinander. Wenn zwei kontinentale Platten frontal zusammenstoßen, wird das Land gestaucht und Gebirgszüge falten sich auf. Stoßen Platten in einem kleinen Winkel zusammen, reiben sie sich aneinander und bilden eine Verwerfung (Bruchzone). Bei den meisten Zusammenstößen drückt die dickere, stärkere Platte die dünnere, schwächere herunter. Diesen Vorgang nennt man Subduktion. Sie findet in der Regel dann statt, wenn eine dünne ozeanische Platte mit einer dickeren Platte zusammenstößt. Der Rand der dickeren Platte verformt sich und wird aufgefaltet, der Rand der dünneren Platte sinkt ab. Dieser Vorgang kann Erdbeben verursachen. Die dünnere Platte sinkt in den Mantel ab und beginnt zu schmelzen. Durch Hitze und Druck wird das geschmolzene Gestein an die Oberfläche

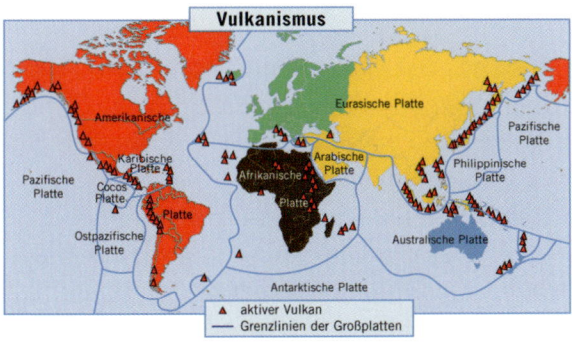

Die tektonischen Platten der Erde

CHRISTOPH KOLUMBUS

Der italienische Seefahrer Christoph Kolumbus (1451–1506) sollte im Auftrag der spanischen Krone einen kürzeren Seeweg nach Asien erkunden. Dabei landete er irrtümlich in der Karibik und entdeckte damit Mittelamerika. Seine erste Reise mit drei Schiffen (Santa Maria, Pinta und Niña) begann am 3. August 1492. Am 12. Oktober erreichte er die Bahamas, am 27. Oktober Kuba und am 6. Dezember Hispaniola (Haiti). Später unternahm Kolumbus eine zweite Reise (1493–1496) und entdeckte die Kleinen Antillen, Jamaika und Puerto Rico. Nach seiner dritten Reise fiel er am Hofe in Ungnade, bekam aber wieder Schiffe für eine vierte Reise, die ihn zu den Antillen und nach Honduras führte. Nach seiner Rückkehr 1504 fuhr er nie mehr zur See. Kolumbus starb in dem Glauben, dass er den westlichen Seeweg nach Indien entdeckt hatte. Erst nach seinem Tod wurde erkannt, dass er einen neuen Kontinent gefunden hatte.

befördert, wo Vulkane ausbrechen. Auf diese Weise entsteht an Land meist ein Gebirge mit zahlreichen Vulkanen. Bei zwei ozeanischen Platten entsteht eine Kette von Vulkaninseln.

WIE ENTSTEHEN BERGE?

Wenn zwei Kontinentalplatten zusammenstoßen, ist das wie ein schwerer Verkehrsunfall, der sich allerdings nicht in wenigen Sekunden ereignet, sondern im Laufe von Millionen von Jahren. Die gewaltigen Kräfte, die dabei frei werden, können nur in eine Richtung wirken, nämlich nach oben – so entstehen Gebirge. Man unterscheidet nach ihrem Aufbau verschiedene Arten von Gebirge. Alle entstanden unter Einwirkung von Hitze und Druck. Das Gestein wird vor allem durch Wind und Wetter abgetragen und verwittert.

Starke Kräfte bewirkten die Auffaltung von Gebirgen.

Faltengebirge: Sie entstehen an den Rändern der Kontinente.

Junge Gebirge sind an ihren spitzen, zackigen Gipfeln zu erkennen.

Sie bilden sich, wenn die Kanten der Kontinente zusammengedrückt werden oder wenn kontinentale Platten zusammenstoßen. Die Kontinentalplatte wirft Falten, wenn sie mit einer ozeanischen Platte zusammenstößt, die dabei nach unten gedrückt wird. Inseln und Ablagerungen, die der Ozean mitbringt, schieben sich auf den Rand des Kontinents. Dabei falten sie sich und bilden zusammen mit dem Material des Kontinents ein Gebirge.

Blockgebirge: Durch Bildung neuer Platten entstehen Spannungen in der Erdkruste. Sie zerbricht zu Blöcken, die durch Gräben getrennt sind. Manche Blöcke sinken ab, wodurch Grabenbrüche entstehen. Die stehengebliebenen Blöcke bilden Blockgebirge.

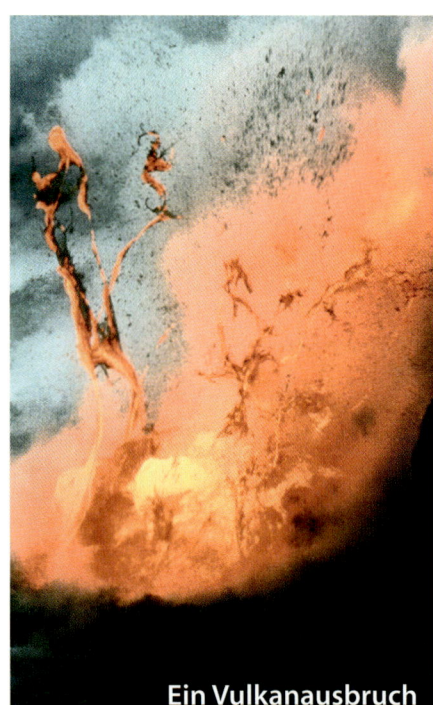

Ein Vulkanausbruch

VULKANE

Was passiert, wenn du eine Sprudelflasche kräftig schüttelst und dann öffnest? Der Druck lässt die Flüssigkeit verspritzen. Dieser Druck ähnelt dem, der einen Vulkan ausbrechen lässt. Wenn die Hitze im Innern der Erde Gestein schmelzen lässt, bildet sich eine heiße, zähflüssige Masse, die man Magma nennt. Das Magma steigt an die Oberfläche, durchbricht die Erdkruste an einer Schwachstelle und bildet einen Vulkan.

Dann kommt es zu einem gewaltigen Ausbruch (Eruption), bei dem dichte Aschewolken entstehen, die in die Luft geschleudert werden, und rot glühende Lava, die an den Berghängen herunterfließt. Vulkanausbrüche kön-

Wenn sich eine Platte unter die andere schiebt, können Vulkane entstehen.

nen sehr gefährlich sein und vielen Menschen das Leben kosten. Die eigentlichen Gefahren sind heiße Lava, giftige Gase und Aschewolken. Aber durch Vulkanausbrüche können auch Schlammströme, Lawinen und Überschwemmungen ausgelöst werden. Vulkanologen versuchen vorherzusagen, wann und wie ein Vulkan voraussichtlich ausbrechen wird.

WIE ENTSTEHEN VULKANE?

Die Ursache des Vulkanismus ist meist die Bewegung der tektonischen Platten der Erde.

HAST DU SCHON GEWUSST,
dass aus dem Vulkan Kilauea auf Hawaii zwischen 1983 und 1989 so viel Lava ausgeströmt ist, dass man daraus eine Straße bauen könnte, die viermal um die Erde führt? Der längste Lavastrom kam aus einem Vulkan, der vor 190.000 Jahren in Nordaustralien ausbrach. Er war 160 Kilometer lang. Seine Lavatunnel kann man noch heute sehen.

LAVAFORMEN

Bei einem Ausbruch wälzt sich heiße Lava hinab.

Die Vulkanologen – das sind Wissenschaftler, die sich mit Vulkanen beschäftigen – haben den verschiedenen Lavaformen zur besseren Unterscheidung Namen gegeben. Viele davon sind hawaiianisch, denn die meisten Vulkane gibt es auf der Insel Hawaii. Lava, die mit einer ziemlich glatten Oberfläche erstarrt, wird Pahoehoe genannt. Wenn die Lava raue, scharfkantige Krusten bildet, heißt sie Aa-Lava. Dünne Lavastränge nennt man Pelés Haar – Pelé ist die Vulkangöttin Hawaiis.

Wenn zwei Platten zusammenstoßen und sich übereinander schieben, schmilzt die untere Platte und dabei kann ein Vulkan entstehen. Es gibt auch Vulkane, die sich bei der Entstehung neuer Platten bilden. Manche Vulkane liegen nicht an den Plattengrenzen, sondern über besonders aktiven Stellen des Erdmantels.

WAS SIND HOT SPOTS?

Tief im Erdmantel gibt es Stellen mit großer Hitze und innerer Bewegung. Der Fachausdruck dafür ist „Hot Spots". Über diesen heißen Stellen, an denen der Erdmantel aufgeschmolzen ist, können sich Basaltvulkane bilden. Das heiße Gestein steigt in Säulen auf, schmilzt und wird zu Magma, das sich seinen Weg durch die Erdkruste bahnt, als Lava an die Oberfläche gelangt und dort einen Vulkan bildet. Durch die ständige Bewegung der Platten erzeugen die Hot Spots in der Regel eine Kette von Vulkanen. Während der Vulkan hochwächst, bewegt sich die Platte weiter und der Vulkan wird von der heißen Stelle weggetragen. Ein anderer Vulkan tritt an seine Stelle: Das dauert aber Millionen von Jahren. Dann steht der erste Vulkan nicht mehr mit dem Hot Spot in Verbindung. Die Magmazufuhr hört auf und der Vulkan erlischt. Über der heißen Stelle bildet sich ein neuer Vulkan. Hot Spots können fast überall vorkommen – sie bilden Gebirge auf dem Meeresboden, Inseln in den Ozeanen und Vulkane an Land. Die dabei entstehenden Vulkanketten können im Meer oder auf einem Kontinent liegen. Auf diese Weise sind z. B. Island, die Hawaii- und Galapagosinseln entstanden.

Wandert die Platte weiter, erlischt der Vulkan über einem Hot Spot.

DER BASALTVULKAN

Über den Hot Spots steigt geschmolzenes Gestein aus dem Erdmantel auf. Wenn es die Oberfläche durchstößt, bildet es dunkle Lava, die man Basalt nennt. Basaltlava fließt meist eine weite Strecke, bis sie fest wird. Ein so entstandener Vulkan ist breit und niedrig. Die meisten Basaltvulkane liegen tief im Meer. Ihre Lava, die sich im Wasser rasch abkühlt, nennt man Kissenlava. An Land spritzt geschmolzener Basalt als feurige Fontäne in die Luft. Die Lavatropfen werden im Flug fest und zu Gesteinsbrocken.

DIE ENTWICKLUNG DES LEBENS

Die Uratmosphäre der Erde enthielt noch keinen Sauerstoff. Dieses Gas wurde erst von den Lebewesen selbst erzeugt – von mikroskopisch kleinen Organismen, die den Sauerstoff bei ihrem Stoffwechsel als Abfallprodukt ausschieden. So wurde nach und nach eine atembare Atmosphäre aufgebaut. Im Meer entwickelten sich kompliziertere Lebensformen; die ersten Pflanzen und Insekten besiedelten die Küsten; schließlich eroberten auch größere Tiere das Festland.

Stromatolithen sind frühe Zeugnisse vom Leben auf der Erde.

FRÜHE ZEUGNISSE DES LEBENS

In Gesteinen, die mehr als 3,5 Millionen Jahre alt sind, hat man versteinerte Reste von bakterienähnlichen Organismen gefunden. Man nimmt an, dass einige dieser Organismen Fotosynthese betreiben konnten. Weitere frühe Zeugnisse des Lebens sind die Stromatolithen, die vor etwa 3,4 Millionen Jahren entstanden. Das sind Kalksteinkrusten in warmen, seichten Gewässern, die durch Kalkausfällung von Blaualgen und Bakterien gebildet wurden. Man vermutet, dass es bereits vor 1,7 Milliarden Jahren eine sauerstoffhaltige Atmosphäre gab. So konnten sich Sauerstoff verbrauchende Lebewesen ausbreiten. Diese Organismen waren Einzeller und es dauerte wahrscheinlich noch eine Milliarde Jahre, bis sich vielzellige Lebewesen entwickel-

Blatt eines Ginkgobaumes

ten. Versteinerte (fossile) Reste von Tieren, die vor 800 Millionen Jahren lebten, hat man in vielen Teilen der Erde gefunden.

WAS IST EIN FOSSIL UND WIE ENTSTEHT ES?

Du hast sicherlich schon einmal eine Blume zwischen den Seiten eines dicken Buches gepresst und weißt, dass man sie dann viele Jahre aufheben kann. In den Gesteinen läuft

LEBENDE FOSSILIEN

Einige Lebensformen, die es schon vor 570 Millionen Jahren gab, haben fast unverändert bis heute überlebt. Man nennt sie „lebende Fossilien". Ein lebendes Fossil ist z. B. der Ginkgobaum, aber auch Schwertschwänze, krebsähnliche Tiere, haben sich seit Millionen von Jahren kaum verändert.

?

Schwertschwänze zählen zu den lebenden Fossilien.

DIE OBERFLÄCHE DER ERDE

Wir nennen unseren Planeten Erde, obwohl seine Oberfläche zu mehr als zwei Drittel von Salzwasser bedeckt ist. Zu den drei großen Meeren – dem Pazifischen, Indischen und Atlantischen Ozean – kommen das Nord- und Südpolarmeer sowie zahlreiche kleinere Binnen- und Randmeere. Der Pazifische Ozean allein ist größer als alle Kontinente zusammen. Die Landmassen machen etwa 29 Prozent der Erdoberfläche aus. Hinsichtlich Gestalt, Bodenbeschaffenheit und Vegetation zeigen sie große Unterschiede. Gebirge und Hügellandschaften wechseln sich mit weiten Ebenen, Becken und

ein ähnlicher Vorgang ab: Darin werden Tiere und Pflanzen als Fossilien konserviert. Ein Fossil ist also ein frühes Lebewesen, das als Versteinerung im Gestein erhalten geblieben ist. Es kann ein ganzer Organismus, ein einzelner Knochen oder eine Reihe von Fußabdrücken sein. Die Weichteile eines Tieres, das in Erde und Schlamm vergraben wurde, zersetzen sich bald. Versteinert werden nur die harten Teile wie Knochen und Zähne. Fossilien geben Hinweise über frühere Lebensformen und sind nützlich bei der Altersbestimmung von Gesteinen und urzeitlichen Lebensgemeinschaften.

Etwa ein Fünftel der Erdoberfläche besteht aus Wüsten.

Tälern ab. In den meisten Gebieten finden wir Wälder mit Bäumen, Gras und anderen Pflanzen, aber es gibt auch sehr karge Regionen. Das sind hauptsächlich die Wüsten, die etwa ein Fünftel der Landfläche überziehen. Wüsten sind Zonen, in denen es sehr wenig Niederschläge gibt. Polargebiete und Berggipfel, die ganzjährig mit Eis und Schnee bedeckt sind, zählen auch zu den kargen Regionen. Der Meeresgrund weist ebenfalls eine vielfältige Gliederung auf. Die meisten Ozeane werden von tiefen Gräben durchzogen und die Erhebungen vieler Inseln sind die Gipfel untermeerischer Gebirgsrücken.

DATEN ZUR ERDE

Erdumfang am Äquator: ca. 40.076 km
Meeresfläche: ca. 362.033.000 km²
Landfläche über dem Meeresspiegel: ca. 148.021.000 km²
Größtes Meer: Pazifischer Ozean (ca. 166.241.700 km²)
Größte Landmasse: Eurasien (Europa und Asien, ca. 53.698.000 km²)
Größte Meerestiefe: Marianengraben im Pazifischen Ozean (ca. 10.911 m)
Größte Insel: Grönland (ca. 2.175.000 km²)
Höchster Berg: Mount Everest (ca. 8845 m)
Längster Fluss: Nil (ca. 6671 km)
Größte Wüste: Sahara (ca. 9.100.100 km²)

Die afrikanische Savanne ist Lebensraum für viele Tiere.

LEBENSRÄUME

Die Landschaften auf der Erde gleichen sich nie genau, zeigen aber doch gemeinsame Merkmale. So kann man manche Landschaften zu großen Lebensräumen zusammenfassen. Welche Art von Lebensraum sich in einer Region befindet, wird durch die geografische Lage und das Klima bestimmt. Wüsten entstehen z. B. in extrem regenarmen Gebieten. Wälder dagegen brauchen viel Niederschlag und eine frostfreie Wachstumsperiode. Nördlich und südlich des Äquators kommen Lebensräume vor, die bei gleicher geografischer Breite vergleichbar sind. In der Nähe des Äquators, wo die Sonne am intensivsten ist, befinden sich Regenwälder, heiße Wüsten und Savannen. Weiter nördlich und süd-

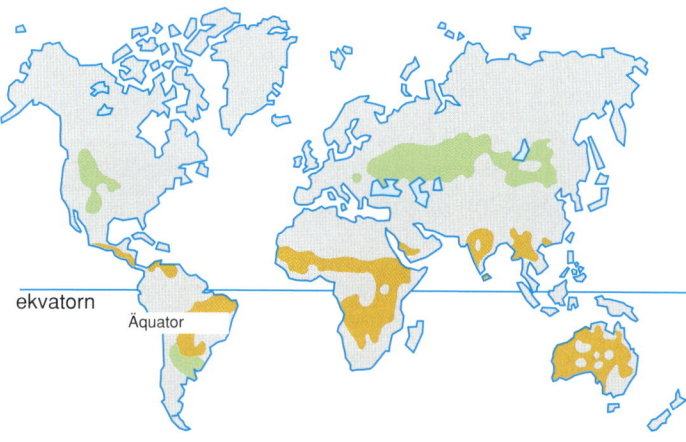

ekvatorn
Äquator

Lebensraum Savanne

lich wird das Klima gemäßigter und es gibt unterschiedliche Jahreszeiten, wie es bei uns der Fall ist. Dort herrschen Grasland und Laubwälder vor. Je weiter man sich vom Äquator entfernt, um so mehr Nadelwälder gibt es. Diese gehen dann in die Tundra (baumlose Vegetation) über. Polargebiete liegen ständig unter Eis.

GRASLAND

Mehr als ein Drittel der Landfläche der Erde ist mit Grasland bedeckt. Das sind weite, grasbewachsene Flächen, die je nach Zusammensetzung und Lage Savanne, Steppe oder Prärie genannt werden. Es erstreckt sich über ausgedehnte flache Gebiete, in denen jährlich

HAST DU SCHON GEWUSST,

dass die Wüste Gobi in der Mongolei etwa viermal so groß ist wie Deutschland? Die Nomaden, die hier leben, ziehen auf ihren zweihöckrigen Kamelen – oder Trampeltieren – durch die Wüste. Die schweren Wolken, die vom Meer her in diese Richtung ziehen, haben sich schon lange vorher abgeregnet, wenn sie die Wüste Gobi erreichen. Daher fällt hier kaum Regen.

250 bis 750 Millimeter Regen fallen. Diese Niederschlagsmenge ist zu viel für eine Wüste und zu wenig für einen Wald, aber genau richtig für Gras und Getreide. Auf den ersten Blick sieht das Grasland weit und leer aus, bei näherem Hinsehen ist es aber sehr fruchtbar. Es bietet pro Quadratmeter mehr großen Tieren Nahrung als jeder andere Lebensraum auf der Erde. Da das offene Land wenig Schutz bietet, leben große Tiere, wie z. B. Giraffen, in Herden. Kleinere Tiere, wie Präriehunde, graben sich Erdhöhlen, um sich vor Räubern zu schützen.

Afrikanische Savanne: Im tropischen Grasland der Serengeti – der Savanne in Tansania –

leben z. B. Löwen, Zebras und Giraffen. Da es hier nur im Sommer kurze Zeit regnet, gibt es spärlichen Gras- und Baumbewuchs. Savannen sind in der Nähe des Äquators zu finden.

Südamerikanische Pampas: Das fruchtbare Grasland in Südamerika, hauptsächlich Argentinien, nennt man Pampas. Auf dem Grasland weiden riesige Viehherden.

Asiatische Steppe: In den weiten trockenen Steppen Innerasiens und Südsibiriens leben vor allem nomadische Hirten. Die Steppe ist ein Grasland, das im Sommer trocken und im Winter kalt ist. Sie streckt sich über weite Teile Osteuropas und Zentralasiens.

Die Prärie: Das Grasland Nordamerikas wird heute weitgehend landwirtschaftlich genutzt. Das fruchtbare Land liefert unter anderem Mais, Weizen, Hafer. Man nennt es auch „Kornkammer".

WÜSTEN

Wüsten sind extrem trockene Regionen und bedecken etwa 20 Prozent der Landoberfläche der Erde. In der Wüste kann es sehr kalt sein wie in der Antarktis, aber auch furchtbar heiß. Die Wüstenlandschaft ist sehr vielfältig beschaffen und wird von Treibsand,

Der Wind verleiht der Wüste interessante Strukturen.

MARCO POLO

Der venezianische Kaufmann Marco Polo (1254–1324) reiste 1271–1295 mit seinem Vater und seinem Onkel durch Innerasien nach China. Sie durchquerten die Wüste Gobi und kamen 1275 am Hofe Kubilai Khans (erster mongolischer Herrscher in China und Enkel von Dschigis Khan) in China an. Kein Europäer zuvor hatte die Landschaften auf dieser Strecke gesehen. Marco Polo blieb als Diplomat im Dienst des Kubilai. Die Rückreise ging 1292 über Südost- und Vorderasien und endete 1295 in Venedig. 1298 nahm Polo als Kommandant einer venezianischen Galeere an einer Seeschlacht zwischen den Flotten Venedigs und Genuas teil. Er wurde gefangen genommen. In der Gefangenschaft schrieb er seinen Reisebericht *Die Reisen des Venezianers Marco Polo.* Dieser Reisebericht war jahrhundertelang das wichtigste geografische Handbuch über den Fernen Osten.

Felsformationen und Bergen geprägt. Aber alle Wüsten haben etwas gemeinsam – die Trockenheit. Hier fallen jährlich weniger als 200 Millimeter Niederschlag. In manchen Jahren fällt überhaupt kein Regen. Das Leben in der Wüste hat sich an die Trockenheit angepasst. Pflanzen und Tiere müssen mit wenig Wasser und Nahrung auskommen. Viele Wüstentiere sind nachtaktiv und jagen in der Dunkelheit, wenn es kühl ist. Viele Pflanzen können Wasser für mehrere Monate speichern. Obwohl das Wüstenklima sehr hart ist, gibt es hier eine große Anzahl von Pflanzen- und Tierarten.

WÄLDER

Mehr als ein Viertel der Landfläche der Erde ist mit Wäldern bedeckt. In diesen Regionen ist es gemäßigt und kühl. Im Wald herrscht ein feuchtes und kühles Klima, denn das Laubdach hält einen großen Teil der Sonnenstrahlen ab. Der Waldbewuchs benötigt jährlich mindestens 750 Millimeter Regen. Da die dichte Waldvegetation auch den Wind abhält, können in diesem Lebensraum viele Pflanzen und Tiere leben. Manche Tiere dieses Lebensraums ziehen im Winter in wärmere Gegenden, andere legen Wintervorräte an.

Das dichte Laub sorgt in den Wäldern für ein feuchtes und kühles Klima.

Die Art des Waldes wird von seiner geografischen Lage und den klimatischen Bedingungen bestimmt. Nadelwälder wachsen eher in den nördlichen Breiten. In südlicheren Regionen herrschen Laubwälder vor.

REGENWALD

Regenwälder gedeihen in der Nähe des Äquators, wo das ganze Jahr heißes und feuchtes Klima herrscht. In diesen Wäldern fallen jedes Jahr 2000 bis 4000 Millimeter Niederschlag und manchmal sogar noch mehr! In den tropischen Regenwäldern gibt es mehr Pflanzen- und Tierarten als in jedem anderen Lebensraum, obwohl der Regenwald nur etwa sechs Prozent der Landfläche der Erde bedeckt. Da die dichten Baumkronen einen Großteil der Sonnenstrahlen abfangen, bleibt der Boden des Regenwaldes kühl. Die Blätter der Bäume nehmen aus der Luft Kohlendioxid auf und bilden mithilfe der Fotosynthese Sauerstoff, den sie wieder abgeben. Würde der Regenwald vernichtet, käme dieser Vorgang zum Erliegen. Eine deutliche Aufheizung der Erde wäre die Folge. Brasilien verfügt über den größten

zusammenhängenden Regenwald der Erde. Durch Rodung wird in diesem Land heute alle zehn Sekunden etwa ein halber Hektar Regenwald vernichtet.

TUNDRA UND ARKTIS

Auf der nördlichen und südlichen Erdhalbkugel (Hemisphäre) nahe der Pole herrscht polares Klima. Die Pole selbst sind von ewigem Eis bedeckt. Hier herrscht fast das ganze Jahr über Frost und es ist so kalt, dass es nur sehr selten schneit. Das um den Nordpol gelegene Gebiet wird Arktis genannt. Dazu zählen das zum Teil ganzjährig gefrorene Meer und das eisbedeckte Land. Hier schützen sich manche

Einige Tiere haben sich an die unwirtlichen Lebensbedingungen der Pole angepasst.

Tiere mit üppigem Fell und einer dicken Fettschicht gegen die Kälte. Zwischen dem Ende des ewigen Eises und der Waldgrenze erstreckt sich die Tundra. Hier kann der Waldboden auch im Sommer nur wenige Zentimeter auftauen. Im tieferen Boden herrscht Dauerfrost. In der Tundra ist die Wachstumsperiode sehr kurz, daher gibt es dort keine Bäume. Moose, Flechten und Gräser sind die einzigen Pflanzen, die in dem kurzen Sommer wachsen. Rentiere und Moschusochsen, die in der Tundra leben, haben sich auf diese spärliche Kost eingestellt. Im Winter wandern sie nach Süden in die Wälder. Die Arktis ist nur in den Randgebieten dünn besiedelt. Hier leben vor allem Lappen und Inuit von Viehzucht oder Robben- und Fischfang. Es existieren auch Stationen zur Wetter- und Eisbeobachtung.

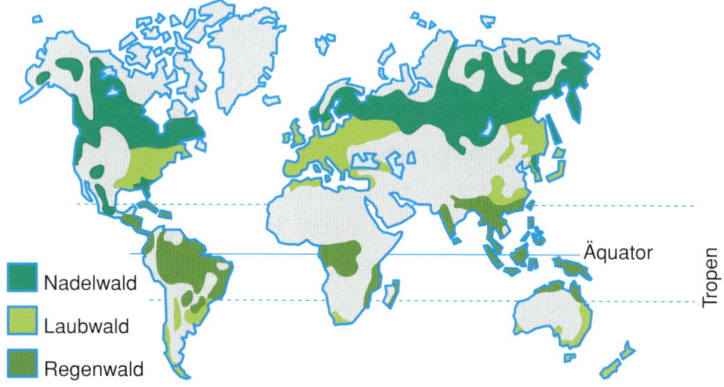

Nadelwald
Laubwald
Regenwald

Äquator
Tropen

Lebensraum Wald

Lebensraum Tundra

HAST DU SCHON GEWUSST,

dass in der Arktis die Sonne wegen der Achsenneigung im Sommer mehrere Monate lang nicht untergeht (Polartag)? Dafür bleibt es hier im Winter für mehrere Monate dunkel (Polarnacht).

?

HOCHGEBIRGE

Mit zunehmender Höhe wird das Klima im Gebirge immer rauer. Und je höher das Gelände, desto karger wird der Pflanzenbewuchs. Wälder oder Grasland sind in großer Höhe nicht mehr anzutreffen. Zum Gipfel hin wird es kälter und es wechseln sich verschiedene Lebensräume ab. Oberhalb der Baumgrenze (2300 bis 2600 Meter) können Bäume nicht mehr wachsen, weil die Temperaturen so niedrig sind. Dort gedeihen nur noch niedrige Pflanzen, die dem Wind Widerstand leisten können und nur eine kurze Wachstumsperiode benötigen. Auf sehr hohen Bergen folgt darauf eine Zone aus Gestein und Geröll, dann eine Zone, die ganzjährig mit Eis und Schnee bedeckt ist.

Die meisten Tiere der Berge tragen ein dickes Fell, das sie warm hält. Manche Arten wie Bergziegen haben auch Kletterhufe.
In großer Höhe ist die Luft dünn und enthält wenig Sauerstoff; sie kann die Wärme daher nur schwer speichern. Deshalb

Die Tiere der Berge haben meist ein dickes Fell und Kletterhufe.

wird es hier nach Sonnenuntergang auch schnell kälter. Unter diesen harten Bedingungen können nur wenige Pflanzen und Tiere leben.

FEUCHTGEBIETE

Feuchtgebiete – das sind Moore, Sümpfe oder Marschland – entstehen dort, wo Wasser auf Land trifft. Diese Feuchtgebiete können in Salz- oder Süßwasserbereichen liegen und gehören zu den vielfältigsten Ökosystemen. Sie bieten Lebensraum für seltene Bäume, viele Pflanzenarten, für Wassertiere wie Fische und Krustentiere, für Insekten und viele Vögel, die in diesen Regionen auch ihre Brutplätze haben. Feuchtgebiete haben eine wichtige Funktion – sie schützen das umliegende Trockenland vor Überschwemmungen, denn sie nehmen wie riesige Schwämme die starken Regenfälle, aber auch das Schmelzwasser auf. Feuchtgebiete sind meist sehr dicht bewachsen. Das dichte Wurzelwerk nimmt aus dem Wasser viele Schadstoffe auf, dient also als Filter. So wird das durchfließende Wasser gereinigt.

Sumpfgebiete sind von Wasser durchtränkt und haben eine eigene Pflanzenwelt. Sümpfe befinden sich meist am Rand von Seen und Flüssen. Oft sind sie stark bewaldet. Moore kommen in gemäßigtem und kühlerem Klima vor. Die Pflanzen, die hier anzutreffen sind, zersetzen sich nach dem Absterben. Wenn sich flache Seen mit dem toten Pflanzenmaterial füllen, entsteht der weiche, schwammige Torf, der früher vor allem als Brennstoff diente. Marschland ist ein durch die Ablagerung von Schlick entstandenes Schwemmland in flachen Salz- und Süßwasserregionen. Marschen wirken als eine Art Pufferzone und schützen die Küste vor Erosion.

GESCHICHTE EUROPAS

DIE ANTIKE – DIE HOCHKULTUREN EUROPAS

In dem Zeitraum von 1200 bis 500 vor Christus erlebten vor allem die großen Kulturen der Griechen und der Etrusker ihre Blüte. Die Gründung Roms 753 vor Christus fällt ebenfalls in diese Zeit. Nacheinander stiegen erst Griechenland und später Rom zu den bestimmenden Mächten Europas auf.

In der Antike erlebte Europa seine erste Blütezeit.

ANTIKES GRIECHENLAND

Nach dem Untergang der mykenischen Zivilisation um 1200 vor Christus war in Griechenland kein großes Reich mehr entstanden, sondern ein loser Bund von Stadtstaaten der griechischen Stämme Ionier, Äolier und Dorer. Diese Stadtstaaten führten häufig Krieg gegeneinander. Die stärkste Streitmacht entwickelte das dorische Sparta auf der Peleponnes, während das von den Ioniern gegründete Athen auf der Halbinsel Attika zum wirtschaftlichen und kulturellen Zentrum wurde. Um 700 vor Christus begannen die Griechen sich über das Ägäische Meer hinaus auszudehnen. Dabei gerieten sie in

Alexander der Große

Konflikt mit dem Persischen Reich. Die Stadtstaaten schlossen sich vorübergehend gegen den gemeinsamen Feind zusammen und besiegten ihn in der berühmten Schlacht von Marathon 490 vor Christus.

Nach mehreren Jahren Waffenstillstand brach zwischen Athen und Sparta 431 der Peloponnesische Krieg aus, der bis 404 vor Christus dauerte und schließlich mit der Niederlage Athens endete. Die Sieger waren aber durch die langen Kämpfe so geschwächt, dass sie von den einfallenden Makedonen um 339 vor Christus besiegt wurden. Der makedonische König Philipp II. (um 382–336 vor Christus) wurde schließlich auf seinem Feldzug gegen die Perser ermordet und sein Sohn Alexander (356–323 vor Christus) kam an die Macht. Alexander der Große, wie er genannt wurde, besiegte die Perser endgültig 333 vor Christus in der Schlacht von Issos. Danach führte er seine Heere durch ganz Asien bis nach Indien und schuf eines der größten Weltreiche in der Geschichte der Menschheit. Die eroberten Völker übernahmen zum größten Teil die griechische Lebensweise und ahmten die griechische Kultur nach. Diese Kulturepoche wird heute Hellenismus genannt. Da Alexander keine regierungsfähigen Erben hatte, wurde das riesige Reich nach seinem Tod unter seinen obersten Feldherren aufgeteilt.

DAS RÖMISCHE REICH

Wann Rom genau gegründet wurde, weiß man nicht. Aber der Legende nach soll 753 vor Christus Romulus den Grundstein gelegt haben. Rom entwickelte sich zu einer mächtigen Stadt. Es wurde bis 510 vor Christus von Königen regiert und wurde dann eine Republik. Die römische Staatsführung lag bei den Patriziern, die den altrömischen Adel darstellten.

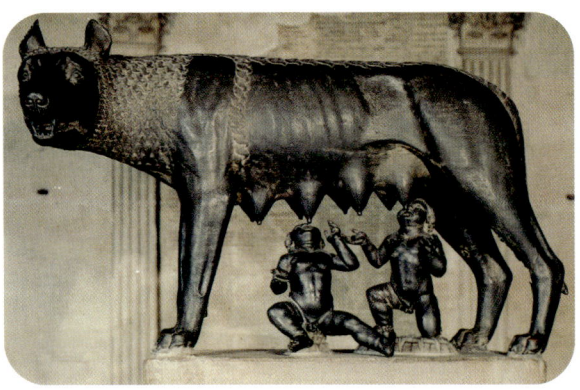

Die Wölfin mit Romulus und Remus

Sie bildeten den Senat Roms und die Konsuln. Die Konsuln wurden jährlich von der Volksversammlung gewählt. Die Patrizier bekleideten hohe Ämter. Die Masse des Volkes bildeten aber die Plebejer, die rechtlich gleichgestellt waren, aber zunächst kein politisches Mitspracherecht hatten. Völlig rechtlos waren die Sklaven. Nach dem Sieg über König Pyrrhus von Epirus beherrschten die Römer ganz Italien und nach den Punischen Kriegen gegen Hannibal aus Karthago (Nordafrika) den westlichen Mittelmeerraum. Das Römische Reich bestand aus vielen Provinzen, die von römischen Beamten verwaltet wurden. Die besiegten Völker mussten Steuern zahlen und Truppen stellen, aber sie durften ihre Religionen frei ausüben.

Der Senat bestimmte die Richtlinien der Politik, wobei es immer wieder zu Machtkämpfen kam. Daran beteiligte sich auch der Politiker und Feldherr Gaius Julius Cäsar (100 – 44 vor Christus). Nachdem er seinen Gegner Pompeius geschlagen hatte, erhob er sich zum Alleinherrscher Roms. Er eroberte Gallien (heute Frankreich), Teile Spaniens und das linksrheinische Germanien. Als seine Macht immer mehr wuchs, kam es zu einer Verschwörung gegen ihn und Cäsar wurde ermordet.

Der Nachfolger Cäsars, sein Adoptivsohn Octavian (63 vor Christus – 14 nach Christus), der später den Ehrennamen Augustus erhielt, war der größte Eroberer der römischen Geschichte. Augustus wurde 27 vor Christus schließlich sogar erster römischer Kaiser. Unter seiner Herr-

KINDER DER WÖLFIN

Der Sage nach wurden Romulus und sein Zwillingsbruder Remus als Babys von ihrem Onkel in einem Körbchen auf dem Fluss Tiber ausgesetzt. Sie trieben aber ans Ufer. Hier fand sie eine Wölfin und säugte sie. Die Brüder wurden von Hirten aufgezogen und gründeten später Rom. Romulus wurde erster König der Stadt, nachdem er seinen Bruder im Streit erschlagen hatte. Er soll von 753 – 716 vor Christus regiert haben. Wie viel von dieser Geschichte wahr ist, lässt sich kaum feststellen.

schaft erstreckte sich das Römische Reich bis nach Spanien im Süden und umfasste auch die Alpenländer, den nördlichen Balkan und Teile Kleinasiens sowie Ägypten. Trotzdem brachte seine Herrschaft eine lange Zeit des Friedens. Seine Nachfolger waren oft schwache Herrscher; deshalb kam es zu politischen Unruhen. Im 3. Jahrhundert nach Christus drohte das Reich unter den Angriffen fremder Völker, vor allem der Germanen, und unter Bürgerkriegen zu zerbrechen. Kaiser Diokletian (um 284 – 305) gelang es durch Reformen und die Einrichtung eines Kollegiums von vier Kaisern, das Reich zu erneuern.

DEMOKRATIE IM ALTEN ATHEN

Die Athener Bürger hatten schon ähnliche Mitbestimmungsrechte, wie wir es von unserer heutigen Demokratie kennen. Jeder Bürger durfte sein Anliegen vor die Volksversammlung bringen. Die Machthaber wurden jährlich wiedergewählt und konnten so kontrolliert werden. Aber nur derjenige galt als Bürger, dessen beide Eltern Athener waren; Frauen, Fremde und Sklaven hatten dagegen keine politischen Rechte.

DAS MITTELALTER

Gewöhnlich verbindet man mit der Völkerwanderung und den Eroberüngen durch die Araber das Ende der Antike und den Beginn des Mittelalters. Es beginnt mit der Völkerwanderung (etwa 375–568), genauer mit dem Untergang des Weströmischen Reiches (476), und endet in der Wende vom 15. zum 16. Jahrhundert mit dem Untergang des Byzantinischen Reiches (1453).

Historische Landkarte von Europa um 400 nach der Teilung in Weströmisches und Oströmisches Reich

VÖLKERWANDERUNG UND EROBERUNGEN

Den Übergang von der römischen Kaiserzeit zum Frühmittelalter nennt man auch Spätantike. Unter Kaiser Konstantin (um 273–337), dem Nachfolger Diokletians, wurden Christen nicht mehr verfolgt. Nach 313 wurde das Christentum sogar Staatsreligion. Konstantin machte die Stadt Byzanz (heute Istanbul) im Osten des Reiches zu seinem Herrschersitz und nannte sie Konstantinopel. Nach 395 wurde das Reich in eine Ost- und eine Westhälfte geteilt. Zwischen 400 und 800 gab es in Europa tiefgreifende Veränderungen. Das Weströmische Reich zerfiel unter dem Ansturm der Völkerwanderung (Germanen, Hunnen), während das Byzantinische Reich, mit Konstantinopel als Hauptstadt, sich ausdehnte.
Im sechsten Jahrhundert entstand in Arabien eine neue Religion, die sich bald ausbreitete – der Islam. Das Heer der Araber eroberte viele Gebiete wie Ägypten und ganz Nordafrika und besetzte auch den Süden Europas. Am Ende des achten Jahrhunderts beherrschten die Muslime ein riesiges Reich. Im zehnten Jahrhundert gewannen die Seldschuken, ein Turkvolk östlich des Kaspischen Meeres, an Macht und eroberten die Gebiete bis nach Anatolien, besiegten 1071 die Byzantiner und legten den Grundstein für die Herrschaft der Türken in Anatolien.

DAS REICH DER FRANKEN

Im Mittelalter entwickelte sich die Kirche zu einer einflussreichen Macht. Nach dem Zerfall des Weströmischen Reiches entstanden in Europa zahlreiche kleinere Königreiche wie das Reich der Franken in Gallien. Muslimische Heere, die Spanien erobert hatten und an der Grenze zum Frankenreich standen, wurden von Karl Martell 732 besiegt. 768 wurde Karl der Große (747–814) König der Franken, die ihren Einflussbereich stark ausgedehnt hatten. Das Frankenreich umfasste Teile des heutigen Deutschland, Belgien und Frankreich sowie Teile Italiens bis Rom. Die Bedeutung

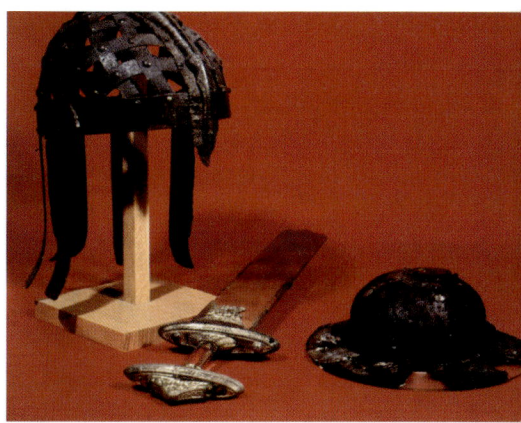

Wikingerausrüstung mit Schwert, Helm und Schildbuckel

Karl des Großen liegt vor allem darin, dass er antike Traditionen mit christlichem und germanischem Gedankengut vermischte und so den Grundstein für die europäische Kultur legte. Er baute eine Reichsverwaltung auf, erließ Gesetze und richtete Schulen ein. Karl holte auch bedeutende Gelehrte an seinen Hof nach Aachen. Im Jahr 800 wurde er vom Papst in Rom zum Kaiser über das Heilige Römische Reich gekrönt. Das war die Begründung des abendländischen Kaisertums.

Nach dem Tod Karl des Großen brach sein Reich auseinander. Mehrere Reichsteilungen führten schließlich zur Entstehung eines west- und ostfränkischen Reiches. Das letztere wurde das Reich der Deutschen. 879 und 880 wurden schließlich die endgültigen Grenzen gezogen, die Deutschland und Frankreich während des gesamten Mittelalters trennten. Im zehnten Jahrhundert entstanden so ein deutsches und ein französisches Königreich.

WOHIN GING DIE VÖLKERWANDERUNG?

Vom dritten bis sechsten Jahrhundert wanderten die germanischen Stämme durch Europa – aus den Gebieten rechts des Rheins und dem nordöstlichen Europa bis nach Frankreich, Italien, Spanien, Afrika und auf den Balkan. Zur gleichen Zeit, als die Wikinger in den Nordwesten Frankreichs einfielen, zogen die Hunnen von Asien nach Europa. Man nimmt an, dass eine Dürrekatastrophe sie zwang, ihre angestammten Weidegebiete zu verlassen. Sie drangen in die Siedlungsgebiete anderer Stämme ein, z. B. in die der Goten und Vandalen. In der Geschichte der Menschheit gab es viele solche Völkerwanderungen.

DIE KREUZZÜGE

Die Seldschuken, die Muslime waren, hatten 1070 Jerusalem erobert. Hier befanden sich die heiligen Stätten der Christen und deshalb rief Papst Urban I. 1095 zu einem Kreuzzug gegen die muslimischen Türken auf. Zwischen 1095 und 1215 fanden insgesamt sieben Kreuzzüge statt. 1099 nahmen die Kreuzritter Jerusalem ein. Sie plünderten die Stadt und

richteten unter den jüdischen und muslimischen Bewohnern ein Blutbad an. Doch sie konnten die eroberten Gebiete nicht lange halten. Der zweite Kreuzzug schlug fehl. Während

Die Eroberung Jerusalems im Jahre 1099

des zweiten Kreuzzugs starb Kaiser Friedrich Barbarossa (1122–1190). Auch die weiteren Kreuzzüge waren nicht von Erfolg gekrönt.

DIE NEUZEIT

Die Geschichtswissenschaftler bezeichnen das Zeitalter ab etwa 1500 als die Neuzeit. Als besondere Ereignisse gelten die Entdeckung Amerikas (1492) sowie die Renaissance, der Humanismus, die Erfindung des Buchdrucks und die Reformation. Aus religiös-geistiger Sicht kann man erst die Aufklärung (zweite Hälfte des 18. Jahrhunderts) als Beginn der Neuzeit bezeichnen.

AUFBRUCH IN EINE NEUE WELT

Zwischen 1400 und 1500 versuchten mächtige Königreiche sich zu Weltreichen auszudehnen. Frankreich, Spanien, Portugal und England strebten nach mehr Macht und Reichtum. Sie richteten ihren Blick auf ferne Länder, die neue Rohstoffquellen und Vorteile für den Handel boten. Seefahrer suchten nach kürzeren

Die Druckerpresse von Johannes Gutenberg

Wege zu den asiatischen Ländern, z. B. Indien, mit denen Europa Handel betrieb. In diesem Zeitraum fand der Hundertjährige Krieg (1337–1453), die Auseinandersetzung zwischen England und Frankreich um Landbesitz, statt. Die Engländer, die bereits fast ganz Frankreich unter Kontrolle hatten, verloren am Ende ihren gesamten Besitz auf dem Kontinent.

Das Jahr 1453 bedeutete auch den Niedergang des Byzantinischen Reiches, das seit langem geschwächt war. Es umfasste nur noch die Stadt Konstantinopel und kleinere Gebiete im Westen. Die Eroberung der Stadt durch das osmanische Reich unter Sultan Mehmed II. besiegelte endgültig den Untergang von Byzanz.

DIE RENAISSANCE

In Norditalien, besonders in den reichen Städten, entdeckte man die Kunst, Philosophie, Architektur und Literatur des antiken Griechenlands und Roms wieder. Diese Epoche am Übergang vom Mittelalter zur Neuzeit (1350–1600) bezeichnet man als Renaissance (französisch: „Wiedergeburt"). Sie breitete sich von Florenz über Italien in ganz Europa aus. Am deutlichsten äußerte sich die Renaissance in Baukunst, Malerei und Plastik. Neben den Lehren der Kirche gewannen erstmals die Naturwissenschaften an Bedeutung. In dieser Epoche wurden bedeutende Erfindungen und

Entdeckungen gemacht. Johannes Gutenberg erfand den Buchdruck und der Astronom Kopernikus erklärte, dass nicht die Erde, sondern die Sonne im Mittelpunkt der Welt steht. Die Verbesserung des Kompasses und die Erfindung neuer nautischer Geräte machten eine Seefahrt möglich, die nicht entlang der Küsten folgen musste. Das Zeitalter der großen Entdecker brach an.

Der erste Kaiser in der Neuzeit war Karl V. (1500–1558), dessen riesiges Reich Deutschland, Belgien, Holland, Spanien und das neu entdeckte Amerika umfasste. Er musste sich vor allem mit religiösen Problemen befassen und sich mit dem Mönch Martin Luther (1483–1546) auseinandersetzen. Karl V. führte gegen Frankreich und England und 1529 vor Wien gegen die Osmanen Krieg. Später teilte er sein Reich unter seinen Erben auf. Seinen Bruder Ferdinand (1503–1564) setzte er als Herrscher von Deutschland und Österreich ein, sein Sohn Philipp (1527–1598) bekam Spanien und die Niederlande. Dieser schlug die Osmanen, wurde aber von England unter Elisabeth I. (1533–1603) besiegt.

DIE REFORMATION

Die religiöse Erneuerungsbewegung der katholischen Kirche wird als Reformation bezeichnet. Die Kritik an den Missständen der Kirche richtete sich vor allem gegen ihr weltliches Machtstreben, gegen ihre Prunksucht und den Verkauf von Ablassbriefen, mit denen man sich angeblich von seinen Sünden freikaufen konnte. Die Schriften Martin Luthers bewegten die Massen und setzten schließlich die Spaltung der Kirche durch.

WAS WAR DIE MAGNA CHARTA?

Die Magna Charta (lateinisch „der große Freibrief") war das wichtigste Grundgesetz Englands mit 62 Artikeln. Sie schützte die Freiheit der katholischen Kirche und die Rechte der Barone.

DER DREISSIG-JÄHRIGE KRIEG

Der Dreißigjährige Krieg war ein religiöser und politischer Krieg zwischen mehreren europäischen Staaten und wurde von 1618 bis 1648 auf deutschem Boden ausgetragen. Nach der Reformation versuchten die in Europa vorherrschenden katholischen Habsburger die protestantischen Gebiete ihres Reiches wieder zu katholisieren. 1618 kam es in Böhmen zum Aufstand der Protestanten („Prager Fenstersturz"), der den Dreißigjährigen Krieg auslöste. Dieser Krieg erfasste fast ganz Europa. Im Böhmisch-Pfälzischen Krieg (1618–1623) waren die Habsburger zunächst siegreich gegen Böhmen; auch im Niedersächsisch-Dänischen Krieg (1625–1629) und im Schwedischen Krieg (1630–1623) besiegte der deutsche Feldherr Wallenstein (1583–1634) die protestantischen deutschen Truppen und ihre Verbündeten. Das katholische Frankreich verbündete sich mit den Protestanten gegen die Habsburger und nach mehreren französischen Siegen endete der Krieg 1648 mit dem Westfälischen Frieden. Die katholischen Länder blieben katholisch und die protestantischen Länder erhielten ihre Unabhängigkeit garantiert. Teile Deutschlands waren nach dem Dreißigjährigen Krieg vollkommen verwüstet. England hatte sich an dem Dreißigjährigen Krieg nicht beteiligt, erlebte aber eine heftige Auseinandersetzung zwischen Volk und König. Seit der Magna Charta von 1215 musste der König seine Entscheidungen mit dem Oberhaus im Parlament abstimmen. Doch König Karl I. setzte sich darüber hinweg, worüber das englische Volk verärgert war. Unter der Führung des Puritaners Oliver Cromwell (1599–1658) wurde der König gefangen genommen und 1649 hingerichtet. Cromwell regierte weiter und machte England wieder zu einer Weltmacht.

Die handgeschriebene Magna Charta mit dem Siegel des Königs

DER ABSOLUTISMUS

Als „Absolutismus" bezeichnet man die Staatsform, in der ein Monarch die unumschränkte (absolute) Macht besitzt, aber an religiöse und staatliche Gesetze gebunden ist. Das 17. und 18. Jahrhundert waren die Blütezeit des Absolutismus. Den Inbegriff des absolutistischen Herrschers stellt der französische König Ludwig XIV. (1638–1715), der Sonnenkönig, dar. Er herrschte als Stellvertreter Gottes und war weder dem Volke noch der Kirche Rechenschaft schuldig. Die Königshöfe Europas ahmten den französischen Hof nach; man sprach Französisch, kleidete sich nach der französischen Mode und baute Schlösser im Stile von Schloss Versailles. Das Volk hingegen lebte in Armut und musste schwer arbeiten, damit Adel und König für all diese Verschwendungen genügend Geld hatten.

Versailles gilt auch heute noch eines der schönsten Schlösser

DAS ZEITALTER DER AUFKLÄRUNG

Die Aufklärung war eine geistige Bewegung zwischen dem Ende des 17. und dem 18. Jahrhundert, die alle Lebensbereiche beeinflusste. Adelige und Herrscher lebten noch in Saus und Braus, während das Volk an furchtbarer Armut und Abhängigkeit litt. Die Glaubenskriege brachten einen Wandel mit sich. Viele Philosophen, Schriftsteller und Politiker traten für Meinungsfreiheit, Toleranz und vor allem Vernunft ein. Es sollte im Gesetz verankert werden, dass alle Menschen gleich sind. Es gab sogar Machthaber, die den Wandel förderten. Zu ihnen gehörte Friedrich der Große (1712–1786), der König von Preußen. Er war ein sehr gebildeter Mann und verfasste selbst Schriften über die Aufklärung. Er schaffte die Folter ab und sorgte dafür, dass alle Menschen, egal ob arm oder reich, vor dem Gesetz und vor Gericht gleich waren.

Die Aufklärung war besonders in Frankreich verbreitet, wo die Philosophen Jean Jacques Rousseau und François Voltaire sich gegen die absolute Monarchie und die Sonderrechte der Adeligen einsetzten.

DIE FRANZÖSISCHE REVOLUTION

Der Lebensstil am Hofe des französischen Königs Ludwig XVI. (1754–1793) und seiner Gattin Marie Antoinette (1755–1793) wurde dagegen immer aufwendiger und verschwenderischer. Das Volk war mit der gesamten Staatsordnung unzufrieden und die Staatskasse war leer. Kritik am König war verboten. Die Adeligen pressten den armen Bauern immer höhere Abgaben ab. Das Bürgertum war von den Schriften der Aufklärung beeinflusst und setzte sich für Reformen ein. Als Reaktion auf die Unruhen rief der König 1789 die Generalstände (das Parlament) ein und forderte mehr Geld zu beschaffen. Die Mitglieder des Dritten Standes, die Bürger, wollten sich das nicht gefallen lassen. Am 14. Juli 1789 erreichten die Unruhen ihren Höhepunkt, als eine aufgebrachte Menge die Bastille, das Gefängnis in Paris, stürmte. Dieses Ereignis markiert den Beginn der Französischen Revolution. Der König und seine Minister waren gezwungen, auf die Forderungen des Volkes einzugehen. Eine Erklärung zu den Menschenrechten wurde verfasst und eine neue

Sturm auf die Bastille

demokratische Verfassung erlassen. 1792 wurde die Monarchie abgeschafft und die Republik ausgerufen. Ludwig XVI. und Marie Antoinette wurden zum Tode durch die Guillotine verurteilt und 1793 hingerichtet.

Die Französische Revolution hatte große politische sowie kulturelle Folgen und griff auch auf das restliche Europa über. In Belgien und der Schweiz entstanden als Erstes Republiken, die auf den Grundsätzen der Menschenrechte formuliert waren.

WAS IST DER CODE CIVIL?

Im Code civil, auch Code Napoléon genannt, ließ Napoleon alle bürgerlichen Rechte zusammenfassen. Den Bürgern wurde z. B. die Gewissens- und Arbeitsfreiheit zugesichert. Außerdem wurde die zivile Eheschließung begründet – die Ehe galt von da an als weltlicher Vertrag. Der Code civil wurde von vielen europäischen Staaten übernommen. Ein Großteil der Justiz heute beruht in vielen Ländern der Erde auf dem Code civil.

DER „SONNENKÖNIG"

Der französische König Ludwig XIV. war ein sehr eitler Mensch und setzte sich gerne in Szene. Einmal spielte er in einem Ballettstück den Sonnengott Apollo. Diesem Auftritt verdankt er den Namen „Sonnenkönig".

NAPOLEON UND EUROPA

Erster Konsul nach der Französischen Revolution wurde General Napoleon Bonaparte (1769–1821). Napoleon ordnete das Reich neu und schuf die „Code civile". Er wurde Konsul auf Lebenszeit und krönte sich 1804 sogar zum König. Napoleons Ziel war, das Französische Reich zu vergrößern. England, Deutschland, Österreich und Russland erklärten ihm daraufhin 1805 den Krieg. Während die englische Flotte die

HAST DU SCHON GEWUSST,

dass in den Anfangsjahren der industriellen Revolution auch Kinder arbeiten mussten? Sie arbeiteten in den Bergwerken und Fabriken bis zu 16 Stunden täglich und sechs Tage die Woche. Sie verrichteten zum Teil körperliche Schwerstarbeit, z. B. mussten sie die schweren kleinen Wagen mit Kohle durch die niedrigen Stollen der Bergwerke ziehen. Im Laufe der Zeit gab es Gesetze, die Kinderarbeit einschränkten und später ganz verboten.

?

Franzosen in der Schlacht bei Trafalgar schlug (1805), unterlagen Österreich und Russland Napoleon in der Schlacht von Austerlitz (1805). Napoleon herrschte nun über fast ganz Europa. Die unterlegenen europäischen Herzogtümer und Königreiche verschenkte er an seine Familienmitglieder.

1806 schloss er mit 16 süddeutschen Staaten den Rheinbund. Dann besiegte er Preußen und verbot in der sogenannten Kontinentalsperre allen europäischen Ländern den Handel mit England. Dies traf besonders Russland. Als es die Blockade brach, marschierte Napoleon 1812 mit seiner „Großen Armee" von über 600.000 Mann gegen Russland. Moskau wurde von den Franzosen zwar eingenommen, doch die Russen setzten die Stadt in Brand und flohen. Dazu kam, dass der strenge russische Winter überraschend früh einsetzte. Die französischen Truppen mussten sich mit unvorstellbaren Verlusten zurückziehen. Nur 20 Prozent der Soldaten sollen in die Heimat zurückgekehrt sein.

In der großen Völkerschlacht bei Leipzig (1813) wurde Napoleon schließlich von den preußischen, österreichischen und russischen Truppen geschlagen. 1814 dankte er ab und wurde auf die Insel Elba im Mittelmeer verbannt. Neuer König von Frankreich wurde Ludwig XVIII. Aber Napoleon kehrte 1815 nach Frankreich zurück und verjagte den König. Doch bei Waterloo in Belgien wurde er von den europäischen Verbündeten unter dem englischen Herzog Wellington und dem preußischen General Blücher endgültig besiegt. Wieder wurde er verbannt, diesmal auf die Insel St. Helena im Südatlantik, wo er 1821 starb.

INDUSTRIELLE REVOLUTION

Eine weitere Revolution bewirkte ab Mitte des 18. und zu Beginn des 20. Jahrhunderts nachhaltige Veränderungen in Europa: die industrielle Revolution. Sie begann in der Textilindustrie Großbritanniens mit der Erfindung der Dampfmaschine (1769) und des mechanischen Webstuhls (1785), wodurch die Produktion enorm gesteigert wurde. Bahnbrechend war die Lokomotive (1803) auf Schienen: Mit der Eisenbahn konnten die Güter schneller und in größeren Mengen transportiert werden. Großbritannien wurde zu einer Industriegroßmacht. In dieser Zeit nahm die Bevölkerungszahl stark zu, besonders auf dem Land. Mit der Bevölkerungszahl stiegen die Nachfrage an Lebensmitteln und damit auch die Preise für landwirtschaftliche Produkte. Man gewann neue Erkenntnisse in der Düngung, erfand neue Landmaschinen und konnte so die Erträge steigern. Die Industrialisierung fand auch in Deutschland statt. Die erste Eisenbahn zwischen Nürnberg und Fürth nahm ihren Betrieb auf, das Schienennetz wuchs. Dadurch blühten vor allem die Eisenerzeugung und Maschinenbauindustrie.

Die Industrialisierung hatte aber auch große Nachteile. Auf der Suche nach Arbeit zogen die Menschen in die Städte, wo Elends- und Arbeiterviertel entstanden. An den Arbeitsplätzen herrschten zum Teil menschenunwürdige Verhältnisse. Bis 1850 gab es in den Fabriken

Mechanischer Webstuhl in einer englischen Fabrik

kaum Schutzvorrichtungen und Kinderarbeit war selbstverständlich. Viele kritisierten die sozialen Verhältnisse, darunter auch der Kaufmann Friedrich Engels (1820–1895) und der Philosoph und Nationalökonom Karl Marx (1818–1883). Nach und nach entstanden Gesetze, die Frauen- und Kinderarbeit einschränkten. Immer mehr Vereinigungen, Parteien und Gewerkschaften wurden gegründet, um die Arbeitsbedingungen zu verbessern.

DER ERSTE WELTKRIEG

Die Ursachen für den Ausbruch des Ersten Weltkriegs im Jahr 1914 lagen in den wachsenden Spannungen zwischen den Großmächten, aber auch in der schwierigen Lage auf dem Balkan. Die Staaten, die gerade vom Osmanischen Reich unabhängig geworden waren, gerieten in bewaffnete Konflikte.

Durch die Vermittlung Österreich-Ungarns kam es zum Frieden auf dem Balkan. Doch dann wurden der österreichische Thronfolger Franz Ferdinand (1863–1914) und seine Gemahlin in Sarajewo von einem serbischen Nationalisten ermordet. Da Serbien eine gerichtliche Untersuchung des Ereig-

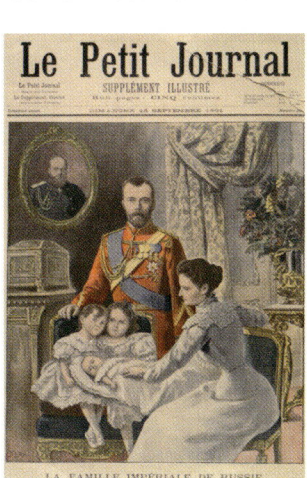

Zar Nikolaus II. mit seiner Familie

nisses nicht zuließ, erklärte Österreich-Ungarn dem Land am 28. Juli 1914 den Krieg, der sich durch die Bündnisse mit anderen Ländern auf ganz Europa ausweitete. Die sogenannten Mittelmächte Österreich-Ungarn und das Deutsche Reich, denen sich Bulgarien und die Türkei anschlossen, kämpften gegen Serbien, Frankreich, England und Russland, später auch Italien. In Europa wütete ein totaler Krieg, der verheerender war als alle bisherigen Kriege. Am 6. April 1917 traten die USA gegen die Mittelmächte in den Krieg ein. Die Mittelmächte und ihre Verbündeten unterlagen und das Deutsche Reich sowie Österreich-Ungarn erklärten sich am 11. November 1918 zum Waffenstillstand bereit.

WEIMARER REPUBLIK UND NATIONALSOZIALISMUS IN DEUTSCHLAND

Mit dem Ersten Weltkrieg ging auch das Deutsche Kaiserreich zu Ende. Unter dem Druck der Parteien dankte der deutsche Kaiser ab und Friedrich Ebert (1871–1925) wurde Reichskanzler. Am selben Tag, dem 9. November 1918 rief Philipp Scheidemann (1865–1939), der Vorsitzende der SPD-Fraktion im Reichstag, in Berlin die deutsche Republik aus. Die Begründer der Republik entschieden sich für Weimar als Sitz der verfassungsgebenden Reichsversammlung – daher der Name „Weimarer Republik".

Die Weimarer Republik war von Beginn an geschwächt, da die Lage des Reiches nach dem verlorenen Krieg sehr schwierig war. Wegen der großen wirtschaftlichen Probleme war die Bevölkerung unzufrieden. Das Geld wurde immer weniger wert und die Menschen verloren zunehmend ihre Ersparnisse. Nach einem kurzen wirtschaftlichen Aufschwung kam es in Deutschland durch den großen Börsenkrach

WAS BEDEUTETE DIE „ENDLÖSUNG"?

Hitler hatte von Anfang an den Plan, die europäischen Juden zwangsweise in sogenannten Konzentrationslagern einzusperren. Im Jahre 1942 wurde die „Endlösung" beschlossen, nämlich die totale Vernichtung der Juden. Bis zum Ende des Kriegs wurden etwa sechs Millionen Juden sowie Sinti und Roma, Homosexuelle und andere Menschen, die nicht in die NS-Ideologie passten, ermordet – der bisher größte Völkermord in der Geschichte der Menschheit.

1929 zur Wirtschaftskrise mit hoher Massenarbeitslosigkeit. Deutschland musste durch die Niederlage im Ersten Weltkrieg nach den Bestimmungen des Versailler Vertrags (28. Juni 1919) viele Gebiete abtreten, sich weitgehend entwaffnen und seine Streitkräfte verringern. Viele Deutsche empfanden dies als Demütigung und sahen die Schuld dafür bei den Politikern der Weimarer Republik. 1923 kam es in Bayern unter der Führung von Adolf Hitler (1889–1945) zu einem Putsch rechtsradikaler Kräfte gegen die Reichsregierung. Hitler war der Führer der „Nationalsozialistischen Deutschen Arbeiterpartei" (NSDAP). Durch seine Angriffe auf die Weimarer Republik, die Kommunisten

? WAS WAR DIE SS?

Die SS (Schutzstaffel) war zunächst eine Art parteiinterne Polizei, wurde aber zu einer mächtigen NS-Organisation. Ihr unterstellt waren die Gestapo (Geheime Staatspolizei), der Sicherheitsdienst und alle Konzentrationslager.

und die Juden gewann er große Teile der Bevölkerung für sich. Hitler wurde 1933 zum Reichskanzler ernannt. Das hatte Folgen, die nur wenige vorausgesehen hatten. Er setzte das „Ermächtigungsgesetz" durch, das ihm erlaubte, auch ohne die Zustimmung des Reichstags zu regieren. Gewerkschaften und Parteien wurden verboten, Rundfunk und Presse „gleichgeschaltet". Dem System gegenüber kritische Künstler und Wissenschaftler wurden ausgebürgert oder bekamen Berufsverbot. Politische Feinde wurden in Konzentrationslager (KZ) verschleppt. Nach dem Tod von Reichspräsident Hindenburg (1847–1934) übernahm Hitler auch dessen politisches Amt. Er schuf Arbeitsplätze durch den Bau von Wohnungen, Autobahnen und Befestigungsanlagen an der französischen Grenze. Damit konnte er die Bevölkerung für sich einnehmen und wurde bewundert. Dann wurde die allgemeine Wehrpflicht eingeführt und Hitler ließ militärisch aufrüsten.
Im Mittelpunkt der nationalsozialistischen Politik stand die Rassenlehre, die sich vor allem gegen

die Juden richtete. Durch zahlreiche Gesetze wurden sie in ihren öffentlichen und privaten Rechten immer mehr eingeschränkt. Einen ersten Höhepunkt erreichte die Verfolgung mit dem Novemberpogrom („Reichskristallnacht"): In der Nacht vom 9. auf den 10. November 1938 verwüsteten die Nazis Häuser und Geschäfte der Juden und setzten ihre Synagogen in Brand.

DER ZWEITE WELTKRIEG

Die Gründe für den Ausbruch des Zweiten Weltkriegs lagen in Hitlers Expansionsbestrebungen. Bei seinem Regierungsantritt hatte er noch einen europäischen Frieden befürwortet, sodass viele Staatsmänner nicht rechtzeitig erkannten, welches Ziel er eigentlich verfolgte. Deshalb konnte Hitler 1936 ohne großen Widerstand das Rheinland besetzen. Außerdem schloss er ein Bündnis mit Italien und Japan. Im Jahr 1938 wurden Österreich und das Sudetenland an das Deutsche Reich angeschlossen. Beide Male griffen Großbritannien und Frankreich nicht ein. Im August 1939 schloss Hitler mit Russland einen Nichtangriffspakt, worin beide Partner Polen, die baltischen Staaten und weitere Ostgebiete untereinander aufteilten. Schließlich marschierte Hitler am 1. September 1939 in Polen ein. Am 3. September erklärten

Adolf Hitler (2. v. links)

Großbritannien und Frankreich Deutschland den Krieg – sie waren nicht mehr bereit, die aggressive Politik Deutschlands zu dulden.

KRIEG IN DER GANZEN WELT

Bis Juni 1941 hatten Deutschland und Italien die Länder Jugoslawien, Albanien und Griechenland erobert und Rumänien, Ungarn und Bulgarien dazu gebracht, sie zu unterstützen. Am 22. Juni 1941 marschierten die deutschen Truppen trotz des Nichtangriffspakts in die Sowjetunion (UdSSR) ein. Hitler wollte mit dem Krieg gegen die UdSSR den Kommunismus und das europäische Judentum ausrotten und ein „Ostimperium" begründen. Die deutschen Truppen wurden jedoch vor Moskau und Leningrad (heute St. Petersburg) vom harten russischen Winter überrascht. Im Winter 1942/43 erlitten die Deutschen bei Stalingrad eine furchtbare Niederlage, Tausende deutscher Soldaten kamen ums Leben. Nach dem Angriff der Japaner auf den amerikanischen Marinestützpunkt Pearl Harbour im Pazifik am 7. Dezember 1941 erklärten die USA Japan den Krieg. Die Verbündeten Japans, Deutschland und Italien, erklärten daraufhin den USA den Krieg – somit wurde zum zweiten Mal ein europäischer Krieg zu einem Weltkrieg.

ENDE DES KRIEGS

Amerikanische, englische und französische Truppen zwangen die deutschen und italienischen Kräfte 1943 in Nordafrika zur Kapitulation. Kurze Zeit später landeten sie in Italien und Mussolini, der Führer des faschistischen Italiens, wurde gestürzt. Das Ende war absehbar: 1944 eroberte die Sowjetunion die von den Deutschen besetzten Ostgebiete zurück, die Amerikaner und Briten landeten in der Normandie (Nordfrankreich) und in Südfrankreich, und die Alliierten griffen deutsche Städte aus der Luft an. Im Frühjahr 1945 stand das Deutsche Reich schließlich vor dem Zusammenbruch. Ende April beging Hitler in Berlin Selbstmord und Anfang Mai unterschrieben deutsche militärische Führer die bedingungslose Kapitulation. Nachdem Japan von zwei Atombomben der USA getroffen wurde, kapitulierte auch dieses Land am 2. September 1945. Damit war der Zweite Weltkrieg zu Ende, der 50 Millionen Menschen das Leben gekostet hat. Nach dem Zweiten Weltkrieg teilten die Siegermächte Deutschland in Besatzungszonen auf. In den drei Westzonen entstand am 23. Mai 1949 die Bundesrepublik Deutschland und in der Sowjetzone wurde die Deutsche Demokratische Republik (DDR) gegründet.

DER MAUERFALL

Als Michail Gorbatschow (geb. 1931) in der Sowjetunion an die Macht kam, brach die Wirtschaft der DDR zusammen. Aber die DDR-Führung hielt an ihrer starren Linie fest. In einer „Gemeinsamen Erklärung mit der Bundesrepublik" gestand Gorbatschow jedem Staat das Recht zu, selbst sein eigenes politisches und soziales System zu wählen. Außerdem kam es in der DDR zu Massendemonstrationen und zu einer immer weiter ansteigenden Flüchtlingswelle. Diese Ereignisse führten zu unerwarteten Entwicklungen. Am 2. Mai 1989 öffnete Ungarn die Grenze zu Österreich für Tausende DDR-Flüchtlinge. Die Forderungen Gorbatschows an die DDR-Regierung, Reformen durchzuführen, lösten eine friedliche Revolution aus, die am 9. November 1989 zum Mauerfall führte. Nach einer Übergangsregierung in der DDR erfolgte am 3. Oktober 1990 die offizielle Wiedervereinigung der beiden deutschen Staaten. Danach gab es in Europa eine politische Wende, die das Ende der sozialistischen Staaten zur Folge hatte. 1991 musste Gorbatschow als Präsident zurücktreten und die Mehrzahl der Sowjetrepubliken erklärte sich unabhängig – die UdSSR hörte am 21. Dezember 1991 auf zu existieren. An ihre Stelle trat die Gemeinschaft unabhängiger Staaten (GUS). Die osteuropäischen Länder wurden nach und nach zu demokratischen Staaten.

Der Fall der Mauer

KUNST

ERSTE ZEUGNISSE UND FRÜHE HOCHKULTUREN

Die ältesten überlieferten Kunstwerke, die bereits Darstellungen von Personen zeigen, stammen aus der jüngeren Altsteinzeit und sind etwa 35.000 Jahre alt. Zu jener Zeit entstanden die ersten „Bilder" von Menschen und Tieren. Etwa 25.000 Jahre vor Christus entstand die Skulptur *Venus von Willendorf* (benannt nach dem Fundort in der Nähe von Wien), die Darstellung einer Frau, wahrscheinlich einer Fruchtbarkeitsgöttin.

Die *Venus von Willendorf*

HÖHLENMALEREI

Die eindrucksvollsten Kunstwerke der Altsteinzeit fand man in Höhlen in Altamira in Spanien und Lascaux in Südwestfrankreich. Sie zeigen erstaunlich lebendige und naturgetreue Tierdarstellungen, die etwa 15.000 Jahre alt sind. Die Künstler der Steinzeit ritzten vermutlich die Tierumrisse in die Höhlenwand und malten sie mit Erdfarben aus. Manchmal nutzten sie auch die natürlichen Wölbungen der Felswand, um ein Motiv plastisch zu gestalten.

ÄGYPTISCHE KUNST

Von der Hochkultur Ägyptens haben wir eine große Anzahl gut erhaltener Zeugnisse. Das liegt vor allem daran, dass die Ägypter an ein Leben nach dem Tod glaubten. Sie ließen Gräber errichten, die mit allem ausgestattet waren, was die Menschen zum täglichen Leben brauchten.

In der Vorstellung der Ägypter war der Pharao, der oberste Herrscher, zugleich ein Gott, dessen Geist nach dem Tod weiterlebte. Für diesen Geist wurden prächtige Gräber in gigantischen

Höhlenmalerei in Lascaux

Pyramiden gebaut. In den Grabmälern fand man zahlreiche Darstellungen des Pharaos und anderer Götter sowie Schilderungen des Alltagslebens. Die Kunst der Ägypter war also eine höfische und religiöse Kunst. Die ägyptischen Kunstwerke zeichnen sich durch eine strenge Ordnung aus. Bei den Reliefs ist das Bild durch sogenannte Standlinien in mehrere waagerechte Ebenen unterteilt, wobei sich auf jeder Ebene verschiedene Szenen abspielen. Der Pharao oder eine andere hohe Persönlichkeit wird auf den Motiven meist größer dargestellt als alle anderen Personen. Man nennt dies Bedeutungsmaßstab. Eine weitere Besonderheit des ägyptischen Kunststils ist die etwas merkwürdige Darstellung des menschlichen Körpers: Kopf, Unterleib und Beine werden im Profil, also seitlich dargestellt, während der Oberkörper dem Betrachter frontal zugewandt ist. Diese Darstellungsweise soll vermutlich eine wichtige Person möglichst vollständig und in ganzer Pracht zeigen.

GRIECHENLAND UND ROM

Die griechische Kultur wirkt bis in unsere heutige Zeit hinein. Ein besonderes Kennzeichen für die griechische Antike ist die immer perfektere Darstellung des Körpers, der oft sogar viel schöner abgebildet wurde als das lebende Vorbild. Die Figuren sind aufrecht stehend und frontal ausgerichtet dargestellt. Ihr geometrisch geprägter Stil ahmt die ägypti-

Ägyptische Zeichnung

sche Bildhauerkunst nach. Neu ist, dass diese Statuen erstmals frei stehend sind. Es gibt Durchbrüche zwischen Arm und Körper und zwischen den Beinen. Die Figuren haben einen offeneren Gesichtsausdruck, sodass sie lebensechter und menschlicher wirken. Die Darstellung des Körpers wird zu dieser Zeit immer exakter und lebensechter.

LEHRMEISTER AUS GRIECHENLAND

Die Römer waren große Bewunderer der griechischen Kultur. Deshalb holten sie Lehrer, Künstler und Baumeister aus Griechenland nach Rom. Besonders die römischen Bildhauer betrachteten sich als Schüler der Griechen. Das zeigen die zahlreichen Kopien, die sie nach griechischen Originalen herstellten.

?

HAST DU SCHON GEWUSST,
dass die Höhlenmalereien von Lascaux wohl von einem Hund entdeckt wurden? Im Jahr 1940 gingen zwei Jungen mit ihrem Hund in Südwestfrankreich spazieren. Plötzlich verschwand das Tier in einem Erdloch. Die Jungen holten Hilfe, um den Hund herauszuholen. Bei der Bergung des Tieres hat man dann den Zugang zu der vorgeschichtlichen Höhle gefunden.

VON DER ROMANIK ZUR RENAISSANCE

Bis Ende des ersten Jahrtausends hatte sich das Christentum in ganz Westeuropa durchgesetzt und einen neuen Kunststil hervorbracht: die Romanik. Die Kunst im Mittelalter hatte einen klaren Auftrag: Sie sollte den Menschen den Glauben näher bringen. Dabei spielten sowohl die Buchmalerei als auch die Skulpturen an den Kirchenportalen eine wichtige Rolle.

Die Geburt der Venus von Sandro Botticelli

RELIGIÖSE MALEREI

Ein Großteil der Bevölkerung konnte nicht lesen und verstand auch die in Lateinisch abgehaltene Messe nicht. Also mussten die plastischen Darstellungen umso eindrucksvoller für die Gläubigen sein. Die Kirchenwände waren häufig mit farbenfrohen Darstellungen aus der Bibel oder mit Heiligen bemalt. Einzelne Personen wie Maria oder Jesus wurden oft auch in Stein gemeißelt. Aber die Künstler wurden auch beauftragt, Monster und Fabelwesen mit fratzenhaften Gesichtern darzustellen, die sich der Seelen von verängstigten Menschen bemächtigten.

Die romanischen Künstler hatten nicht die Geschicklichkeit der Künstler der Antike. Sie konnten die Körper nicht naturgetreu wiedergeben. Viele Figuren hatten sogar dieselben Gesichter. Religiöse Schriften wurden während der romanischen Periode zunehmend mit Bildern geschmückt, die von Mönchen in den Klöstern hergestellt wurden. Die Zeichnungen zeigen nicht nur religiöse Motive sondern auch Szenen aus dem Alltag des Klosterlebens.

In der Epoche der Gotik (13. Jahrhundert) wurde das Innere der Kirchen durch farbige Glasscheiben mit religiösen Motiven er-

Buntglasfenster in der Kathedrale Notre-Dame in Paris

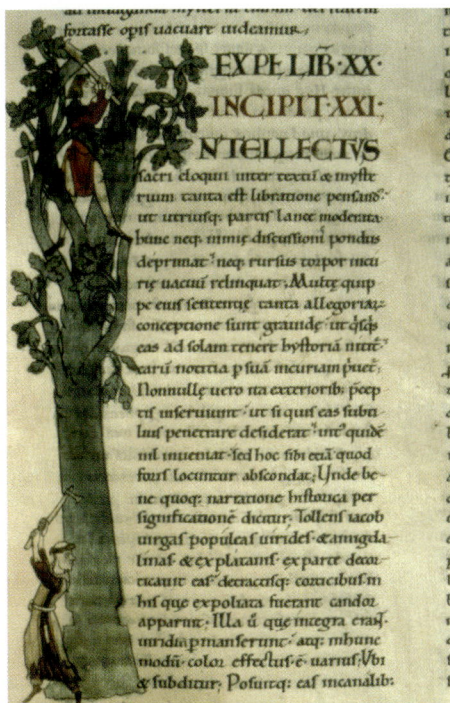

Ein Mönch beim Baumfällen – Buchmalerei aus dem 12. Jahrhundert

hellt. In dieser Zeit erlangte auch die Bildhauerei eine Perfektion, wie es sie seit der Antike nicht mehr gegeben hatte. Die Gestalten an den Portalen sollten die Gläubigen nicht mehr einschüchtern, sondern durch Schönheit und Anmut beeindrucken.

DAS ZEITALTER DER RENAISSANCE

Als Renaissance gilt die Zeit vom frühen 15. bis zum späten 16. Jahrhundert. Im Gegensatz zur Gotik, die in den nördlichen Ländern große Kunstwerke hervorbrachte, lag das Zentrum der Renaissance in Italien. Die neue Kunst entstand Anfang des 15. Jahrhunderts in Florenz und breitete sich dann im 16. Jahrhundert von hier über ganz Europa aus. Berühmte Künstler dieser Zeit waren Leonardo da Vinci (1452–1519), Raffael (1483–1520) und Michelangelo (1475–1564). Das Wort Renaissance ist französisch und bedeutet übersetzt „Wiedergeburt". Der Begriff bezieht sich auf die Wiedergeburt der antiken Vorbilder. Das zeigt auch die Wahl der Bildmotive.

In der Renaissance wurden nicht mehr nur religiöse Themen dargestellt, sondern auch viele Motive aus der antiken Mythologie. Ein Beispiel dafür ist das berühmte Gemälde *Die Geburt der Venus* (um 1486) von Sandro Botticelli.

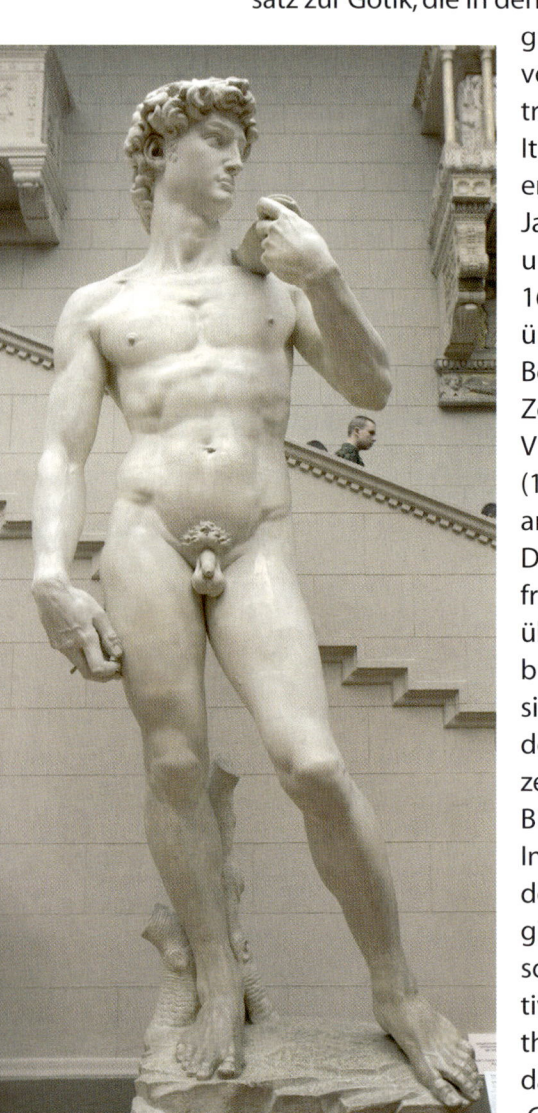

David – eine Skulptur von Michelangelo

BAROCK

Die Epoche des Barock beginnt etwa um 1600. Der Begriff Barock leitet sich von dem portugiesischen Wort „barocco" ab, das „unregelmäßige Perle" bedeutet. Der Barock ist ein oft theatralischer Kunststil, der von Rom ausging und sich in katholischen Ländern wie Spanien, Österreich und Süddeutschland allmählich durchsetzte.

HÖFISCHER BAROCK

Europa hatte lange und furchtbare Glaubenskriege erlebt. Die Nationen wurden in neue Gebiete aufgeteilt. Die katholische Kirche gewann wieder neuen Einfluss und absolutistische Herrscher gelangten an die Macht. Beide beeinflussten die Kunst des Barock. In den protestantischen Gebieten entstand dagegen eine von Kirche und Adel unabhängige Kunst, die anders als in katholischen Gebieten keine finanzielle Unterstützung bekam. Also entwickelte sich auf der einen Seite der höfisch-katholische Barock, der eine prunkvolle Kunst hervorbrachte. Auf der anderen Seite entstand die weniger pompöse, aber ebenso interessante Richtung des bürgerlich-protestantischen Barock.

In der Malerei brachte der neue Stil bisher unbekannte Dramatik und Lichteffekte mit sich. Die Wände und Decken der ba-

Die Vermählung der Maria Medici von Peter Paul Rubens

Die Nachtwache von **Rembrandt**

rocken Kirchen und Paläste wurden mit riesigen Gemälden geschmückt, die voller biblischer und mythologischer Gestalten waren. Ein bedeutender Künstler dieser Zeit war der flämische Maler Peter Paul Rubens (1577–1640). Zusammen mit seiner großen Malerwerkstatt belieferte er die Höfe und Kirchenfürsten ganz Europas. Das Barockgemälde hat das Ziel, den Betrachter mit seiner Üppigkeit und den Einzelheiten zu überwältigen. Die Kunst hat die Botschaft, dass das Leben ein Fest, ein großartiges Schauspiel ist, das man im Hier und Jetzt mit allen Sinnen ausgiebig genießen soll.

BÜRGERLICHER BAROCK

In Holland entwickelte sich dagegen eine gemäßigtere und feinere Form des Barock – der bürgerlich-protestantische Barock. Ein wichtiger Vertreter dieser Richtung, des sogenannten goldenen Zeitalters der holländischen Kunst, ist Rembrandt van Rijn (1606–1669). Die Niederländer hatten allgemein ein großes Interesse an Kunst, was den Grund für den Erfolg der Malerei erklärt. So orientierte sich auch der Inhalt der Bilder an der Wirklichkeit der Bürger: Szenen aus dem Alltag, die heimatliche Landschaft und Stillleben waren bevorzugte Themen der niederländischen Malerei.

WAS SIND GENREBILDER?

Bilder, auf denen Szenen aus dem Alltag dargestellt sind, nennt man in der Kunstgeschichte Genrebilder. Es geht in diesen Bildern darum, Menschen in typischen Alltagssituationen zu zeigen, z. B. Wäscherinnen am Fluss oder spielende Kinder auf der Straße. Genrebilder waren vor allem in Holland sehr beliebt.

KLASSIZISMUS BIS IMPRESSIONISMUS

Im späten 18. Jahrhundert kündigte sich in Europa eine politische Zeitwende an. Die Bürger hatten den Wunsch nach politischer Mitbestimmung. Dies drückte sich auch in der neuen Kunstauffassung aus. Die Künstler wandten sich von der Barockkunst ab und entdeckten die griechische Antike wieder. Als Begründer der strengen Malerei gilt der Franzose Jacques Louis David (1748–1825). Sein Hauptwerk ist *Der Tod des Marat* (1793).

POLITISCHE MOTIVE

Nicht nur Jacques Louis David widmete sich politischen Themen. Auch der Spanier Francisco de Goya (1746–1828) war ein politischer Maler. Ab etwa 1789 war Goya Hofmaler der spanischen Könige. In seinen Werken hielt er den Pomp und den Luxus des höfischen Lebens fest. Mit zunehmendem Alter lehnte er jedoch solche Aufträge ab und wandte sich politischen Themen zu. Seine Ölgemälde hatten vor allem die Gräuel des Krieges zum Inhalt. Er bannte düstere Visionen und Stimmungen auf die Leinwand, was in der Malerei absolut neu war. Zu Beginn des 19. Jahrhunderts kam eine weitere neue Kunst-

Der Tod des Marat von **Jacques Louis David**

VAN GOGH UND SONNENBLUMEN

Vincent van Gogh (1853–1890) verbrachte einige Zeit in Arles in Südfrankreich. Nach dem Grau seiner Heimat Holland und den gedämpften Farben von Paris war der Maler von dieser farbenprächtigen Landschaft begeistert. Seine unter der Sonne von Arles geschaffenen Werke machten ihn zu einem der größten Künstler in der Geschichte der Malerei. Eines seiner bekanntesten Werke ist das Bild *Sonnenblumen*. Van Gogh malte viele solcher Studien von Sonnenblumen, mit denen er die Zimmer seines Hauses schmückte.

Die berühmten *Sonnenblumen* von Vincent van Gogh

richtung auf: die Romantik. Sie war eine Gegenbewegung zum Klassizismus. Während die Klassizisten ihre Kunst nach außen wendeten, zogen sich die Künstler der Romantik ins Individuelle, Persönliche zurück. Das Thema dieser Epoche ist das Unvollendete, Mystische, Religiöse, Zauber- und Sagenhafte. Auch die Natur ist ein wichtiges Motiv in der Malerei der Romantik. Wesentlich dabei ist nicht die realistische Wiedergabe der Landschaft, sondern die liebliche Darstellung einer beseelten Natur.

IMPRESSIONISMUS

Um 1870 entstand eine völlig neue Stilrichtung, die für die Verhältnisse jener Zeit geradezu revolutionär war: der Impressionismus. Mit dieser Stilrichtung kam es in der Malerei endgültig zu einem Bruch mit der Tradition. Die Malerei war nun frei von Auftraggebern, frei von Themen und frei von den Zwängen eines vorgegebenen Stils. Das Bild hatte sich zu einem eigenständi-

gen Kunstwerk entwickelt und kein Thema war dem Künstler unwürdig. Die Themen reichten von den Szenen der Großstadt bis zur Idylle des Landlebens.

Das Zentrum des Impressionismus war vor allem Paris. Zu den berühmtesten Vertretern dieser Stilrichtung gehörten Auguste Renoir (1841–1919), Edouard Manet (1832–1883), Claude Monet (1840–1926), Edgar Degas (1834–1917), Paul Cézanne (1839–1906) und Vincent van Gogh (1853–1890). Ihr Umgang mit Formen, Flächen und Farben war neu und einzigartig: Die gesamte Bildfläche setzt sich aus vielen Farbtupfern zusammen, die alle klaren Umrisse auflösen. Es entsteht ein Spiel aus Licht und Schatten. Die Motive wählte der Künstler frei aus seinem täglichen Umfeld. Dadurch wird deutlich, dass die Kunst nicht mehr Auftragsarbeit für repräsentative Zwecke war. Benannt wurde diese neue Stilrichtung nach einem Bild von Claude Monet: *Impression, solei levant* (*Impression, Sonnenaufgang*), das 1872 entstand. Weltruhm erlangte Monet durch sein immer wieder verwendetes Motiv des Seerosenteiches in seinem Garten in Giverny bei Paris. Ein Außenseiter unter den Impressionisten war der holländische Maler Vincent van Gogh. Seine Kunst stellte eine Ausnahme in der impressionistischen Stilrichtung dar. Seine Landschaften beispielsweise haben eine ganz andere Grundstimmung als die poetisch zarten Landschaften Monets. Im Gegensatz zu anderen Impressionisten wählte van Gogh kräftige, fast grelle Farben und schaffte dadurch eine zusätzliche Dynamik.

HAST DU SCHON GEWUSST,

dass Vincent van Gogh zu Lebzeiten nur ein einziges Gemälde verkaufte? Er lebte in Armut und sein künstlerisches Talent blieb weitgehend unentdeckt. Van Gogh litt an einer Geisteskrankheit, in deren Verlauf er sich selbst ein Ohr abschnitt. Heute gehören seine Bilder zu den teuersten und begehrtesten der Welt.

JUGENDSTIL BIS MODERNE

Als Jugendstil bezeichnen wir in Deutschland einen internationalen Stil der Zeit von 1890 bis 1910 – benannt nach der Zeitschrift „Die Jugend". Dieser Stil hieß in England „Modern Style", in Frankreich „Art nouveau" und in Österreich „Sezessionsstil". Der Jugendstil wollte der Kälte und Technik des modernen Zeitalters eine neue Sinnlichkeit, Naturverbundenheit und Harmonie entgegensetzen. Er wollte auf das gesamte Leben des Menschen Einfluss nehmen. So verstanden sich die Künstler dieser Zeit in erster Linie als „Designer" aller Lebensbereiche.

DIE NEUE FREIZÜGIGKEIT

Kunst beschränkte sich nicht mehr auf die traditionellen Gebiete – Architektur, Möbel, Stoffgestaltung, Schmuck, Alltagsgegenstände jeder Art wurden einbezogen. Der Jugendstil entwickelte ein absolut neues, floral-geschwungenes, lineares Design bzw. Ornament, das für diese Epoche typisch war. Einer der bedeutendsten Vertreter des Jugendstils war der Österreicher Gustav Klimt (1862–1918). Er beherrschte den Stil von edler Ornamentik und betörend schönen Frauenkörpern wie kaum ein anderer. Für uns scheinen seine Bilder harmonisch und gefällig, doch zu ihrer Entstehungszeit waren sie revolutionär. Klimts freizügige Aktdarstellungen galten bei den konservativen Bürgern als skandalös und erregten den Unmut vieler.
Der Österreicher Egon Schiele (1890–1918), ein Schüler Klimts, war ein Grenzgänger zwischen Jugendstil und Expressionismus. Er löste sich von der Ausdrucksweise des Wiener Jugendstils und entwickelte einen eigenen Stil: Aus den zarten Frauen wurden magere Mädchen,

Ausschnitt aus dem Bildnis der Adele Bloch-Bauer von Gustav Klimt

83

Das Pariser Nachtleben, hier das Motiv *A la Mie*, war eines der Hauptthemen von Toulouse-Lautrec.

statt athletischer Körper zeichnete Schiele seinen eigenen Körper in eckiger Linienführung und mit überlangen Gliedmaßen. Seine Aktbilder befinden sich in starker Bewegung.

DAS PARISER NACHTLEBEN

Der Franzose Henri de Toulouse-Lautrec (1864–1901) wandte sich von konventionellen Themen ab und zeichnete in der schil-

? EDVARD MUNCH UND DER SCHREI

Der Norweger Edvard Munch (1863–1944), der in Paris den Impressionismus kennengelernt hatte, beeinflusste vor allem die deutschen Expressionisten sehr stark. In schrillen Farben und mit schlingernden Linien malte er Bilder, die die Ängste des Menschen spürbar machten. Sein wohl berühmtestes Werk ist das Bild *Der Schrei* (1893).

Das Bild *Der Schrei* von Edvard Munch

lernden und anrüchigen Welt des Pariser Nachtlebens. Seine Lieblingsmodelle waren Tänzerinnen, Bardamen und Prostituierte. Obwohl seine Bilder von einer großen Direktheit waren, hatten seine Darstellungen durch die Eleganz seines Stils eine gewisse Heiterkeit und Leichtigkeit.

Im frühen Expressionismus hingegen wenden die Künstler ihr Interesse dem Innenleben des Menschen zu. Sie versuchen, ihre unterdrückten und stärksten Gefühle in Bildern darzustellen. Vor allem die Einsamkeit, das Gefangensein im eigenen Körper und Todesängste sind die Themen des Expressionismus. Die Expressionisten wollten mit ihren Werken elementare, leidenschaftliche Gefühle des Menschen zum Ausdruck bringen. Als Mittel setzten sie meist kontrastreiche, dick aufgetrage Ölfarben ein, die mit deutlich sichtbaren Pinselstrichen auf die Leinwand gebracht wurden.

MODERNE

Um 1910 kam es in der Kunst – sowohl in der Malerei und Skulptur als auch in der Architektur – zum Bruch mit der Tradition. Dir mag das heute nicht besonders radikal erscheinen, aber für die Künstler der damaligen Zeit war es ein großer Einschnitt. Die Kunst wurde in den folgenden Jahren immer vielfältiger. Die Grenzen zwischen den Stilrichtungen sind immer fließender geworden.

DER BEGINN DER MODERNE

Henri Matisse (1869–1954), der führende Künstler der 1905 gegründeten Gruppe der Fauves ("Wilden") in Frankreich, vereinfachte die Formen und griff zu grellen Farben. Zur selben Zeit wie die Fauves in Frankreich bildeten sich in Deutschland zwei Künstlergemeinschaften: "Die Brücke" in Dresden, deren

In diesem Haus erfanden Franz Marc und Wassili Kandinsky den Namen „Der Blaue Reiter".

bekanntester Vertreter Ernst Ludwig Kirchner (1880–1938) wurde und „Der Blaue Reiter" in München, zu dem sich Wassili Kandinsky (1866–1944), Franz Marc (1880–1916), August Macke (1887– 1914) und Paul Klee (1879–1940) zusammenfanden. Die jungen „Wilden" in Deutschland, die Expressionisten, verfolgten ähnliche Ideen wie die Fauves in Paris.

Noch größere Wirkung als der Fauvismus und der Expressionismus hatte der Kubismus, den Pablo Picasso (1881–1973) und Georges Braque (1882–1963) schon vor 1910 in Paris entwickelten. Sie bauten ihre Bilder aus einfachen Raumkörpern auf – Würfeln (Kuben), Zylindern, Pyramiden. Picasso kombinierte seine gemalten Bilder auch mit plastischen Objekten, oft fertigen Alltagsgegenständen. Damit begann die moderne Collagetechnik, die vorgefundene Gegenstände zusammen*klebt* (französisch „coller") und mehr oder weniger bearbeitet.

DIE MODERNE ENT-WICKELT SICH WEITER

Zwischen den beiden Weltkriegen wurde die künstlerische Szene von den Stilrichtungen Dada und Surrealismus beherrscht. Die Dada-Bewegung entstand 1916 in Zürich und breitete sich nach Köln (Max Ernst, Hans Arp), Berlin (George Grosz, Hannah Höch), Paris (André Breton) und New York (Marcel Duchamps, Man Ray) aus. Dadaismus ist kein Kunststil, sondern Antikunst. Er richtet sich gegen die traditionelle Kultur und gegen Ästhetik – kurzum gegen alles!

Der Dada-Kunst folgte unmittelbar der Surrealismus, eine Bewegung in Literatur und Bildender Kunst. Sie beginnt mit dem Ersten Weltkrieg und endet mit dem Zweiten Weltkrieg. Während die Dadaisten mit ihren künstlerischen Werken in erster Linie auf die Geschehnisse in ihrer Umwelt reagieren wollten, interessierten sich die Surrealisten für das Innenleben des Einzelnen, die menschliche Psyche.

ZEITGENÖSSISCHE KUNST

Der Faschismus, insbesondere der Nationalsozialismus in Deutschland, war für die Kunst der Moderne eine wahre Katastrophe. Die Nazis verboten die Werke vieler Künstler dieser Zeit als entartete Kunst. Die Künstler konnten ihre Bilder nicht mehr ausstellen und verloren ihren Lebensunterhalt. Die Folge war, dass deutsche Künstler ihre Heimat verließen und zuerst meist nach Frankreich, dann in die USA flohen. So kam es, dass New York bei Kriegsende Paris als Zentrum der Moderne abzulösen begann.

An der Wende vom 20. zum 21. Jahrhundert gibt es nirgendwo auf der Welt mehr einen einheitlichen Kunststil. Unter dem Begriff der Postmoderne wird heute eine Vielfalt der Strömungen zusammengefasst, die heute nebeneinander existieren.

?

HAST DU SCHON GEWUSST,
dass der Begriff „Dada" ein Kunstwort ist? Das Wort wird unterschiedlich gedeutet – als kindliches Gestammel oder als eine Ableitung von dem französischen kindersprachlichen Wort Dada für Holzpferdchen, also für ein Kinderspielzeug.

Filmprojektor

FILM UND FERNSEHEN

Film und Fernsehen haben eine Gemeinsamkeit – beide arbeiten mit bewegten Bildern. Diese Bilder werden von Kameras aufgenommen. Einen Spielfilm können wir uns dann im Kino auf der Leinwand ansehen, die Fernsehbilder werden zu uns nach Hause auf den Bildschirm eines Fernsehgeräts gebracht.

SPRECHENDE BILDER IN FARBE

Die ersten Filme waren Stummfilme in Schwarz-Weiß. Sie wurden von den Gebrüdern **Louis** (1864–1948) **und Auguste Lumière** (1862–1954) aus Frankreich produziert. Sie erfanden den Kinematografen, das erste brauchbare Filmaufnahme- und Wiedergabegerät, mit dessen Hilfe der Film einem größeren Publikum gezeigt werden konnte.
Als die Filmemacher ein Verfahren entdeckten, mit dem man Bild und Ton absolut gleichzeitig, also synchron, erzeugen konnte, begannen die Bilder auf der Leinwand auch zu "sprechen". Der **erste Spielfilm mit Ton**, *Der Jazzsänger*, wurde im Jahr 1927 in den USA gedreht. Die Technik entwickelte sich jetzt so rasant, dass die Welt auf der Leinwand allmählich auch bunt wurde. Zu den bekanntesten frühen Farbfilmen gehört *Jahrmarkt der Eitelkeit*, der 1935 in die Kinos kam.

Eine Filmklappe

WIE DIE BILDER LAUFEN LERNTEN

Bewegungen, die wir im Film sehen, sind in Wirklichkeit Illusion. Ein Film besteht aus vielen einzelnen Bildern, die so schnell aufeinanderfolgen, dass unser Auge sie nicht einzeln erkennen kann und daher die Bewegungen ohne Unterbrechung wahrnimmt. Den ersten Filmstreifen stellte 1889 der Engländer **William Friese-Green** (1855–1921) her. Der berühmte amerikanische Erfinder **Thomas Edison** (1847–1931) und sein Assistent William K. L. Dickson (1860–1935) entwickelten 1891 ein Vorführgerät, das sie Kinetoskop nannten. Der Filmstreifen lief als Endlosschleife über Rollen und man konnte ihn sich durch einen Schlitz an der Oberseite des Gehäuses ansehen. Die modernen Filmprojektoren werfen die Bilder auf eine Leinwand.

GLANZ UND GLAMOUR

Filmemacher produzieren ihre Werke, damit viele Menschen sich diese Filme ansehen. Denn erfolgreiche Spielfilme sorgen auch für volle Kinokassen. Aber den Filmleuten – das sind vor allem der Produzent, der Regisseur und die Schauspieler – geht es nicht nur um Geld, sondern auch um Ruhm und Anerkennung. Auszeichnungen für ihre Leistungen erhalten sie auf zahlreichen Filmfestivals. Einer der bekanntesten Preise ist der **Academy Award**, besser bekannt als **Oscar**. Andere Preisverleihungen finden bei den Filmfestspielen in Cannes, Berlin und Venedig statt.

Der Oscar

FERNSEHEN – DAS HEIMKINO

Auch das Fernsehen bedient sich bewegter Bilder, die von einem Ort zum anderen übertragen werden. Diese Übertragung erfolgt mithilfe elektrischer Impulse über Funk oder Kabel auf den Bildschirm eines Fernsehempfängers. Bis ein Bild auf dem Fernsehgerät erscheint, finden zahlreiche komplizierte Vorgänge statt. Man kann im Wesentlichen **drei Schritte**

Mit dem Fernsehgerät können wir auch zu Hause Filme ansehen.

ZEICHENTRICKFILM

Alt und Jung lieben Zeichentrickfiguren, z. B. von **Walt Disney** (1901–1966). Um solchen Figuren Leben einzuhauchen, werden viele Zeichnungen benötigt – für einen ganzen Film etwa 65.000! Mussten die Zeichnungen früher einzeln von Zeichnern angefertigt werden, übernimmt heute der Computer den Großteil dieser Arbeit.

Zeichentrickfilme sind bei Kindern sehr beliebt.

?

unterscheiden: 1. Das Bild wird von der Fernsehkamera in elektrische Signale umgewandelt. 2. Die Signale werden übertragen. 3. Das Fernsehgerät baut ein sichtbares Bild auf. Der Bildschirm des Fernsehers ist von innen mit Millionen von Leuchtpunkten beschichtet. An dem Punkt, an dem die Strahlen auftreffen, leuchtet die Schicht auf. Die Strahlen wandern so schnell über den Bildschirm, dass sich alle einzelnen Punkte für unser Auge zu einem ganzen Bild zusammensetzen. Diese Bilder laufen rasch hintereinander ab, sodass der **Eindruck von Bewegung** entsteht.

?

DIE ENTWICKLUNG DES FERNSEHENS

Zu den ersten Fernsehaufnahmegeräten zählte unter anderem das Ikonoskop, das der amerikanische Physiker **Wladimir Zworykin** (1889–1982) im Jahre 1923 entwickelte. Kurze Zeit später erfand der amerikanische Funktechniker **Philo Taylor Farnsworth** (1906–1971) die Bildzerlegungsröhre. 1926 kam ein vom schottischen Techniker **John Logie Baird** (1888–1946) konzipiertes Fernsehsystem auf, bei dem mithilfe von infraroten Strahlen Bilder im Dunkeln aufgenommen werden konnten. 1930 präsentierte **Manfred von Ardenne** (1907–1997) in Berlin schließlich das erste vollelektronische Fernsehbild, worauf sechs Jahre später die Olympischen Spiele in die ganze Welt übertragen wurden. Das öffentliche Fernsehen begann in Deutschland aber erst in den 1950er-Jahren.

LITERATUR

ANFÄNGE DER LITERATUR

Die Literatur hat ihre Anfänge in der Antike. Als Antike bezeichnen wir den Zeitraum von 2000 vor Christus bis zum Ende des Römischen Reiches 476 nach Christus. Die ältesten Werke der abendländischen Literatur entstanden in dieser Epoche, so z. B. die Ilias und die Odyssee von Homer (8. Jahrhundert vor Christus). Sie sind die Urform des Epos, aus dem sich später der Roman entwickelte.

Das Goethe-und-Schiller-Denkmal in Weimar

HELDENEPOS UND MINNESANG

Die Literatur des Mittelalters teilt sich in zwei Hauptströmungen mit vielen Mischformen. Auf der einen Seite steht das Heldenepos, das entweder handschriftlich festgehalten oder von fahrenden Sängern vorgetragen wurde. Die Epen dieser Epoche sind in Versform verfasst und handeln meist vom Leben der Ritter. Neben dem Epos steht der Minnesang, der das Leben an den Fürstenhöfen widerspiegelt. Meist handelt es sich um die unerfüllte Liebe des Ritters zur Frau seines Herrn. Daher ist die Liebe, die in Minneliedern besungen wird, immer platonisch. Unter platonischer Liebe versteht man freundschaftliche Liebe zwischen einem Mann und einer Frau.
In der Neuzeit (ab etwa 1450) erhielt die Literatur immer wieder neue Ausrichtungen. In der Renaissance diente der Begriff Literatur vor allem als Bezeichnung für Schriften der Gelehrten, wobei die naturwissenschaftlichen Aufzeichnungen nicht zur Literatur zählten. In dieser Zeit entwickelte sich vor allem das weltliche Drama. Im Zeitalter des Barock entstanden der Volksroman und der Schelmenroman, besonders beliebt waren bei den Lesern Ritterromane, die in den Abenteuerromanen des 17. Jahrhunderts fortgesetzt wurden. Das 18. Jahrhundert war die Zeit der Aufklärung. In dieser Zeit hatte die Literatur vor allem die Aufgabe, den Verstand zu bilden.

?

FRIEDRICH VON SCHILLER

Friedrich von Schiller (1759–1805) ist eine der zentralen Gestalten der deutschen Literatur und Mitbegründer der Weimarer Klassik. Neue Maßstäbe setzte er vor allem für die weitere Entwicklung des deutschen Dramas. In seinen Gedichten gelangte er zu streng-idealistischer Gedankendichtung. In seiner Sturm-und-Drang-Zeit verfasste Schiller, der eigentlich Militärarzt war, sein Drama *Die Räuber* (1781), das unter dem Eindruck der Aufklärung steht. Die Aufführung dieses Stückes machte ihn auf einen Schlag berühmt. Er behandelte in diesem Drama die Ablehnung jeder Autorität und trat für einen absoluten Freiheitswillen ein. Damit wurde er zum Hauptvertreter des Sturm und Drang. Wegen einer unerlaubten Reise bekam Schiller Arrest und Schreibverbot und flüchtete nach Mannheim. 1783–1784 war er dort als Theaterdichter angestellt. Nach einer unglücklichen Liebe ging Schiller nach Weimar, wo er seine Freundschaft zu Goethe vertiefte. 1791 wurde Schiller schwer lungenkrank und war seitdem ständig leidend.

KLASSIK

In der Epoche der Klassik wurden die Regeln, Ideale und Bilder der Antike wieder aufgenommen und zu einem neuen Höhepunkt geführt. Die literarische Klassik in Deutschland erreichte ihren Höhepunkt mit den Werken von Johann Wolfgang von Goethe (1749–1832) und Friedrich von Schiller (1759–1805). Besonders Schiller hatte sich in der Zeit des Sturm und Drang revolutionären Ideen verschrieben. Goethe schrieb in dieser Zeit seinen ersten Roman *Die Leiden des jungen Werthers* (1774) und wurde auf einen Schlag berühmt. Er war durch eine unerfüllte Liebe zu diesem Werk angeregt worden. Homers Werke *Ilias* und *Odyssee*, die inzwischen ins Deutsche übersetzt worden waren, gehörten zur Standardlektüre dieser Zeit (Weimarer Klassik). Goethe glaubte an die freie Selbstbestimmung der Menschen und an die ausgleichende Harmonie von Gefühl und Verstand.

ROMANTIK

Die Romantik löste um 1790 die Aufklärung und die Klassik ab und dauerte bis etwa 1830. Man kann drei Phasen unterscheiden: die Jenaer Frühromantik (ab 1798), die Heidelberger Hochromantik und die Spätromantik, die bis in die zweite Hälfte des 19. Jahrhunderts reicht. Sie wirkte vor allem in England und Deutschland. Die Ideale der Romantik sind ganz anders als die der Klassik. In der Romantik fand eine Abkehr von der Vernunftsgläubigkeit der Aufklärung statt und zwar hin zur Fantasie und zur Welt der Träume. Romantische Dichter entwickelten ein neues Verständnis für die Natur und schwärmten für Einsamkeit, Stille und den Blick in die Seele. Romantische Dichterkreise bildeten sich in Jena um August Wilhelm von Schlegel (1767–1845) und Ludwig Tieck (1773–1853). Der Heidelberger Kreis der Hochromantik entdeckte ein neues Nationalgefühl. Joseph von Eichendorff (1788–1857) stellte in seinem Werk *Aus dem Leben eines Taugenichts* das Lebensgefühl der Romantik besonders eindrucksvoll dar. In dieser Zeit waren Volkslieder und die sogenannten Volksbücher sehr beliebt. Die Brüder Grimm (Jakob 1785–1863, Wilhelm 1786–1859) gaben die Kinder- und Hausmärchen und die Deutschen Sagen heraus. Die Märchen der Brüder Grimm kennt fast jedes Kind auf der Welt. In der Spätromantik trafen sich in Berlin Künstler wie Adelbert von Chamisso (1781–1838) und E.T.A. Hoffmann (1776–1822). Zur schwäbischen Romantik zählt u. a. Wilhelm Hauff (1802–1827), bekannt durch seine Märchen wie *Kalif Storch* und *Zwerg Nase*.

Jakob und Wilhelm Grimm

REALISMUS

Die Epoche des Realismus begann Mitte des Jahrhunderts. Realismus ist in Kunst und Literatur die Bezeichnung für den Versuch, die menschliche Umwelt wirklichkeitsgetreu darzustellen und sie – anders als die Romantiker – frei von mystischen Aspekten zu deuten. Die berühmtesten Vertreter dieser Epoche sind Theodor Fontane (1819–1898) und Theodor Storm (1817–1888). Ihre Werke handelten vom „bürgerlichen Realismus", der mit politischen

Illustration zum Märchen *Zwerg Nase*

Auseinandersetzungen nichts zu tun hatte. Die Romane Fontanes (z. B. *Frau Jenny Treibel*, 1892; *Effi Briest*, 1894/95) zeigten jedoch schon ein kritisches Bild der bürgerlichen Gesellschaft.

NATURALISMUS

Naturalismus ist im Allgemeinen die Bezeichnung für jede Art von Literatur, die ohne Beschönigung die Wirklichkeit genau abzubilden versucht. Dieser Begriff gilt besonders für eine europäische Literaturströmung der Moderne zwischen 1870 und 1900, die eine naturgetreue Widerspiegelung der Wirklichkeit zum Ziel hatte. Die Voraussetzung für die Entwicklung des Naturalismus waren die Industrialisierung in Deutschland und die daraus entstehenden Folgen (Heranbildung einer Arbeiterklasse). Diese Strömung lehnte sich gegen das Bürgertum auf und bevorzugte die Darstellung einfacher Arbeiter sowie sozialer Außenseiter wie Alkoholiker, Dirnen, Geisteskranke.

MODERNE

Zu Beginn des 20. Jahrhunderts gab es in der Literaturszene die unterschiedlichsten Strömungen. Realismus, Impressionismus und Expressionismus existierten nebeneinander. Der literarische Impressionismus – Impression bedeutet „Eindruck, Empfindung" – wollte die persönlichen, stimmungshaften Umwelteindrücke sowie die flüchtigen Bewegungen und Seelenregungen möglichst genau und fein abgestuft wiedergeben. Er wandte sich deutlich vom Naturalismus ab. Bevorzugte Formen waren Lyrik und Romane. Vertreter dieser Epoche im deutschsprachigen Raum waren u. a. Rainer Maria Rilke (1875–1926), der dieses Thema in seinem Werk *Buch der Bilder* (1902) aufgriff, Hugo von Hofmannsthal (1874–1929) und Arthur Schnitzler (1862–1931).

Der literarische Expressionismus in Deutschland – Expression bedeutet „Ausdruck" – entwickelte sich zwischen 1910 und 1925, besonders in Lyrik und Drama. Es war eine Protestbewegung der Expressionisten, die damit auf die innere Krise der Gesellschaft reagierten, die den Beginn des 20. Jahrhunderts bestimmte, aber auch auf den Ersten Weltkrieg. Sie wollten eine, auch politisch gemeinte, Erneuerung des Men-

JOHANN WOLFGANG VON GOETHE

Johann Wolfgang von Goethe (1749–1832) ist bis heute die bedeutendste Gestalt in der deutschen Literatur. Nach behüteten Kinderjahren studierte Goethe Rechtswissenschaften. Er schrieb schon während seiner Studienjahre in Leipzig Gedichte, die von glücklichen und unglücklichen Lieben beeinflusst waren. Überhaupt spielen Goethes Liebesbeziehungen eine große Rolle. Den tragischen Abschied von der verheirateten Charlotte Buff in Weimar beispielsweise schrieb er sich von der Seele und so entstand sein erster Roman *Die Leiden des jungen Werthers* (1774). 1775 übersiedelte Goethe auf die Einladung des jungen Herzogs Karl August nach Weimar. Hier verliebte er sich in Charlotte von Stein, Ehefrau des herzoglichen Stallmeisters, die ihm in den folgenden Jahrzehnten zu einer Freundin wurde und seine Arbeit inspirierte. In Weimar lernte er seine spätere Frau Christiane Vulpius kennen. 1808 beendete er nach fast 30 Jahren sein Lebenswerk *Faust I*.

Erich Kästner schrieb auch viele bekannte Kinderbücher. Hier ein Filmplakat zu *Emil und die Detektive*

schen bewirken. Man sollte sich vor allem von den gesellschaftlichen Zwängen befreien. Berühmte Vertreter des Expressionismus sind Gottfried Benn (1886–1956), Georg Trakl (1887–1914) oder Georg Heym (1887–1912). Der expressionistischen Richtung folgte um 1920 eine nüchterne Haltung vieler Schriftsteller, die sich bemühten, die Wirklichkeit in einem sachlichen, objektiven Stil zu schildern. Diese Strömung wird zusammengefasst als die „Neue Sachlichkeit".

Sie bezeichnet jedoch lediglich eine gewisse Gemeinsamkeit verschiedener nachexpressionistischer Literaten. Zu den bedeutenden Vertretern dieser Strömung gehören Bertolt Brecht (1898–1956), Lion Feuchtwanger (1884–1958), Erich Kästner (1899–1974), Franz Werfel (1890–1945) oder Carl Zuckmayer (1896–1977). Neben dieser Neuen Sachlichkeit hatte der Naturalismus weiterhin Anhänger wie der führende deutsche Bühnendichter Gerhart Hauptmann, der in seinen Stücken *Rose Bernd* (1904) und *Die Ratten*

THOMAS MANN

Thomas Mann (1875–1955) war einer der bedeutendsten Schriftsteller der deutschen Literatur des 20. Jahrhunderts. Der Sohn eines Lübecker Konsuls und Getreidehändlers brachte mit 26 Jahren seinen ersten Roman heraus: *Buddenbrooks. Verfall einer Familie* (1901). Zu seinen zahlreichen Erzählungen gehört auch *Der Tod in Venedig* (1912). Seine großen kritischen Romane sind *Der Zauberberg* (1924) und *Doktor Faustus* (1947). 1929 wurde Thomas Mann für seinen Roman *Buddenbrooks* mit dem Nobelpreis für Literatur ausgezeichnet.

LITERATUR IM NATIONALSOZIALISMUS

Die Machergreifung der Nationalsozialisten 1933 bedeutete einen tief greifenden Einschnitt ins literarische Schaffen in Deutschland. Wer sich nicht mit den neuen Machthabern arrangierte – in dieser Zeit hatte der traditionelle Heimatroman seine Blüte –, musste schweigen oder das Land verlassen, was viele bedeutende deutsche Schriftsteller, z. B. Heinrich und Thomas Mann sowie Franz Werfel, dann auch taten. Die deutsche Literatur existierte ab 1933 zum Großteil nur noch als Exilliteratur. Neben Rundfunk und Presse waren auch Kunst und Literatur von den Nationalsozialisten gleichgeschaltet worden und unterstanden dem Propagandaministerium. Propagandaminister war Joseph Göbbels. Er genehmigte Theaterstücke und Bücher oder lehnte sie ab. Bücher, die nicht der herrschenden Ideologie entsprachen, wurden verboten oder verbrannt.

(1911) die Schicksale sozialer Außenseiter zum Thema machte und das Milieu und die Sprache der kleinen Leute auf die Bühne brachte. In keine literarische Richtung zuordnen lässt sich Franz Kafka (1883–1924), der als Erzähler jedoch dem Expressionismus nahestand. Er stellte in einer klaren, schlichten Sprache den einsamen modernen Menschen in seiner Lebensangst und im Widerspruch mit sich selbst dar.

LITERATUR NACH DEM ZWEITEN WELTKRIEG

Die Spaltung Deutschlands durch die Siegermächte nach dem Zweiten Weltkrieg und die Situation im Land boten vielen Exilliteraten keinen Anreiz zur Rückkehr. Viele Literaten waren vor dem Krieg in die Schweiz und nach Österreich geflohen und blieben auch nach 1945 dort.

EUROPÄISCHE KLASSIKER

Aber auch außerhalb von Deutschland gibt es viele wichtige Schriftsteller und Bücher. Einige dieser Romane oder Theaterstücke kennst du sicherlich als deutsche Übersetzung.

ENGLAND

Zur Zeit der Eroberung durch die Normannen begann in England die Blütezeit der Ritterballaden des Widerstandes. Die bekannteste von ihnen ist Robin Hood, eine Symbolfigur des späten 14. oder frühen 15. Jahrhunderts. Er kämpft gegen die Ungerechtigkeit und beraubt wohlhabende Adelige und Kirchenmänner, die das Volk unterdrücken, und verteilt den geraubten Besitz unter den Armen. Unter Königin Elisabeth, die von 1558 bis 1603 regierte, erlebte das Theater mit den Dramen von William Shakespeare (1564–1616) einen gewaltigen Aufschwung. Er war der Erste, der die klassischen Regeln des Dramas nach Aristoteles aufbrach. *Macbeth*, *König Lear* und *Hamlet* gehören zu den Königsdramen. Zu seinen erfolgreichsten Komödien zählen *Sommernachtstraum* und *Der Kaufmann von Venedig*. Eines seiner wohl bekanntesten Stücke ist die Liebesgeschichte *Romeo und Julia*. Shakespeares Stücke gelten als unübertroffen und werden heute noch erfolgreich aufgeführt und verfilmt. Die Geschichte des *Robinson Crusoe* von Daniel Defoe (1660–1731), der auf eine einsame Insel verschlagen wird, kennt fast jedes Kind auf der Welt, obwohl es sich um einen Roman für Erwachsene handelt. *Gullivers Reisen* von Jonathan Swift (1667–1745) war eigentlich als beißende Satire auf das England seiner Zeit gedacht. Noch heute werden die Abenteuer von Lemuel Gulliver in einem Land mit Namen Liliput und später

Ausschnitt aus dem Walt-Disney-Zeichentrickfilm *Dschungelbuch*

im Land der Riesen von Kindern und Erwachsenen gern gelesen. Zu den großen Schriftstellern des 19. Jahrhunderts zählt Charles Dickens (1812–1870) mit seinen sozial-kritischen Werken wie dem Fortsetzungsroman *Oliver Twist* (1837–39). Sein teils autobiografischer Roman *David Copperfield* (1849/50) ist ein bedeutendes Werk der Kinder- und Jugendliteratur. Ebenfalls beliebte Kinderbücher sind *Die Schatzinsel* (1883) von Robert Louis Stevenson (1850–1894) und *Das Dschungelbuch* (1894/95) von Rudyard Kipling (1865–1936). Für die Fans von Kriminalromanen zählen die Sherlock-Holmes-Krimis (1890–1917) von Arthur Conan Doyle (1859–1930) und die spannenden Bücher von Agatha Christie (1890–1970) heute noch zu den Besten.

Gulliver im Land Liliput

FRANKREICH

Bei französischer Weltliteratur denken viele an die Komödien von Molière (1622–1673). Seine bedeutendsten Werke schuf er im Be-

Don Quijote und sein Knappe Sancho Pansa

reich der Charakter- bzw. Typenkomödie, wie z. B. *Der Menschenfeind* (1666), *Tartuffe* (1669) oder *Der eingebildete Kranke* (1673). Im Bereich des historischen Abenteuerromans war Alexandre Dumas (1802–1870) unübertroffen. Weltberühmt sind *Die drei Musketiere* (1844) und *Der Graf von Monte Christo* (1845/46) – beide Werke wurden mehrfach verfilmt. Victor Hugo (1802–1885) ist ein Hauptvertreter der französischen Romantik. Bekannt sind vor allem seine Werke *Der Glöckner von Notre Dame* (1831–33) und *Die Elenden* (1862). Eines der Hauptwerke des französischen Realismus ist *Madame Bovary* von Gustave Flaubert (1821–1880). Die fantastischen Romane von Jules Verne (1828–1905) wie *20.000 Meilen unter dem Meer* (1870) oder *Reise in 80 Tagen um die Welt* (1872) sind heute vor allem durch die Verfilmungen bekannt.

SPANIEN

Im Spanien des 17. Jahrhunderts erschien das wahrscheinlich bekannteste Buch der Weltliteratur – *Don Quijote von La Mancha* (1605/1615) von Miguel de Cervantes (1547–1616). Don Quijote, ein Büchernarr, tauscht seine Ländereien gegen Ritterromane ein. Er versenkt sich so tief in seine Bücher, dass er nicht mehr zwischen Literatur und Wirklichkeit unterscheiden kann. Dadurch verliert er den Verstand und reitet hinaus, um „ritterliche Abenteuer" zu bestehen. Cervantes wollte mit diesem Buch eigentlich eine Satire auf die damals so beliebten Ritterromane schaffen.

RUSSLAND

In Russland schuf Fjodor Dostojewskij (1821–1881) im 19. Jahrhundert mit seinem Roman *Schuld und Sühne* (1866) Weltliteratur. Seine weiteren berühmten Werke sind: *Der Idiot* (1868/69), *Die Dämonen* (1871/72) und sein letzter Roman *Die Brüder Karamasow* (1879/80). Leo

Ein Ausschnitt aus dem Walt-Disney-Zeichentrickfilm *Arielle – Die Meerjungfrau* **nach dem Märchen von Hans Christian Andersen**

Tolstoi (1828–1910) gehört mit seinen Gesellschaftsromanen *Krieg und Frieden* (1864–69) und *Anna Karenina* (1873–76) neben Dostojewskij zu den großen Realisten der russischen Literatur. Darüber hinaus ist er einer der bedeutendsten und meistgelesenen Autoren der Weltliteratur. In seinem Buch *Krieg und Frieden* beschreibt er den Russlandfeldzug Napoleons im Jahr 1812.

SKANDINAVIEN

Der norwegische Dramatiker Henrik Ibsen (1828–1906) war der Begründer des modernen Gesellschaftsdramas. Heute noch oft gespielt werden *Nora oder Ein Puppenheim* (1879), *Gespenster* (1882) und *Hedda Gabler* (1891). Der schwedische Schriftsteller August Strindberg (1849–1912) beeinflusste mit Theaterstücken wie *Fräulein Julie* (1889) die Dramatik der Moderne nachhaltig. Der dänische Schriftsteller Hans Christian Andersen (1805–1875) ist vor allem durch seine Märchen bekannt, die zur Weltliteratur gehören. Fast jedes Kind der Welt kennt *Das hässliche Entlein*, *Des Kaisers neue Kleider*, *Die*

Pippi Langstrumpf – die Heldin der gleichnamigen Serie

Ausschnitt aus dem Film *Michel aus Lönneberga* nach einer Vorlage von Astrid Lindgren

Schneekönigin, *Die Prinzessin auf der Erbse* und *Die kleine Meerjungfrau*. Aus Skandinavien kommen weitere bedeutende Kinderbücher, z. B. *Die wunderbare Reise des Nils Holgersson mit den Wildgänsen* (1906/07) der schwedischen Schriftstellerin Selma Lagerlöf (1858–1940) und die Romane von Astrid Lindgren (1907–2002), ebenfalls aus Schweden, wie *Pippi Langstrumpf* (1945/46), *Meisterdetektiv Kalle Blomkvist* (1950), *Michel in der Suppenschüssel* (1963), *Die Brüder Löwenherz* (1973). Ihre Kinder- und Jugendbücher wurden in mehr als 60 Sprachen übersetzt.

MUSIK

WAS IST MUSIK?

Ständig hört man Musik – aus dem Radio, aus dem Fernseher oder aus dem CD-Player! Den meisten Menschen macht es Spaß, Musik zu hören und dazu braucht man nicht viel über Musik zu wissen oder selbst ein Instrument spielen zu können.

E-MUSIK UND U-MUSIK

Töne und Klänge bilden den Ausgangspunkt jeder Musik. Sie sind Schall, also Schwingungen der Luft, den die Musiker mit ihren Instrumenten oder die Sänger mit ihren Stimmen hervorrufen. Je schneller die Schwingungen sind, desto höher klingt der Ton. Die Töne werden nach bestimmten Gesetzmäßigkeiten zu Tonleitern zusammengefasst. Das sind Reihen von Tönen, die in ihrer Höhe schrittweise ansteigen. Musiker spielen oder singen diese oft unterschiedlich langen Töne in der festgelegten Dauer. Daraus ergibt sich der Rhythmus einer Musik. Aus Rhythmus und einer Folge unterschiedlich hoher und langer Töne entsteht schließlich eine Melodie. Diese bleibt uns dann „im Ohr".

Die Musik wird häufig in ernste Musik (E-Musik) und Unterhaltungsmusik (U-Musik) unterteilt. Der Begriff E-Musik wird meistens für den Bereich der klassischen Musik benutzt. Im engeren Sinne gilt der Begriff „Klassik" für die europäische Musik in der zweiten Hälfte des 18. Jahrhunderts. Stilrichtungen der klassischen Musik aus anderen Epochen haben eigene Namen. Man nennt sie beispielsweise Barock oder Romantik. Aber die Übergänge zur Unterhaltungsmusik, besonders im Jazz- und Folkbereich, sind fließend. Unter U-Musik versteht man heute die sogenannte Popularmusik. Das ist die Musik, die die meisten Menschen zu ihrer Unterhaltung hören. Diese Musik hat oft eine eingängige Melodie und einen starken Rhythmus. Zu dieser Musikrichtung zählt man im Allgemeinen all die Musikstile, die nicht der „ernsten" oder „klassischen" Musik zuzuordnen sind – beispielsweise Jazz, Pop und Rock.

TRADITIONELLE MUSIK

Als traditionelle Musik oder Folklore bezeichnet man die einheimische Musik eines Landes. Die Wurzeln mancher traditionellen Musik reichen Jahrhunderte zurück. Dieser Musikstil wird normalerweise nicht niedergeschrieben, sondern durch das Spielen bzw. Singen von Generation zu Generation überliefert. Diese Musik wurde in jüngster Zeit durch Rock und Pop beeinflusst. So werden z. B. neben den traditionellen Musikinstrumenten auch elektrische eingesetzt.

ROCK- UND POPMUSIK

Wenn man von „Rock" und „Pop" spricht, können unterschiedliche Musikbereiche gemeint sein. „Pop" ist eigentlich eine Abkürzung von dem englischen Begriff „popular music" (populäre oder volkstümliche Musik). Aber im täglichen Sprachgebrauch bezeichnet man damit nur die Musik, die in der Gegenwart oder in der Vergangenheit in den Charts ist oder war. „Rock" hingegen ist eine besondere Musikrichtung, die in den 1960er-Jahren entwickelt wurde. Heute versteht man darunter im weiteren Sinne auch unterschiedliche Musikstile wie Reggae, Punk oder Heavy Metal.

Rock und Pop ist mehr als nur Musik zum Anhören und Tanzen. Darin drücken sich Lebenseinstellungen und Bewegungen der Jugend aus. Dieser neue Musikstil kam in den 1950er-Jahren in den USA explosionsartig auf und begeisterte Millionen von Teenagern. Diese neue Musik wurde Rock ‚n' Roll genannt und war der Wegbereiter für all die unterschiedlichen Rock- und Pop-Stile, die seither entstanden sind.

Rock- und Popmusik wurden hauptsächlich von der afroamerikanischen Musik beeinflusst. Dennoch enthält der Rock auch Elemente aus anderen Stilrichtungen. Manche Bands setzen sogar Orchesterinstrumente wie Violinen ein. Die Popmusik enthält außerdem Elemente aus der traditionellen Musik, aus dem Fernen Osten oder aus Indien.

Abba war eine der erfolgreichsten Popgruppen der Welt.

HAST DU SCHON GEWUSST,
dass das englische Wort „Blues" Schwermut oder Melancholie bedeutet? Blues wurde im frühen 20. Jahrhundert erstmalig von den Afroamerikanern in den Südstaaten der USA gespielt. Viele dieser Songs erzählen vom harten Leben dieser Menschen.

?

WIE ENTWICKELTE SICH ROCK ‚N' ROLL?

Die Rockmusik hat ihren Ursprung in der afrikanischen Musik. Ab dem 17. Jahrhundert wurden Millionen von Afrikanern in die Südstaaten von Amerika und in die Karibik gebracht und als Sklaven verkauft. Diese Sklaven brachten ihren eigenen Musikstil aus Afrika mit. Im Laufe der Zeit entwickelten sich aus dieser Musik neue Richtungen wie Blues und Gospel. Nach der Abschaffung der Sklaverei zogen viele afrikanische Amerikaner vom Land in die Städte. Aus der Mischung unterschiedlicher Musikstile entwickelte sich in den 1950er-Jahren eine vollkommen neue Musik – der Rhythm and Blues. Diese Musik wurde zunächst nur von den Afroamerikanern gehört. Mitte der 1950er-Jahre entdeckten auch weiße Teenager diese Musik. Bald begannen viele weiße Musiker, Elemente des Rhythm and Blues in ihre Musik einfließen zu lassen. So wurde Elvis Presley zum erfolgreichsten Rock ‚n' Roll-Star seiner Zeit.

WEITERE STILE DER POPMUSIK

In den frühen 1960er-Jahren entstand in Großbritannien die Beatmusik, als viele britische Bands, angefangen bei den Beatles und Rolling Stones, einen Riesenerfolg in den USA hatten. Ihre Musik war von Rock ‚n' Roll und an-

Die Beatles bei einem ihrer Auftritte 1962

deren amerikanischen Musikstilen beeinflusst.

In den späten 1960er-Jahren entwickelte sich Heavy Metal aus Blues und Rhythm and Blues. Diese Musik ist im Wesentlichen durch übermäßig verstärkte Gitarren und einen hämmernden Rhythmus gekennzeichnet. Sie ist im Allgemeinen weniger melodisch als der Rock.

Der Reggae entstand in den 1970er-Jahren in Jamaika aus Rhythm and Blues und verschiedenen Arten von Popularmusik der Karibik wie z. B. Calypso. Bob Marley ist sicherlich der berühmteste Reggae-Sänger der Geschichte. Das englische Wort Punk bedeutet „Müll, Abfall". Diese Musikrichtung entstand in den 1970er-Jahren. Die hohe Arbeitslosigkeit in

Bob Marley, einer der berühmtesten Reggae-Sänger

HAST DU SCHON GEWUSST,
dass man das, wenn Jazzmusiker ohne Publikum zusammenkommen und zwanglos gemeinsam spielen, Jam-Session nennt?

Großbritannien und die schlechten Zukunftsaussichten für Jugendliche hatten zur Folge, dass sich eine Musikrichtung entwickelte, die mit den Songs und dem Luxusleben der großen Rockstars nichts zu tun haben wollte. Die sogenannte Punk-Revolution war eine Rückkehr zu den eigentlichen Wurzeln des Rocks: Musik von jungen Leuten, die ausdrückten, was sie fühlten. Der aggressive Charakter der Punkmusik spiegelte sich auch in der ausgefallenen Kleidung und dem provozierenden Auftreten der Punker wider.

Der Rap entstand Ende der 1970er-Jahre, als Discjockeys in New Yorker Diskotheken Schallplattenmusik mit einem schnellen Sprechgesang überlagerten. Rap bedeutet auf amerikanisch „quasseln". Die Begleitmusik für den Rap wurde aus Ausschnitten von anderen Songs zusammengestellt. Die gesamte Rap-Kultur, einschließlich der Musik und einer Tanzform, die man Breakdance nennt, wurde als Hip-Hop (wörtlich „Hüftsprung") bekannt. Ursprünglich wurde der sportliche Tanzstil als Wettkampf zwischen rivalisierenden Straßengangs ausgetragen. Allmählich wurde daraus inzwischen eine regelrechte Sportart.

WAS IST JAZZ?

Jazz unterscheidet sich von der klassischen Musik unter anderem dadurch, dass die Musiker eine Melodie improvisieren oder aus dem Stegreif spielen, statt Noten abzuspielen. Das bedeutet, dass Jazzmusiker nie ein Stück ein zweites Mal genau gleich spielen. Jazz kann man als eine Art musikalische Sprache ansehen. Wenn Jazzmusiker spielen, dann ist es so, als würden sie miteinander in der „Jazzsprache" sprechen.

KLASSISCHE MUSIK

Die klassische Musik steht als die sogenannte E-Musik (ernste Musik) im Gegensatz zur U-Musik (Unterhaltungsmusik). Die Ursprünge der klassischen Musik gehen auf geistliche Musik zurück. Außerdem stammt sie von der Musik, die zur Unterhaltung von adeligen und reichen Leuten komponiert wurde, ab.

BAROCKMUSIK

Der Begriff Barock beschreibt eine Stilrichtung der europäischen Kunst, Architektur und Musik ab etwa 1600 bis 1750. Gemälde und Gebäude waren reich verziert, äußerst prunkvoll und überladen, was sich auch in der Musik dieser Epoche widerspiegelt. Viele neue Musikgattungen wurden in dieser Zeit entwickelt, unter anderem die Oper und neue Formen der Instrumentalmusik, z. B. die Suite, das Konzert und die Sonate.

KLASSIK

Der Begriff „Klassik" steht für die Musik , die zwischen 1750 und 1820 komponiert wurde. Diese anmutigere Musikrichtung löste den prunkvollen Barockstil ab. In dieser Zeit entstanden viele Musikgattungen und -formen. Die Orchester hatten damals schon fast die gleiche Zusammensetzung wie heute. Das Konzert der Klassik ist eine Komposition für einen oder mehrere Solisten mit Orchester, meist in drei Sätzen. Gegen Ende eines Satzes spielt der Solist oft eine schwierige Stelle mehrere Minuten lang alleine.

Johann Sebastian Bach

JOHANN SEBASTIAN BACH

Der Komponist Johann Sebastian Bach (1685–1750) wird oft als der größte Komponist klassischer Musik überhaupt angesehen.
Er trat in den Dienst von Herzog Wilhelm Ernst in Weimar, wurde dort Hofkonzertmeister und später Hofkapellmeister in Köthen. 1723 wurde Bach zum Kantor an der Kirche St. Thomas in Leipzig ernannt. Dort komponierte und musizierte er bis zu seinem Tod. Seine Werke umfassen alle musikalischen Gattungen außer der Oper. Aber zu Lebzeiten war Bach als Organist mehr geschätzt denn als Komponist. Nach seinem Tod gerieten seine Werke fast in Vergessenheit und wurden erst Anfang des 19. Jahrhunderts von dem Komponisten Felix Mendelssohn Bartholdy (1809–1847) wiederentdeckt. Zu seinen Werken zählen unter anderem über 200 Kantaten, die *Johannes-* und *Matthäuspassion*, das *Weihnachts-* und *Osteroratorium*, Orgel- und Cembalowerke (*Das wohltemperierte Klavier I* und *II, Goldberg-Variationen*), Kammermusik sowie sechs *Brandenburgische Konzerte*.

ROMANTIK

Im 19. Jahrhundert kam in Europa ein neuer Musikstil auf, der von der Natur, der Dichtung und der Malerei inspiriert wurde. Nicht nur Dichter und Maler versuchten Gefühle zum Ausdruck zu bringen, sondern auch Komponisten. Diese Kunstrichtung wird Romantik genannt und dauerte bis in das frühe 20. Jahrhundert an. In dieser Zeit wurden neben großen Symphonien und Konzerten viele der berühmten Opern und Ballette geschrieben. Auch wenn der große Komponist Ludwig van Beethoven (1770–1827) den Großteil seiner Musik während der Epoche der Klassik geschrieben hat, so gilt er doch als erster Komponist der Romantik. Mit seinem neuen, komplizierten Musikstil übte er großen Einfluss auf die Musik des späten 19. Jahrhunderts aus.

ROMANTISCHE LIEDER UND KLAVIERMUSIK

Unter dem Begriff „Lied" versteht man im Allgemeinen ein gesungenes Musikstück. Im engeren Sinn ist damit eine bestimmte Kompositionsform des 19. Jahrhunderts für So-

Drei Kammermusiker

LUDWIG VAN BEETHOVEN

Der deutsche Komponist Ludwig van Beethoven (1770–1827) ist mit Sicherheit der einflussreichste Komponist der Musikgeschichte. Er entwickelte einen neuen Musikstil, der komplizierter war, als alle zuvor geschaffene Musik. Beethoven, der in Bonn geboren wurde, ging nach Wien, wo er kurze Zeit Schüler von Wolfgang Amadeus Mozart (1756–1791)war und später bei Joseph Haydn Unterricht nahm. Er war bald ein sehr erfolgreicher Klaviervirtuose und trat mit seinen eigenen Werken auf. Als er 32 Jahre alt war, bekam er ein Gehörleiden, das 1818 zur Taubheit führte. Trotzdem komponierte Beethoven weiter und schrieb sogar einige seiner besten Kompositionen. Seine Taubheit deprimierte ihn jedoch sehr und sein Verhältnis zu seinen Mitmenschen wurde immer düsterer. Trotz seiner persönlichen Probleme

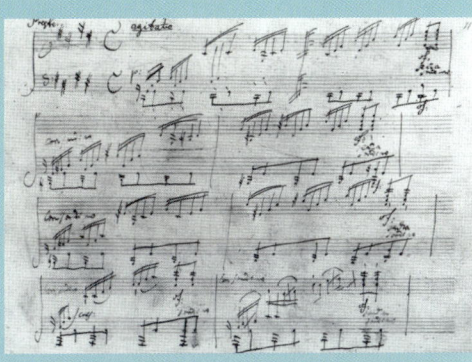
Handschriftliche Unterlagen der Mondscheinsonate von Beethoven

war Beethoven in Wien sehr beliebt. Als er starb, war er in ganz Europa berühmt. Bei seiner Beerdigung sollen sich mehr als 10.000 Menschen dem Trauerzug angeschlossen haben. Sein spätes Werk stieß bei Zeitgenossen oft auf Unverständnis und fand erst nach seinem Tod Beachtung und Würdigung. Zu seinen Werken zählen unter anderem die Oper *Fidelio* (seine einzige Oper), Klaviersonaten (z. B. die *Mondscheinsonate*), Symphonien, Klavierkonzerte, Violinkonzerte, eine Messe (*Missa solemnis*) und zahlreiche Lieder.

?

lostimme und Klavier gemeint, das Kunstlied. Franz Schubert war der erste bedeutende Liederkomponist – er schrieb über 600 Lieder, von denen du manche vielleicht im Musikunterricht gelernt hast.
Das Klavier war das beliebteste Musikinstrument der Romantik. Komponisten wie Frédéric Chopin (1810–1849) schrieben Klavierstücke, die eine romantische Stimmung ausdrückten. Die Stücke von Chopin sind häufig von großer Traurigkeit und von Schwermut beeinflusst.

FRÉDÉRIC CHOPIN

Der polnische Komponist und Pianist Frédéric Chopin, eigentlich Fryderyk (1810–1849), komponierte Werke fast nur für das Klavier. Im Alter von 16 Jahren hatte sich Chopin mit kleinen Auftritten in Warschau, Polen und eigenen kleinen Klavierstücken bereits einen Namen als Pianist gemacht. Er studierte am Warschauer Konservatorium und ging 1831 nach Paris, wo er als Lehrer und Pianist berühmt wurde. Sein Stil wurde durch teils französische, teils polnische

Frédéric Chopin

Folklore-Elemente (Tanzformen wie Mazurka oder Polonaise) geprägt. Chopins Musik ist von einer unverwechselbaren Melodik und Brillanz. Er schrieb virtuose Solostücke sowie Werke für Klavier, aber auch einfache Stücke für den Unterricht. Er war ein großartiger Improvisator und sehr beliebt in Salons der musikalischen und gesellschaftlichen Kreise. Er gab allerdings selten große Konzerte in der Öffentlichkeit, sondern spielte lieber vor einem kleineren Zuhörerkreis. Chopin hatte sein Leben lang Probleme mit der Gesundheit und starb bereits mit 39 Jahren an Tuberkulose. Sein Einfluss auf spätere Komponisten wie Richard Wagner, Franz Liszt und Claude Debussy war bedeutend. Zu seinen Werken zählen unter anderem zwei Konzerte, drei Sonaten, 27 Etüden, 24 Préludes (Vorspiel; Einleitungssatz, z. B. zur Suite, auch selbstständiges Instrumentalstück), 56 Mazurken (polnischer Nationaltanz im schnellen Takt), 13 Polonaisen (polnischer Nationaltanz in mäßig bewegtem Dreivierteltakt), 15 Walzer und Lieder.

MUSIK DES 20. JAHRHUNDERTS

Das 20. Jahrhundert war, was die Musik betrifft, eine Zeit des Erforschens und der Experimente. Einige Komponisten schrieben zwar immer noch Musik im Stil des 19. Jahrhunderts, aber andere wollten als Gegenreaktion zu dem überschwänglichen Ausdruck der Romantik neue Wege in der Musik gehen. So entstand in dieser Zeit eine faszinierende Vielfalt an Klängen und Techniken.

TONARTEXPERIMENTE

Seit der Renaissance beruhte die abendländische Musik auf der tonalen Musik, d. h. auf den Tönen einer Tonleiter, die einer bestimmten Tonart zuzuordnen war. Einige Musiker machten Experimente, indem sie bitonale Musik schrieben, also Musik, die gleichzeitig in zwei Tonarten komponiert ist. Andere Musiker wiederum schrieben atonale Musik – Musik, die keiner Tonart zuzuordnen ist. Das ist der Grund, warum manche Musikstücke des 20. Jahrhunderts schroff und ungewohnt klingen.

NEOKLASSIZISMUS IN DER MUSIK

Das Wort „Neo" bedeutet „neu". Ab 1920 wandten sich Komponisten wie Igor Strawinsky gegen die Musik der Romantik und schrieben nicht mehr im überschwänglichen Stil für riesige Orchester, sondern für kleinere Ensembles. Dabei kombinierten sie Musikformen früherer Epochen mit modernen Elementen, wie z. B. atonale Harmonien.

HAST DU SCHON GEWUSST,

dass einige Musiker des 19. Jahrhunderts damals so berühmt waren wie Popstars heute? Es waren hervorragende Instrumentalisten, sogenannte Virtuosen, die genauso viele Fans hatten wie die heutigen Stars. Einer dieser Stars war der berühmteste Geiger seiner Zeit: Niccolò Paganini. Seine Musik war so schwierig zu spielen, dass man ihn „Teufelsgeiger" nannte.

Paganinis erste Triumphe bei seinen Auftritten

IGOR STRAWINSKY

Igor Strawinsky

Igor Strawinsky (1882–1971), der amerikanische Komponist russischer Herkunft, zählt zu den bedeutendsten Komponisten der frühen Moderne. Strawinskys berühmtestes Werk ist sein revolutionäres Ballett *Le sacre du printemps* von 1913. Es hat die Musik des 20. Jahrhunderts maßgeblich geprägt. Er studierte in Sankt Petersburg bei dem russischen Komponisten Rimski-Korsakow, dessen Musik seine frühen Werke beeinflusste. Im Jahre 1910 ging er mit den „Ballettes Russes" nach Frankreich und schrieb zahlreiche Ballettmusiken für dieses Ensemble, z.B. *L'oiseau de feu* (*Der Feuervogel*) und *Le sacre du printemps*.
Während des Ersten Weltkriegs musste Strawinsky in die Schweiz flüchten, 1939 siedelte er in die USA über und wurde amerikanischer Staatsbürger. Hier schrieb er vor allem Filmmusik. Er war noch mit 80 Jahren sehr aktiv – er komponierte, dirigierte und spielte seine Werke auf Schallplatte ein. Als fantasievoller Komponist griff Strawinsky fast alle Stilentwicklungen des 20. Jahrhunderts auf, legte sich jedoch auf keinen bestimmten Stil fest. Weitere Werke sind Ballette (*Petruschka, Pulcinella*), das Melodrama *Die Geschichte vom Soldaten*, Opern (*Oedipus Rex*), drei Symphonien, ein Violinkonzert, eine Messe, Klavierwerke, Kammermusik und unzählige Lieder.

ZWÖLFTONMUSIK

Zu Beginn des 20. Jahrhunderts erfanden Arnold Schönberg (1874–1951) und seine Schüler Alban Berg (1885–1935) und Anton von Webern (1883–1945) eine neue Kompositionstechnik. Bei dieser Technik werden alle zwölf Tonstufen der chromatischen Tonleiter vollkommen gleichwertig verwendet. Sie kehren in einer vom Komponisten festgelegten Zwölftonreihe und deren Abwandlungen ständig wieder. Eine chromatische Tonleiter umfasst alle zwölf schwarzen und weißen Tasten, die zwischen zwei gleichnamigen Tönen liegen. Es ist eine Aufeinanderfolge von zwölf Halbtönen.

MINIMALMUSIK

Dieser Musikstil ist sehr schlicht und enthält im Allgemeinen viele Wiederholungen. Ein Stück besteht oft aus wenigen Rhythmen, Melodien und Akkorden, die ständig wiederholt werden. Ein typischer Vertreter der Minimalmusik ist der amerikanische Komponist Philip Glass.

ELEKTRONISCHE MUSIK

Ab den 1950er-Jahren schufen Karlheinz Stockhausen (geb. 1928) und andere Komponisten mit Synthesizern die elektronische Musik. Auf einem Synthesizer werden Schallwellen von Musikinstrumenten gespeichert. Aber es können auch andere Klänge wie z. B. Vogelgezwitscher wiedergegeben werden. Das macht man mit einem Gerät, das „Sampler" heißt.

ARNOLD SCHÖNBERG

Arnold Schönberg (1874–1951) war einer der einflussreichsten Komponisten des 20. Jahrhunderts. Der österreichische Komponist war ab 1903 als Musiklehrer von bekannten Komponisten wie Alban Berg und Anton von Webern in Wien tätig. Aus seiner Lehrtätigkeit entwickelte sich die „Harmonielehre". Schönbergs erste Werke waren noch von der spätromantischen Musik Johannes Brahms und Richard Wagners beeinflusst. Später experimentierte er mit Tonarten und Tonalitäten. Nach 1920 entwickelte Schönberg mit seiner Zwölftonmusik ein neues Ordnungsmodell, das die klassische Harmonie ersetzte und bis in die Musik der 1950er-Jahre nachwirkte. Zu seinen Werken zählen unter anderem Dramen mit Musik (*Erwartung, Die glückliche Hand*), eine unvollendete Oper (*Moses und Aaron*), Oratorien für Singstimmen und Orchester, Lieder mit Klavierbegleitung sowie zwei Kammersymphonien.

WOLFGANG AMADEUS MOZART

Der in Salzburg, Österreich, geborene Komponist Wolfgang Amadeus Mozart (1756–1791) war ein musikalisches Wunderkind. Mozart wurde schon als Kind von seinem Vater auf der Geige und dem Klavier unterrichtet. Er komponierte schon im Alter von fünf Jahren und trat auch öffentlich auf. Während seiner Kindheit unternahm sein Vater mit ihm und seiner Schwester Nannerl, die auch musikalisch ausgebildet war, mehrere Reisen durch ganz Europa, wo die begabten Kinder an zahlreichen Höfen Konzerte gaben. Besonders Wolfgang Amadeus Mozart erregte schon sehr früh Bewunderung. 1769 wurde er Konzertmeister des Salzburger Fürsterzbischofs, ließ sich aber in Italien weiter ausbilden. Da er unter der provinziellen Enge des Hofes litt, verließ Mozart 1777 Salzburg, reiste durch Europa und suchte Arbeit. Durch Vermittlung seines Vaters kehrte er ein Jahr später wieder in den Salzburger Dienst zurück. Hier musste er für den Hof musizieren und komponieren. 1781 kam es zum endgültigen Bruch mit dem Erzbischof. Mozart zog nach Wien, wo er bis zu seinem Tod lebte und seine größten Werke schuf. Besonders seine Opern waren sehr erfolgreich. Seine großen italienischen Opern waren inhaltlich oft sehr kritisch und provozierten die einflussreichen Leute. Die letzten fünf Jahre seines Lebens verbrachte er zurückgezogen und schuf die Höhepunkte seines Werkes. Obwohl Mozart zu Lebzeiten sehr berühmt und reich geworden war – er war ein richtiger Superstar seiner Zeit – starb er in Armut. Zu seinen Werken zählen neben Opern (*Die Hochzeit des Figaro, Don Giovanni, Cosi van tutte, Zauberflöte, Die Entführung aus dem Serail*) zahlreiche Symphonien, Streichquartette, kammermusikalische Werke, viele Klavierwerke, ein unvollendetes Requiem und Kantaten.

Manche Synthesizer haben digital gespeicherte Geräusche. Wenn ein Klang gespeichert wurde, kann man damit Melodien spielen. Es kann sehr viel Spaß machen, mit den gespeicherten Klängen zu experimentieren. Es ist sogar möglich, den Klang zu verändern, indem man ihn umgekehrt hinzufügt oder einen Echoeffekt dazu spielt. Kannst du dir vorstellen, wie wohl ein Stück von Wolfgang Amadeus Mozart klingt, wenn auf jedem Ton das Zwitschern eines Vogels zu hören ist?

Synthesizer

OPER

Die Oper vereint Musik und Schauspiel. Um eine ganz besondere Form der Unterhaltung zu schaffen, müssen auch Kostüme und Bühnenbilder entworfen werden. Vielleicht hast du schon eine Opernaufführung miterlebt. Manche Opernhäuser inszenieren Opern, die nicht zu schwierig und lang sind, extra für Kinder und Jugendliche. Sehr beliebt ist z. B. *Die Zauberflöte* von Wolfgang Amadeus Mozart.

Ausschnitt aus der *Zauberflöte* mit Papageno und Tamino

DIE ENTSTEHUNG DER OPER

Im späten 16. Jahrhundert entwickelte eine Gruppe von italienischen Dichtern und Komponisten eine vollkommen neue Gesangsform. Sie verwendeten einfachere Musik, die sich dem Zuschauer besser einprägte. Daraus entstand dann die Oper, wie wir sie heute kennen. Die Oper umfasst eine dramatische Handlung, Gesang und Instrumentalmusik.

Die ersten Opern wurden an Fürstenhöfen gespielt. Mit der Zeit wurden Opern so beliebt, dass man besondere Opernhäuser für öffentliche Aufführungen errichtete. Das erste öffentliche Opernhaus wurde 1637 in Venedig eröffnet. Schon bald gab es in ganz Europa Opernhäuser. Die Gesangsform der Oper erfordert eine gründliche Ausbildung der Stimme, sodass im 18. Jahrhundert der Beruf des Opernsängers entstand.

Aida-Inszenierung mit einem lebenden Elefanten auf der Bühne

GIOACCHINO ROSSINI

Der italienische Komponist Gioacchino Rossini (1792–1868) ist der erfolgreichste Meister der italienischen „Opera buffa" („Komische Oper") im frühen 19. Jahrhundert. Rossini stammte aus einer Musikerfamilie, die in Bologna, Italien, lebte und lernte bei seinen Eltern Hornspielen und Gesang. Als junger Mann sang er selbst in Opern, begann aber im Alter von 18 Jahren seine eigenen Opern zu komponieren. Er bekam bald Aufträge und schrieb in 16 Monaten sieben Opern. Auch in den folgenden Jahren blieb Rossini sehr produktiv und schrieb 40 Werke für die Opernhäuser in Neapel, Mailand, Paris und anderen europäischen Städten. Im Alter von 37 Jahren wurde er schwer krank. Zu seinen Werken zählen neben Kirchen- und Kammermusik hauptsächlich Opern (*Tancredi, Der Barbier von Sevilla, Die diebische Elster, Wilhelm Tell*).

Gioacchino Rossini

DIE ENTWICKLUNG DER OPER

Im 18. Jahrhundert wurde die Oper immer beliebter. Der Grund dafür war vor allem, dass immer mehr Opernhäuser gebaut wurden. Man kam nicht nur hierher, um Musik zu hören, denn der Opernbesuch war auch ein gesellschaftliches Ereignis. Während auf der Bühne das Stück aufgeführt wurde, spielte das Publikum Karten oder unterhielt sich mit Freunden. Man unterbrach diese Tätigkeiten nur, um eine bedeutende Szene oder auch einen berühmten Sänger mitzuverfolgen. Die Handlung der meisten Opern des frühen 18. Jahrhunderts drehte sich um historische Ereignisse. Im 19. Jahrhundert entstanden einige der berühmtesten Opern der Welt. Die Werke der Opernkomponisten Giuseppe Verdi, Giacomo Puccini und Richard Wagner zählen zu den heute bekanntesten Opern. Im 20. Jahrhundert entstanden Opern im impressionistischen (Claude Debussy), expressionistischen (Arnold Schönberg, Alban Berg) und neoklassizistischen (Igor Strawinsky, Paul Hindemith) Stil.

PHILOSOPHIE

ANTIKE

Die Vorsokratiker waren die ersten Philosophen des Abendlandes. Als Begründer der abendländischen Philosophie gilt Thales von Milet (um 625 – 547 vor Christus). Er lebte im 6. Jahrhundert in Milet in Kleinasien (der heutigen Türkei) und war als Kaufmann viel gereist. Er beschäftigte sich vor allem mit Astronomie und Mathematik.

Pythagoras und Thales

DER URSTOFF WASSER

Thales suchte natürliche Erklärungen für die Welt und ihre Phänomene. Und dies war etwas ganz Neues. Denn zuvor gingen die Menschen davon aus, dass alles – ihr eigenes Schicksal sowie das der Natur – von Göttern gelenkt wurde. Thales aber war der Meinung, dass der Mensch selbst für sein Leben verantwortlich und nicht von höheren Mächten abhängig sei. Auch die Natur war nicht den Launen der Götter unterworfen, sondern es lagen ihr Gesetze zugrunde, die man herausfinden, verstehen und nutzen konnte. Für Thales war Wasser der Ursprung aller Dinge – der Urstoff, aus dem alles hervorgegangen ist. Die Denker Anaximandros (um 610 – 550 vor Christus) und Anaximenes (um 575 – 525 vor Christus) vertraten ebenfalls die Urstofftheorie, nach der alles entsteht und vergeht. Auch sie versuchten, Naturerscheinungen logisch zu begründen. Alle drei – Thales, Anaximandros und Anaximenes – werden aufgrund ihrer ersten naturgesetzlichen Theorien als Naturphilosophen bezeichnet.

DER ERSTE PHILOSOPH

Heraklit aus Ephesos (um 550–480 vor Christus) beschäftigte sich hauptsächlich mit dem Werden und Vergehen der Dinge. Ob Lebewesen oder Ding – alles verändert sich ständig, ist in Bewegung und setzt sich immer wieder unterschiedlich zusammen. Sein Ausspruch: „Wir können nicht zweimal in denselben Fluss steigen" sollte dies verdeutlichen: Der Fluss bleibt derselbe, doch das Wasser nicht. Beim zweiten Mal steigt man in neues Wasser, das inzwischen herangeflossen ist. Er war der Erste, der sich Philosoph nannte.

GRIECHISCHE PHILOSOPHIE

Sokrates (um 470 – 399 vor Christus) zählt zu den einflussreichsten Philosophen überhaupt. Er wurde in Athen geboren und wirkte auch dort. Für Sokrates war die Philosophie ein Teil des Alltags. Er war immer einfach und fast ärmlich gekleidet, ging oft durch die Straßen Athens und verwickelte seine Mitmenschen in Gespräche. Diese Unterhaltungen liefen immer auf folgende Weise ab: Sokrates stellte Fragen, sein Gegenüber antwortete – dies ging so lange, bis sein Gesprächspartner zugeben musste, keine Antwort mehr zu kennen. Also war man am Ende seiner Erkenntnis angelangt. Das war es, worauf Sokrates hinaus wollte: „Ich weiß, dass ich nichts weiß" war einer seiner berühmtesten Aussprüche.

WISSEN BEWAHREN

Findest du es nicht erstaunlich, dass wir heute von den Vorsokratikern so viel wissen? Immerhin haben diese frühen Philosophen vor rund 2500 Jahren gelebt und von ihnen sind keine Schriftstücke erhalten. Entweder haben sie nichts aufgeschrieben oder die Schriftstücke sind im Laufe der Jahrtausende verloren gegangen. Unser Wissen verdanken wir den damaligen Geschichtsschreibern, aber vor allem den Philosophen, die etwas später gelebt haben. Denn sie erklärten zunächst einmal die Theorien ihrer Vorgänger, um sie dann mit ihren eigenen Erkenntnissen zu widerlegen.

DIE EINSICHTEN DES SOKRATES

Sokrates

Sokrates hinterließ keine schriftlichen Werke. Alles, was man heute von ihm weiß, geht auf die Werke der ihm folgenden Denker wie Platon und Aristoteles zurück. Sokrates interessierte sich vor allem für den einzelnen Menschen. Dieser sollte sich von seinem Scheinwissen befreien und alles über die wahre Tugend erfahren. Nur so würde er sich selbst prüfen und schließlich Einsicht in das tugendhafte Denken und Handeln gewinnen. Sokrates Botschaft an seine Mitmenschen lautete daher: „Erkenne dich selbst!"

DER TOD DES SOKRATES

Sokrates beschäftigte sich neben Philosophie auch mit Politik. In Athen herrschte zu dieser Zeit Demokratie. Gegner der Demokratie waren die Aristokraten, deren Anhänger auch Sokrates war. So wurde Sokrates von den Demokraten wegen „Gottlosigkeit" zum Tode durch den Schierlingsbecher verurteilt. Die Giftpflanze Schierling verursacht Lähmungen mit Todesfolge. Im antiken Griechenland wurde sie bei Hinrichtungen verwendet.

PLATON UND ARISTOTELES

Einer der Schüler Sokrates war der ebenso berühmte Platon (427–347 vor Christus), der ebenfalls in Athen geboren wurde. Er gründete Europas erste Universität. Hier trafen sich Philosophen und diskutierten miteinander. Platon beschäftigte sich viel mit Politik und entwarf das Bild eines idealen Staates: Alle Kinder sollten die gleiche Bildung erhalten. Die besonders begabten Kinder würde man fördern und zu Philosophen erziehen. Denn nur die besten Philosophen könnten den Staat gut regieren. Irgendwann würden Philosophenkönige Macht und Weisheit auf sich vereinen.

Sokrates schreibt an Platon.

PLATONS IDEENLEHRE

Der Philosoph Aristoteles (384–322 vor Christus), Platons berühmtester Schüler, entwickelte sich zu seinem größten Gegenspieler. Er lehrte: „Es gibt eine höchste Ursache in allen irdischen Dingen" und vertrat die Meinung, dass Ideen nicht von Dingen getrennt, sondern mit diesen zusammen existieren. Die Logik zeigt nicht, was man denken sollte, sondern vielmehr, wie man denken muss, damit man zu den richtigen Ergebnissen kommt. Das Studium der Natur lehrte ihn, dass alles nach einem ursprünglich angelegten inneren Bauplan strebt. Anders als später der christliche Glaube sah Aristoteles Gott nicht als Schöpfer der Welt.

Platon und Aristoteles in der Schule von Athen

HELLENISMUS

Das Zeitalter, in dem sich die griechische Kultur weit über die Grenzen Griechenlands hinaus bis in den Orient verbreitete, wird Hellenismus genannt. Es begann um 320 vor Christus und ging um Christi Geburt zu Ende. Auch in Rom spielte die griechische Bildung und Philosophie eine große Rolle. Die Politiker beschäftigten sich mit Platon und seinem Idealstaat oder mit der Lehre des Aristoteles. Die bedeutendste Gruppe dieser Epoche waren die Stoiker. Zu ihren größten Vertretern gehören der Staatsmann Seneca (um 4 vor Christus bis 65 nach Christus), Epiktet (50–140) und Kaiser Marc Aurel (121–180).

DIE NEUTRALEN SKEPTIKER

Eine wichtige Strömung bildeten die Skeptiker. Für ihre Denkweise war charakteristisch, dass sie an allem Zweifel hatten, aber nicht um daran herumzumeckern, sondern um es zu verbessern. Für sie waren Ausgeglichenheit und in-nere Ruhe erstrebenswerte Ziele. Um dorthin zu gelangen, war es für die Skeptiker wichtig, dass man nicht ständig Entscheidungen treffen musste, also „sich dem Urteil enthielt".

INNERE RUHE UND GLÜCKSELIGKEIT

Die Epikureer, die ihren Namen nach dem lebensfrohen griechischen Philosophen Epikur (341–271 vor Christus) erhielten, machten sich zum Ziel, das Glück des Einzelnen durch Lebensfreude, aber auch durch vernünftiges Handeln zu erreichen. Nach Meinung der Epikureer war die wahre Glückseligkeit nur mit ausgeglichener innerer Ruhe möglich.

Marc Aurel bei der Niederschrift seiner Gedanken

Eine weitere Denkrichtung entwickelten die Eklektiker wie der römische Staatsmann Cicero (106–43 vor Christus). Sie prüften die verschiedenen philosophischen Theorien und suchten sich das heraus, was ihnen am vernünftigsten erschien. Daher auch der Name, denn Eklektiker bedeutet wörtlich übersetzt „Auswähler".

MITTELALTER

Die mittelalterliche Philosophie war eng verbunden mit dem christlichen Glauben, der sich ab dem 1. Jahrhundert zu verbreiten begann. Das Christentum wurde im Jahre 391 im Römischen Reich zur Staatsreligion und prägte das Mittelalter in allen Bereichen des menschlichen Lebens. Die ersten Kirchenväter versuchten, die Philosophie der Antike mit der christlichen Lehre zu verbinden.

Der heilige Augustinus

DER ERSTE KIRCHENVATER

Im Christentum gibt es nur einen allmächtigen Gott, der die Welt aus dem Nichts erschaffen hat. Man glaubt, der Mensch lebe seit der Vertreibung aus dem Paradies in Sünde, von der er nur durch ein Leben in Demut und Buße erlöst werde. Einer der wichtigsten Vertreter des Erlösungsgedankens war Augustinus (354–430).

? WAS BEDEUTET SCHOLASTIK?

Scholastik bedeutet „Schullehre". Die gleichnamige Epoche wird deshalb so genannt, weil die christliche Religion und auch die Philosophie vor allem in Klosterschulen gelehrt wurden.

In seinen *Confessiones (Bekenntnisse)* beschreibt er seinen Lebensweg als ruhelose Suche nach der Wahrheit, die zur Selbsterkenntnis und dann zur Gotteserkenntnis führen solle.

Im Mittelalter stand die Philosophie ganz im Dienst der Kirche. Die Philosophen diskutierten nicht mehr auf der Straße wie im alten Griechenland. Philosophiert wurde nur in Kloster- und Hofschulen, die als Erster Kaiser Karl der Große (747–814) errichtet hatte. Er legte großen Wert auf Bildung und holte Gelehrte aus aller Welt an seinen Hof in Aachen. Diese Richtung der Philosophie nannte man Scholastik. Als Vater der Scholastik gilt Erzbischof Anselm von Canterbury (1033–1109). Er versuchte, die Existenz Gottes nur durch Vernunft zu beweisen und nicht durch die Bibel. Ihre Blütezeit erreichte die Scholastik zur Zeit der Kreuzzüge (1096–1270).

GLAUBE UND WISSEN

Große Denker waren damals Albertus Magnus (1200–1280) und sein Schüler Thomas von Aquin (um 1125–1274). Dieser lehrte, dass Philosophie und Religion nicht zwangsläufig im Streit liegen müssen, da zwischen Wissen und Glauben kein Widerspruch bestehe.

Thomas von Aqui

DIE MYSTIK

Dementgegen steht die Mystik des Meisters Eckhart (1260–1327). Er predigte, dass der Mensch sich frei machen solle von allen Vorstellungen über Gott. Die Seele könne nur durch Hingabe und mystische Versunkenheit zu einer Einheit mit Gott finden. Seine Thesen brachten ihm den Vorwurf der Gotteslästerung vonseiten der Kirche ein.

NEUZEIT

Die nächsten Jahrhunderte waren geprägt von vielen Entdeckungen und Erfindungen. Dadurch waren die Menschen zum Umdenken gezwungen und mussten die Welt anders betrachten. So entdeckte Christoph Kolumbus 1492 Amerika und Johannes Gutenberg führte Mitte des 15. Jahrhunderts den Buchdruck ein. Ab Mitte des 14. Jahrhunderts begann die Trennung zwischen Kirche und Staat. Dadurch hatte die Kirche keinen so großen Einfluss mehr auf den Alltag des Menschen und die Wissenschaft.

Erasmus von Rotterdam bei König Franz I. von Frankreich

EINE NEUE SICHT DER WELT

Das Gedankengut der antiken Philosophen wurde in der Renaissance erneut aufgegriffen. Jetzt stand wieder der Mensch im Mittelpunkt des Interesses der Denker und der Wissenschaft. Daher nennt man diese Zeit auch Humanismus (von lateinisch homo, „Mensch"). Die Philosophie dieser Zeit war nach antikem Vorbild sehr praktisch, aber auch literarisch ausgerichtet. Als bedeutender europäischer Humanist gilt der niederländische Theologe und Philosoph Erasmus von Rotterdam (um 1467–1536). Er hielt den Menschen für selbstständig genug, sein Leben selbst zu gestalten. Er war der Meinung, der Mensch sei nicht mehr abhängig von der Gnade Gottes. Darüber geriet er in Streit mit dem deutschen Theologen Martin Luther (1483–1546). Luther kritisierte zwar die katholische Kirche, aber für ihn war der Mensch weiterhin in der Verantwortung gegenüber Gott.

DIE MACHT DES WISSENS

Je mehr die Menschen über die Welt wussten, umso mehr wurde die Lehre der Kirche infrage gestellt. Der englische Philosoph und Politiker Francis Bacon (1561–1626) formulierte die Aussage seiner Philosophie so: „Wissen ist Macht". Damit gilt er als Mitbegründer der modernen Naturwissenschaften.

Francis Bacon in seinem Studierzimmer

ZEIT DES BAROCK

Die Philosophie dieser Zeit wurde vor allem von drei großen Denkern geprägt: Descartes, Spinoza und Leibniz. Sie alle bauten ihre Theorien auf klaren Vorgaben.

WAS IST HUMANISMUS?

Ein Humanist ist nicht nur jemand, der auf einem altsprachlichen Gymnasium war, sondern auch einer, der in klassischer Weise – im Geiste der griechisch-römischen Kultur – gebildet ist.

DER MENSCH UND DER FREIE WILLE

Der französische Philosoph und Mathematiker René Descartes (1596–1650) stellte alle bisherigen Erkenntnisse radikal infrage, um zu einem sicheren Ausgangspunkt im Denken zu gelangen. So prägte er den berühmten Satz: „Ich denke, also bin ich!" Denn wer zweifelt, weiß, dass er denkt. Auch wenn die Welt eine Einbildung oder ein Traum ist, die Tatsache des Denkens an sich lässt sich nicht anzweifeln. Dem einzelnen Menschen gibt der Zweifel die Gewissheit, dass er selbst existiert.

René Descartes mit Königin Christine von Schweden

DENKEN UND VERNUNFT

Auch für den niederländischen Philosophen Baruch (Benedikt) Spinoza (1632–1677) waren das Denken und die Vernunft bestimmend. Aber anders als Descartes, der Materie und Bewusstsein trennte, hielt Spinoza diese für zwei Seiten derselben unendlichen Substanz, die er Gott nannte. Alle endlichen Dinge und Ideen waren Ausprägungen dieser Substanz. Der deutsche Philosoph und Mathematiker Gottfried Wilhelm Leibniz (1646–1716) hatte die Vorstellung von vielen göttlichen Einheiten, den sogenannten „Monaden" (von lateinisch monas, „Einheit"), die zusammen das harmonische und vollkommene Ganze der Welt bilden. Das Böse und die Sünden in der Welt erklärte Leibniz damit, dass der Mensch frei sei und einen eigenen Willen besäße. Daher würde er natürlich auch Fehler machen.

Gottfried Wilhelm Leibniz erklärt Kurfürstin Sophie von Hannover, dass zwei Blätter nie gleich aussehen.

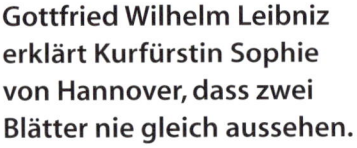

DIE AUFKLÄRUNG

Das 18. Jahrhundert wird auch als die Zeit der „Aufklärung" bezeichnet. Die Menschen lehnten sich immer stärker gegen jede Art von Autorität und Fremdherrschaft auf. Die radikalste Ausprägung hatte die Aufklärung mit der Französischen Revolution (1789). Das Ziel der Philosophie der Aufklärung ist das Glück des Einzelnen und seine Selbstverwirklichung. Der aufgeklärte Mensch kann die Natur voll und ganz erkennen, doch er muss lernen, selbstständig zu denken und sich von seinen Vorurteilen zu befreien.

HAST DU SCHON GEWUSST,

dass Descartes und Leibniz nicht nur große Philosophen, sondern auch bedeutende Mathematiker waren? Descartes erfand z. B. das Koordinatensystem, das man heute noch verwendet. Leibniz baute die ersten Rechenmaschinen und erfand die Differenzial- und die Integralrechnung.

DIE GESETZE DER NATUR

Vorbild war dabei der deutsche Philosoph Immanuel Kant (1724–1804). Er forderte seine Mitmenschen auf, Mut zu haben, sich ihres Verstandes zu bedienen. Kant stellte einen Fragenkatalog auf, den der Mensch beantworten sollte, um zu wissen, wo er im Leben steht und wohin er will. Das sind seine drei Kritiken: Was kann ich wissen? Was soll ich tun? Was darf ich hoffen? Wenn der Mensch die Welt verstehen will, muss er mithilfe seiner Sinne und dem Begreifen von „Raum und Zeit" die Gegenstände um sich herum wahrnehmen und sie dann in bestimmte „Kategorien" einteilen. Etwas ist z. B. möglich oder unmöglich, notwendig oder zufällig. Logische Verknüpfung und Urteilskraft sind dabei Grundvoraussetzungen; sie führen irgendwann zu allgemein gültigen Aussagen – z. B. „Alle Kugeln sind rund". Der Mensch formuliert somit die Gesetze der Natur.

Immanuel Kant bei einem Gespräch mit Kollegen

WAS VERSTAND KANT UNTER DEM AUSDRUCK KRITIK?

Wenn Kant von der Kritik der reinen Vernunft, der praktischen Vernunft oder der Urteilskraft spricht, dann meint er eine Überprüfung dieser Begriffe.

AUF DER SUCHE NACH DEM GLÜCK

Der englische Philosoph John Locke (1632–1704) prüfte wie Descartes vor dem eigentlichen Philosophieren die Möglichkeiten des Denkens. Er behauptete jedoch, dass alles Wissen durch die Sinneseindrücke vermittelt werde. So sei bei der Geburt noch überhaupt nichts im Bewusstsein. Locke legte den Grundstein für die amerikanische Unabhängigkeitserklärung. Er forderte politische Selbstbestimmung, Meinungs- und Pressefreiheit, die Anerkennung der Menschenrechte und Glaubensfreiheit.
François Voltaire (1694–1778), der größte Denker Frankreichs, kritisierte ebenfalls die Intoleranz unter den Menschen und die absolutistische Herrschaftsordnung. Er setzte sich für soziale Gerechtigkeit und gegen kirchlichen Fanatismus ein und fiel daher immer wieder in Ungnade.
Da in der Zeit der Aufklärung immer mehr Menschen lesen konnten, verbreiteten sich die neuen philosophischen Ideen viel schneller als früher und waren nicht mehr nur einem ausgewählten Kreis von Bürgern zugänglich.

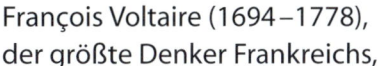

François Voltaire an seinem Schreibtisch

DAS 19. JAHRHUNDERT

Zu Beginn des 19. Jahrhunderts gab es bahnbrechende Erfindungen wie die Dampfmaschine und die Eisenbahn. Beides veränderte das Leben der Menschen sehr stark. Durch die Industrialisierung gab es immer mehr Arbeitslosigkeit. Gewerkschaften wurden gegründet und man forderte Wahlrecht für alle Menschen. In dieser Zeit rückte der Mensch wieder in den Mittelpunkt des Geschehens – auch in der Philosophie.

GOTT UND DIE WELT

Für Schellings Freund Georg Friedrich Wilhelm Hegel (1770–1831) wurde das „Absolute" zum Dreh- und Angelpunkt seines Denkens. Er wollte alle Probleme der Philosophie und Geschichte verstehen. Wie Baruch Spinoza (1632–1677) dachte er Gott und die Welt als Einheit. Hegels Werke gehören zu den schwierigsten der philosophischen Literatur und seine Gedanken lassen sich nicht kurz und einfach wiedergeben. Sein Denken muss man als ein umfassendes System begreifen.

Friedrich W. J. von Schelling

Georg Friedrich Wilhelm Hegel

RELIGION ALS OPIUM

Hegels Philosophie wurde von Karl Marx (1818–1883) scharf kritisiert. Für Marx beeinflusste die Materie die Wirklichkeit, nicht die Ideen. Der Mensch und sein Denken sind von seiner Umgebung geprägt. Marx verurteilte die Industrialisierung, als deren Opfer er die Arbeiter sah. Sie würden von machthungrigen Fabrikbesitzern ausgebeutet und ihrer Freiheit beraubt. Marx lehnte Religion ab; für ihn war sie „Opium für das Volk".
Der deutsche Philosoph Arthur Schopenhauer (1788–1860) entwarf ein sehr negatives Bild von der Welt. Der Mensch bewege sich sein ganzes Leben lang zwischen den Polen Schmerz und Langeweile hin und her. Für ihn ist der Mensch rastlos: Nach einer Befriedigung muss die nächste folgen, sonst bleibt nur Leere. Erlösung fände nur, wer den Willen auslösche und das Nichts, das sogenannte „Nirwana", akzeptiere.

DER NIHILISMUS

Der deutsche Philosoph Friedrich Nietzsche (1844–1900), Schüler Schopenhauers, übernahm die negative Betrachtung der Welt seines Lehrers. Er entwarf eine Willensphilosophie. Das Wesen der Welt sah er im Willen zur Macht. Nach Nietzsche gibt es eine „Herrenmoral" und eine „Sklavenmoral". Es gibt „Herdenmenschen", die lebensschwach sind und es gibt „Übermenschen", die das Leben bejahen und einen „Willen zur Macht" entwickeln. Weil Nietzsche davon überzeugt war, dass die Zeit des Christentums sich dem Ende zuneigte, behauptete er „Gott ist tot". Dieser Verlust der traditionellen Werte wird auch als Nihilismus bezeichnet. Nietzsche glaubte daran, dass alles wiederkehre: „Alles geht, alles kommt zurück." Alles Streben nach einer höheren Wahrheit hielt er für Selbstbetrug. Deshalb soll der Mensch im Irdischen verwurzelt bleiben und keine Hoffnungen auf ein Jenseits hegen. Der „Übermensch" würde eine Chance bekommen, das Leben in jeder Einzelheit noch einmal zu leben.

Friedrich Nietzsche

HAST DU SCHON GEWUSST,

dass Nietzsches eigenes Leben eine große Tragödie war? Gegen Ende seines Lebens wurde er schwer krank, bekam Lähmungen und lebte bis zu seinem Tod zwölf Jahre lang in einem geistig verwirrten Zustand. Seine Schwester, die ihn pflegte, veröffentlichte schließlich sein Werk.

EXISTENZ-PHILOSOPHIE

Ausgangs- und Mittelpunkt der Existenzphilosophie ist das Dasein des Menschen. Allerdings darf nicht jeder Mensch isoliert betrachtet werden, sondern nur im Zusammenhang mit der Umwelt und in Bezug auf die Mitmenschen. Die Existenz ist aber nicht unveränderlich, sondern sie entwickelt sich dauernd weiter.

WAS BESTIMMT UNSERE EXISTENZ?

Der Däne Søren Kierkegaard (1813–1855) gilt als Vater der Existenzphilosophie. Er verspottete die romantische Lebensanschauung als Flucht vor der Wirklichkeit in eine schöne Scheinwelt. Die konkrete Lebenssituation des einzelnen Menschen stand bei ihm im Vordergrund. Das Wichtigste im Leben des Menschen ist die Entscheidung. Aber egal, wie er entscheidet – ob sein Handeln richtig oder falsch ist, kann er nicht voraussehen. Und diese Angst vor der Entscheidung treibt ihn in die Verzweiflung. Doch der Glaube hilft ihm, den richtigen Schritt zu tun. Kierkegaard sieht die Rettung also im christlichen Glauben.

Søren Kierkegaard

DIE VERANTWORTUNG FÜR DIE MITMENSCHEN

Der berühmte Schriftsteller und Philosoph Jean Paul Sartre (1905–1980) betrachtet die Existenz des Menschen noch radikaler – als ständiges Hin und Her zwischen dem „Sein und Nichts". Der Mensch müsse ständig Entscheidungen treffen, die selten seinen Wünschen entsprechen. Diese Freiheit ist somit eher eine Last. Für Sartre war es wichtig, dass das Handeln des Einzelnen sich immer auf die Gemeinschaft auswirkt. Also trägt er auch Verantwortung für seine Mitmenschen – eine soziale Verantwortung. Sartre engagierte sich besonders für den Weltfrieden und den Marxismus. Im Gegensatz zu Kierkegaard lehnte er den Glauben ab.

? DER FRANZÖSISCHE EXISTENZIALISMUS

Sartres Hauptwerk *Das Sein und das Nichts* war stark vom Zweiten Weltkrieg beeinflusst. Der Glaube war erschüttert und man wusste nicht, wie es nach dem Krieg weitergehen sollte. Aus dieser Spannung heraus entstand in Frankreich der eigentliche Existenzialismus, der in den 1950er- und 1960er-Jahren zur Modephilosophie wurde und auch die Literatur stark beeinflusste.

Die Schriftstellerin und Sartres Lebensgefährtin Simone de Beauvoir (1908–1986) war ebenfalls sozial sehr engagiert und setzte sich für die Frauen und ihre Rechte ein. Die Frau zu emanzipieren war für sie kein typisch weibliches, sondern vor allem ein gesellschaftliches Problem. Sie weigerte sich, die herkömmliche Frauenrolle zu akzeptieren und beklagte, dass in der Philosophiegeschichte kaum Frauen vertreten waren.

? HAST DU SCHON GEWUSST,

dass der Philosoph Ludwig Wittgenstein (1889–1951) ein sehr exzentrischer (verschrobener) Mensch war? Er lehrte als Dozent an der Universität von Cambridge in Großbritannien. Seine Seminare hielt er in einem Liegestuhl und bat seine Studenten, es ihm gleichzutun. Seine unzähligen Aufzeichnungen verwahrte er in einem Safe. Außerdem liebte er zweitklassige Cowboyfilme.

POLITIK

Unter Politik versteht man die Gesamtheit aller Bemühungen, die das Ziel haben, die Interessen unterschiedlicher Personen und Gemeinschaften mit rechtmäßigen Mitteln durchzusetzen und so ein Leben in Wohlstand, Frieden und Sicherheit zu ermöglichen. Politik muss diese Interessen miteinander in Einklang bringen. Deshalb kann man mit Recht behaupten, dass Politik schon innerhalb der Familie anfängt.

Eine Wahlurne

WER MACHT POLITIK?

Politik wird von gewählten Staatsmännern, den **Politikern**, betrieben. Diese müssen sich an den Zielen und Regeln orientieren, welche von der Verfassung vorgegeben werden. Die **Verfassung** ist die rechtliche Grundordnung eines Staates; darin werden Aufbau und Gliederung der Staatsgewalt, die Zuständigkeit der Staatsorgane (z. B. Regierung), Grundeinrichtungen des Staates (z. B. Streitkräfte), Richtlinien der Sozialordnung und die Rechte und Pflichten der Bürger (Grundrechte) festgelegt. Die Verfassung der Bundesrepublik Deutschland ist das **Grundgesetz**.

VON KÖNIGEN, DIKTATOREN UND DEMOKRATEN – STAATSFORMEN

Im Wesentlichen unterscheiden wir zwischen zwei Staatsformen: der Monarchie und der Republik. Die **Monarchie** ist eine Staatsform, in der ein König oder Kaiser regiert. Die Macht des Monarchen kann absolut (wie unter Ludwig XIV. in Frankreich im 17./18. Jahrhundert), aber auch durch Gesetze des Parlaments beschränkt sein. In diesem Fall ist es eine parlamentarische Monarchie wie die heutigen Monarchien in Europa (z. B. Großbritannien, Spanien, Schweden, Norwegen), in der der Monarch nur noch Staatsoberhaupt ist. Unumschränkte Alleinherrscher

Der Diktator Adolf Hitler

nennt man Diktatoren und die Staatsform **Diktatur** (z. B. Adolf Hitler im Dritten Reich, Saddam Hussein im Irak).

In einer **Republik** wird das Staatsoberhaupt für eine begrenzte Zeit gewählt. Eine Staatsform, in der die Herrschaft vom Volk ausgeht, nennt man **Demokratie**. Das Wort „Demokratie" kommt aus dem Griechischen und heißt übersetzt „Volksherrschaft". Die Demokratie ist eine Staatsform, die 2500 Jahre zurückreicht und damals im Stadtstaat Athen ihre erste Blüte erlebte. In einer Demokratie wird die Regierung nach allgemeinen, freien und geheimen Bestimmungen für einen bestimmten Zeitraum gewählt.

POLITIK IN DEUTSCHLAND

Die Bundesrepublik Deutschland ist eine Demokratie, deren Oberhaupt, der **Bundespräsident**, von der Bundesversammlung für fünf Jahre gewählt wird. Seine Aufgabe ist es, den Staat nach außen hin zu vertreten. Der Chef der Regierung ist der **Bundeskanzler** und er bestimmt die Richtung der Politik, darf aber natürlich nicht alles allein entscheiden. Den Gesetzen seiner Regierung muss der Bundestag zustimmen. Der **Bundestag** und der Kanzler werden für vier Jahre vom Volk gewählt. Der Kanzler und seine Minister machen **Bundespolitik**, die sämtliche Maßnahmen und Gesetze umfasst, nach denen sich alle Bürger im Staat richten müssen. In den Landesparlamenten der Bundesländer kümmern sich die Politiker um diejenigen Angelegenheiten ihrer Länder, für die Bundestag und Bundesregierung nicht zuständig sind. Das nennt man **Landespolitik**. In den Stadt- und Gemeinderäten wird **Kommunalpolitik** betrieben. Hier wird z. B. über Kindergärten und Betreuung von alten Menschen entschieden.

RECHTE DER KINDER

Kinder können sich kaum wehren, wenn ihnen Unrecht geschieht, und müssen deshalb besonders beschützt werden. Es gibt Verträge und Gesetze, in denen es nur um die Rechte der Kinder der ganzen Welt geht. Diese Rechte stehen in der **Kinderrechtskonvention**. Diesen Vertrag gibt es seit dem 20. November 1989. Fast alle Staaten der Erde haben ihn unterschrieben, auch Deutschland. Damit haben sie sich verpflichtet, darüber zu wachen, dass in ihrem Land die Rechte der Kinder nicht verletzt werden.

GEWALTENTEILUNG

In einer Demokratie herrscht Gewaltenteilung, d. h. die staatliche Macht ist auf verschiedene voneinander unabhängige Organe und Einrichtungen aufgeteilt, um einem Machtmissbrauch vorzubeugen. Die **Exekutive** ist die ausführende Gewalt und wird von der Regierung und der Verwaltung (z. B. Polizei) ausgeübt. Die **Legislative** ist die gesetzgebende Gewalt und wird vom Parlament ausgeführt. Die **Judikative** ist die richterliche Gewalt zur Anwendung der Gesetze durch Gerichte.

In einer Demokratie sind die Machtverhältnisse ausgeglichen.

WELTPOLITIK

In der internationalen Politik geht es um die Gestaltung der Beziehungen **zwischen den Staaten** auf unterschiedlichen Ebenen. Die deutsche Bundesregierung muss sich in vielen Politikbereichen mit ihren Partnerländern in der **Europäischen Union** (EU) abstimmen. Große Weltpolitik wird in den **Vereinten Nationen** (UN) gemacht, in denen zurzeit 192 Staaten der Erde vertreten sind. Die UN wurde nach dem Ende des Zweiten Weltkriegs 1945 gegründet. Sie hat die Aufgabe, die freundschaftlichen Beziehungen zwischen den Völkern zu pflegen und den Frieden zu sichern.

Der Deutsche Bundestag im Reichstagsgebäude

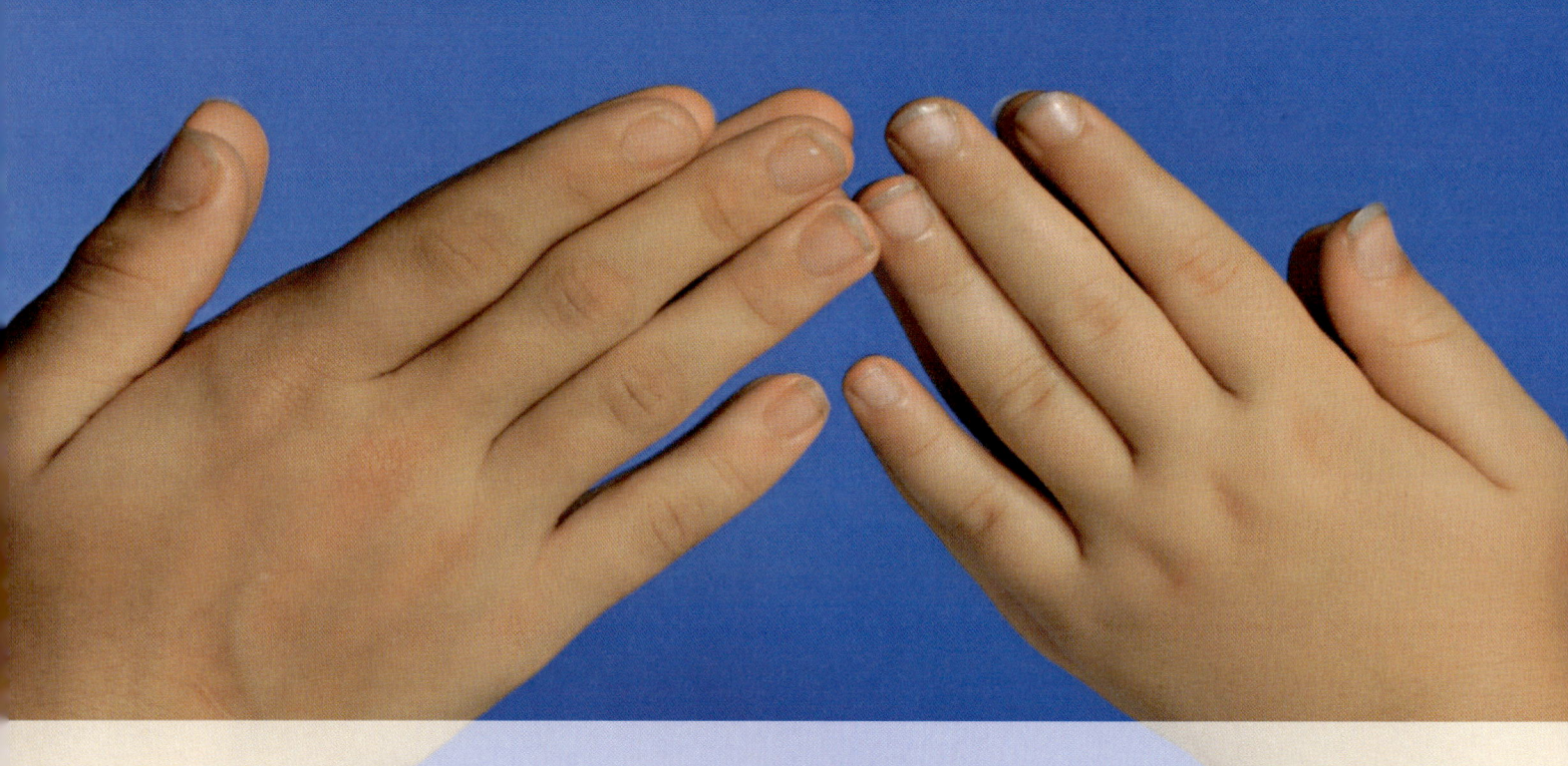

RELIGION

DAS JUDENTUM

Das Judentum ist die älteste monotheistische Religion (also der Glaube an einen einzigen Gott), die wir kennen. Sie entstand dort, wo heute der Staat Israel und die palästinensischen Gebiete liegen. Ein wichtiger Bestandteil des jüdischen Glaubens ist die Hoffnung auf den Messias. Der Messias ist ein Gesandter Gottes, der auf der Welt ein Reich der Gerechtigkeit und des Friedens schaffen wird. Die Angehörigen des jüdischen Glaubens bezeichnen sich selbst als „Volk Israel".

Verbreitung des Judentums

Mose die Zehn Gebote, niedergeschrieben auf zwei steinernen Tafeln. Sie bildeten das Herzstück des „Mosaischen Gesetzes", der Thora.

HAST DU SCHON GEWUSST,

dass man das Judentum, den Islam und das Christentum auch Abrahamitische Religionen nennt? Der Grund dafür: Sie alle sehen Abraham als ihren Stammvater an.

DIE GESCHICHTE ABRAHAMS

Die Bezeichnung „Juden" kommt von einem israelitischen Stamm mit dem Namen Juda, der nach dem vierten Sohn Abrahams benannt wurde. In der jüdischen Religion haben das Christentum und der Islam ihre Wurzeln.
Die Heilige Schrift führt die Herkunft des Volkes Israel auf den Stammvater Abraham zurück. Die Geschichte Abrahams wird in der Bibel erzählt. Sie spielte sich vor ungefähr 3500 Jahren ab.
Abraham lebte in Mesopotamien (heute Irak) und hatte von Gott den Auftrag erhalten, seine Heimat zu verlassen und in ein Land zu ziehen, das Gott für ihn ausgewählt hatte. In der Bibel heißt dieses Land Kanaan (später Palästina). Unterwegs schloss Gott einen Bund mit Abraham: Er schenkte ihm und seinen Nachkommen dieses Land und sie sollten ihn dort als sein auserwähltes Volk als einzigen Gott verehren. Er gab

WAS IST DIE THORA?

Das heilige Buch der Juden ist die hebräische Bibel und wird Tenach genannt. Das Wort setzt sich aus den hebräischen Namen der drei Hauptteile zusammen: Thora (Bücher der Gebote), Newiim (Bücher der Propheten) und Ketuwim (Bücher der Schriften). Die Christen nennen den Tenach Altes Testament, das ein Teil der christlichen Bibel ist. Von den drei Teilen ist die Thora der wichtigste. Darin steht die Geschichte des Volkes Israel und der Stammväter Abraham, Isaak und Jakob. Dort wird auch die Geschichte von Mose erzählt, der die Zehn Gebote von Gott empfangen hatte und dem Volk Israel gab. Die Zehn Gebote, die auch das Christentum übernommen hat, sind der bekannteste Teil der Thora, die auf hebräisch geschrieben ist. In jeder Synagoge, dem jüdischen Gebets- und Versammlungshaus, wird die Thora im Laufe eines Jahres in Abschnitten einmal ganz vorgelesen. Die Thora steht im Mittelpunkt des Lebens

Thorarolle

Junge Männer mit der Thorarolle

frommer Juden. Die Thorarollen bestehen aus Pergament. An den Enden sind runde Stäbe befestigt. Die Thorarollen werden in der Synagoge im Thoraschrein aufbewahrt. Er ist meist sehr kostbar verarbeitet und ist an der Wand angebracht, die nach Jerusalem weist. Die Thora enthält 613 Bestimmungen, 248 Gebote und 365 Verbote. Die Weisungen der Thora lenken das Leben der Juden auf Gott hin. Sie haben das Judentum über Jahrtausende zusammengehalten.

WAS IST EIN RABBINER?

Der Rabbiner oder Rabbi ist ein jüdischer Geistlicher. Er hält Predigten und leitet den Gottesdienst in der Synagoge. Er studiert auch die Thora und den Talmud (das Buch der Lehre, in dem Erklärungen und Bemerkungen zur Thora aufgeschrieben sind). Der Rabbi erklärt den Gläubigen, wie man die Gebote im täglichen Leben umsetzen kann und wie die Geschichten in der Thora zu verstehen sind. Rabbiner werden an einer jüdischen Hochschule ausgebildet. Seit einigen Jahrzehnten ist es auch den Frauen erlaubt, Rabbiner zu werden.

DIE SYNAGOGE

Innenansicht einer Synagoge

Die jüdischen Gottesdienste finden in Versammlungshäusern statt, die auf Griechisch Synagoge und auf Hebräisch Bet Knesset genannt werden. In der Synagoge wird die Thora in einem Thoraschrein aufbewahrt. Ein Gottesdienst muss aber nicht in einer Synagoge stattfinden. Dazu sind nur eine Thora und ein Minjan nötig. Ein Minjan setzt sich aus mindestens zehn Männern zusammen, die ihr Bar Mizwa hatten. Bar Mizwa bezeichnet einen Jungen, der das 13. Lebensjahr vollendet hat und somit vollberechtigtes Mitglied der Gemeinde ist. Den Gottesdienst kann jedes erwachsene Mitglied der Gemeinde leiten. Meistens übernimmt diese Aufgabe ein Kantor (Vorsänger) oder ein Rabbiner.

KOSCHER

Thora und Talmud enthalten auch Vorschriften über das Essen. Sie regeln, welche Speisen aus religiöser Sicht geeignet, das heißt koscher, sind. Koscher sind z. B. nur die Tiere, die gespaltene Hufe haben und Wiederkäuer sind. Schweine sind daher für Juden nicht koscher. Bei Wassertieren sind nur solche mit Schuppen und Flossen erlaubt.

WELCHE RELIGIÖSEN FESTE FEIERN DIE JUDEN?

Mehr noch als die Synagoge ist die Familie der Mittelpunkt der jüdischen Religion. Deshalb sind viele jüdische Feste auch Familienfeste. Das wichtigste Fest ist der allwöchentliche Sabbat, ein Tag der absoluten Arbeitsruhe. Im Winter wird das Chanukkafest gefeiert. Das jüdische Neujahrsfest findet im Herbst statt und heißt Roschha Schanah („Jahresanfang"). Jom Kippur wird zehn Tage danach begangen. Es ist ein Versöhnungsfest und ein Fastentag, an dem nichts gegessen wird. Das Purimfest in der Mitte des jüdischen Jahres ähnelt mit seinen Umzügen und Verkleidungen unserem Karneval. Das achttägige Pessachfest erinnert an die Errettung aus der Knechtschaft in Ägypten – den Auszug aus Ägypten, angeführt von Mose. Das Pessachfest wird vor allem im häuslichen Kreis gefeiert. Sukkot, das Laubhüttenfest, ist verbunden mit Erntedank und der Bitte um Regen.

DAS CHRISTENTUM

Mittelpunkt des christlichen Glaubens ist Jesus, der als Christus auf die Erde kam, um die Menschen zu erlösen. Das Christentum entstand vor etwa 2000 Jahren in Judäa, das im heutigen Israel liegt. Es ist eine Religion, die ihre Wurzeln im Judentum hat. Judäa war von Römern besetzt. Die Menschen fühlten sich von den fremden Herrschern unterdrückt und hofften, dass jemand sie aus dieser Lage befreien würde.

Verbreitung des Christentums

und sagte, waren überzeugt, dass Jesus dieser Gesandte Gottes, der Christus, war. „Jesus ist der Christus" wurde das neue Glaubensbekenntnis dieser Menschen; deshalb heißen sie Christen. Sie glauben, dass Christus der Sohn Gottes ist und dass Gott ihn in Menschengestalt als Erlöser auf die Erde gesandt hat.

WER WAR JESUS?

Alles, was wir über das Leben Jesu wissen, steht in einem Teil der Bibel, den man Neues Testament nennt. Darin wird berichtet, dass Jesus als Sohn von Maria und Joseph in Bethlehem in Judäa geboren wurde. Zu Weihnachten, am 24. und 25. Dezember, feiern alle Christen der Welt seinen Geburtstag. Zur Zeit der Geburt Jesu war ein Komet am Himmel zu sehen, den die Menschen als Zeichen dafür hielten, dass etwas Besonderes geschehen würde. Weise Männer hatten diesen Kometen am Himmel beobachtet und waren ihm gefolgt. Sie brachten dem Neugeborenen Geschenke. Das waren die Heiligen Drei Könige, deren Ankunft am 6. Januar gefeiert wird. Jesus wuchs in Nazareth in Galiläa auf. Er hatte zwar den Beruf des Zimmermanns erlernt, begann aber mit etwa 30 Jahren als Wanderprediger durch Palästina zu ziehen. Später sammelte er eine Gruppe von Männern und Frauen um sich, die Jünger genannt wurden. Sie berichteten, dass Jesus Kranke gesund machte und sogar Tote wieder auferweckte. Diese Wunder sahen die Jünger als ein Zeichen, dass Jesus der lang erwartete Messias war. Immer mehr Menschen schlossen sich Jesus und seinen Jüngern an.

DER ERLÖSER

Ein wichtiger Bestandteil des jüdischen Glaubens ist die Hoffnung, dass Gott eines Tages jemanden auf die Erde schickt, der allem Bösen und aller Ungerechtigkeit ein Ende bereitet. Dann wird Friede herrschen und die Menschen werden glücklich leben. Auf Hebräisch heißt dieser Erlöser Messias, auf Griechisch Christus. Auch die Menschen in Judäa sehnten sich nach einem Erlöser. Viele, die selbst erlebten, was Jesus tat

Die Heilige Familie

WARUM WURDE JESUS GEKREUZIGT?

Jesus am Kreuz

In seinen Predigten erklärte Jesus den Menschen, dass nicht den Starken, sondern den Friedfertigen die Erde gehören werde. Er lehnte jede Form von Gewalt ab und forderte die Menschen zur Nächstenliebe auf. Aber viele Menschen waren von dem, was Jesus predigte und tat, enttäuscht. Den Messias stellten sie sich prächtig wie einen König vor. Sie wollten, dass er die Römer vertreibt und das neue Friedensreich stark aufbaute. Es passte nicht zu ihrer Vorstellung vom Messias, dass Jesus als einfacher Mensch unter ihnen lebte. Daher war es einigen ganz recht, als er mit der römischen Besatzungsmacht Schwierigkeiten bekam. Die Römer hatten die Befürchtung, Jesus würde das Volk aufhetzen und ihnen ihre Macht streitig machen.

WAS WIRD ZU OSTERN GEFEIERT?

Im Johannesevangelium wird erzählt, dass drei Tage nach dem Tod Jesu eine der Frauen, die ihn schon bei seinen Wanderungen begleitet hatte, zum Grab ging, um die Leiche zu waschen und zu ölen. Sie fand das Grab leer und dachte zunächst, jemand hätte die Leiche gestohlen. Aber plötzlich stand Jesus vor ihr – er war vom Tod wiederauferstanden. Als die Frau den anderen Jüngern erzählte, was sie gesehen hatte, glaubte man ihr nicht. In den nächsten Tagen erschien Jesus auch den anderen Jüngern. Zu Ostern feiern die Christen die Auferstehung Jesu. Der Tod und die Auferstehung Jesu zeigten den Menschen, dass mit dem Tod nicht alles endet, sondern dass es danach ein ewiges Leben bei Gott gibt.

DIE APOSTEL

Nach seiner Auferstehung blieb Jesus noch einige Zeit bei seinen Jüngern, bis er vor ihren Augen auf einer Wolke verschwand. Bevor er in den Himmel aufgenommen wurde, gab Jesus seinen Jüngern einen Auftrag: Sie sollten in die Welt hinausgehen und den Menschen die Botschaft, das Evangelium (griechisch „die frohe Botschaft"), von seinem Tod und seiner Auferstehung bringen. Die Menschen, die Jesus aussandte, sind die Apostel. Petrus legte als erster Jünger Jesu ein Bekenntnis zu Jesus als dem Messias ab. Nach der Himmelfahrt wurde er zum Leiter der Apostel, der zwölf engsten Weggefährten Jesu. Später ging er nach Rom und wird oft als „erster Bischof Roms" bezeichnet.

DAS NEUE TESTAMENT

Der erste Teil der Bibel besteht aus hebräischen Schriften, die bereits vor der Zeit Jesu entstanden sind. Diese Schriften werden im jüdischen Gottesdienst benutzt und werden Altes Testament genannt. Die Zehn Gebote, die auch für alle Christen gelten, stehen im Alten Testament.

Das Neue Testament ist der zweite Teil der Bibel, den nur Christen anerkennen. Hier wurden Berichte über das Leben Jesu und Briefe der ersten Gemeinden gesammelt. Diese Berichte werden Evangelien genannt. Sie bilden zusammen mit den Briefen, die zwischen den ersten Gemeinden verschickt worden waren, das

? PFINGSTEN

wird am zweiten Sonntag nach Himmelfahrt gefeiert. Pfingsten ist nach Weihnachten und Ostern das dritte große Fest des christlichen Kirchenjahres. In der Bibel steht, dass plötzlich der Heilige Geist Gottes über die Menschen kam. Pfingsten wird zur Erinnerung an dieses Ereignis gefeiert.

Neue Testament. Die meisten dieser Briefe stammen vom Apostel Paulus. Die Evangelien wurden von frühen Christen aufgeschrieben, die die Taten Jesu miterlebt oder davon gehört hatten. Im Neuen Testament gibt es vier Evangelien. Sie sind nach den Evangelisten benannt: Matthäus, Markus, Lukas und Johannes.

WAS IST DAS ABENDMAHL?

Das Abendmahl ist ein christlicher Ritus, der an das letzte gemeinsame Essen von Jesus und seinen Jüngern erinnern soll. Am Abend, bevor er gefangen genommen wurde, saß Jesus mit seinen Jüngern zusammen und teilte Brot und Wein aus. Anders als sonst gab er Brot und Wein eine besondere Bedeutung. Zum Brot sagte er: „Nehmet und esset alle davon, das ist mein Leib, der für euch hingegeben wird" und zum Wein: „Nehmet und trinket alle davon, das ist der Kelch des neuen und ewigen Bundes, mein Blut, das für euch und für alle vergossen wird zur Vergebung der Sünden". Deshalb werden bei der Abendmahlsfeier in der Kirche Wein und Brot (Hostie) an die Gläubigen verteilt. Man nennt das Abendmahl auch Kommunion.

DIE TAUFE

Johannes der Täufer war ein Prophet, der die Ankunft des Messias in Gestalt Jesu predigte. Er forderte die Menschen auf, ihre Sünden zu bereuen und taufte sie als Zeichen dafür, dass sie von ihrer Schuld reingewaschen waren. Als Jesus 30 Jahre alt war, taufte Johannes auch ihn im Fluss Jordan. Die Taufe leitete das öffentliche Wirken Jesu ein. Sie ist seit dieser Zeit das Sakrament der Aufnahme in die Gemeinschaft Christi.

DIE SPALTUNG DER KIRCHE

Im Laufe der Zeit waren zwei Zentren des christlichen Glaubens entstanden – Rom im Westen und Byzanz (heute Istanbul) im Osten. Im 8. und 9. Jahrhundert brach zwischen den Kirchen der sogenannte Bilderstreit aus: In Byzanz verehrte man inzwischen Ikonen. Das sind heilige Bilder, auf denen meistens Christus oder Maria mit dem Jesuskind abgebildet sind. Rom sah die Anbetung von Bildern als Götzendienst an. In Wirklichkeit ging es jedoch nicht um die Bilder, sondern um politische Macht. 1054 kam es zur Spaltung in zwei Glaubensgemeinschaften: die katholische Kirche in Rom und die orthodoxe Kirche in Byzanz.

DIE REFORMATION

Einige gläubige Menschen vertraten die Meinung, dass sich das Christentum zu weit von den Ideen Jesu entfernt hatte und beschlossen daher, die Kirche zu erneuern (reformieren). Die Reformatoren kritisierten vor allem den unglaublichen Luxus, in dem der Papst und die Bischöfe lebten. Ein weiterer Punkt war der Handel mit den Ablassbriefen. Das sind Urkunden, die dem Käufer bescheinigen, dass seine Schuld vergeben ist. Martin Luther, der das Neue Testament studiert hatte, meinte, dass man sich Gottes Vergebung nicht mit Geld erkaufen kann. Vergebung könne man nur von Gott empfangen. Man müsse dafür Gott im Gebet um Vergebung bitten. Da die Reformatoren weiter an ihrem Erneuerungswerk arbeiteten, spaltete sich die evangelische Kirche schließlich von der katholischen ab.

HAST DU SCHON GEWUSST,
dass die Bibel das wahrscheinlich meistgedruckte Buch auf der Welt ist? Es gibt weltweit ungefähr drei Milliarden Bibeln oder Bibelteile, die in 2000 Sprachen übersetzt wurden.

ISLAM

Das Wort Islam bedeutet „Hingabe an Gott". Islam ist nicht ein Glaube, sondern eine Lebensweise. Er regelt alle Bereiche des Lebens, von Essgewohnheiten über Kleidung, Erziehung und Arbeit. Wer den Islam annimmt, wird Muslim oder Moslem („der den Islam angenommen hat") genannt. Die alte Bezeichnung Mohammedaner, die wir manchmal noch hören oder lesen, bedeutet „Anhänger des Mohammed" und wird von den Muslimen abgelehnt. Denn man könnte glauben, dass Mohammed die wichtigste Bedeutung für die Gläubigen hätte. Die Muslime verehren ihn zwar als Propheten, aber sie beten nicht zu ihm. Im Mittelpunkt ihres Glaubens steht Gott.

WER WAR MOHAMMED?

Mohammed ist der Begründer des Islam. Er wurde um 570 in der Stadt Mekka in Arabien geboren. Er erlernte später den Beruf des Kaufmanns. Da er sehr tüchtig und ehrlich war, bekam er den Beinamen al Amin, „der Vertrauenswürdige". Er heiratete eine schöne Geschäftsfrau mit dem Namen Chadidscha. Sie lebten viele Jahre glücklich zusammen und bekamen mehrere Kinder. Seine Söhne starben alle vor dem Erwachsenenalter. Darum stam-

MUSLIMISCHE ZEITRECHNUNG

Die muslimische Zeitrechnung beginnt am 15. Juli 622, als Mohammed mit seinen Anhängern Mekka verließ und nach Medina zog (Hidschra), wo die erste muslimische Gemeinde entstand. Das Jahr 2000 entspricht nach dem muslimischen Kalender dem Jahr 1378.

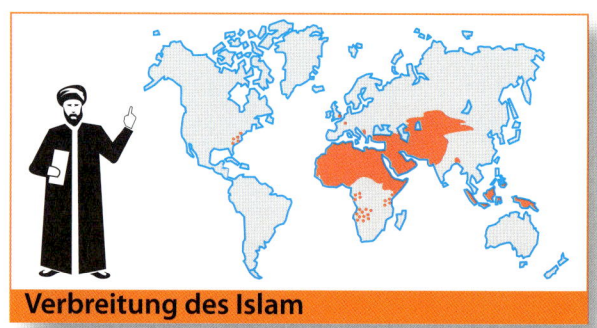

Verbreitung des Islam

men Mohammeds Nachkommen von seiner jüngsten Tochter Fatima ab. Als er 40 Jahre alt war, hatte er eines Nachts ein Erlebnis, das sein Leben völlig verändern sollte. Er schlief ganz allein in einer Höhle auf dem Berg Hira, als er durch eine Stimme wach wurde. Er sah den Engel Gabriel, der zu ihm sprach. Diese Begegnungen wiederholten sich. Mohammed erzählte seiner Frau und seinen Freunden von diesen Erlebnissen, die die Mitteilungen ernst nahmen. Sie merkten sich seine Worte, schrieben sie auf und sammelten sie. Aus diesen Worten Gottes, die der Engel Gabriel an Mohammed weitergab, entstand der Koran.

WAS IST DER KORAN?

Für Muslime ist der Koran das reine und unverfälschte Wort Gottes. Das arabische Wort Koran bedeutet „Lesung". Der Koran ist zwar aus dem Arabischen in viele Sprachen, darunter auch ins Deutsche, übersetzt worden. Für Muslime sind diese Übersetzungen jedoch nicht der göttliche Koran – diesen gibt es nur in der arabischen Sprache. Deshalb lernen gläubige Muslime den Koran auf arabisch auswendig. Die ältesten Verse des Koran stammen aus dem Jahre 610, die jüngsten aus dem Jahre 632. Im Koran spricht nicht Mohammed, sondern Gott. Die Offenbarungen wurden nach dem Tod des Propheten in 114 Kapitel (Suren) zusammengefasst. Der Inhalt der Suren ist sehr vielfältig. Sie erzählen von Gottes Eigenschaften, von den Propheten, von früheren Offenbarungen Gottes, von der Geschichte alter Völker, über Naturerscheinungen und über die Schöpfung. Der Koran enthält auch Regeln für den Aufbau und das Zusammenleben der muslimischen Gemeinschaft.

DIE FÜNF PFEILER DES ISLAM

Die fünf Pfeiler des Islam sind die fünf wichtigsten Regeln, die ein Muslim befolgen muss, wenn er Gott dienen will. Die erste und wichtigste Regel ist das Glaubensbekenntnis. Wer die Worte: „Es gibt keine Gottheit außer Gott (Allah) / Mohammed ist der Gesandte Gottes" auf arabisch öffentlich und mit ernster Absicht ausspricht, bekennt sich zum Islam und ist Muslim. Dann folgen das tägliche fünfmalige Gebet, die Wohltätigkeit für die Armen, das Fasten im Monat Ramadan und eine Pilgerfahrt nach Mekka.

WAS IST RAMADAN?

Du hast vielleicht Freunde, die Muslime sind. Dann hast du sicher auch schon einmal gehört, dass Muslime einmal im Jahr in einem bestimmten Monat fasten. Das ist der neunte Monat des islamischen Kalenders Ramadan. Während des Fastenmonats sollen die Muslime von Sonnenaufgang bis zum Sonnenuntergang nicht essen, trinken, rauchen und keine sexuellen Beziehungen haben. Das gilt für Arme und für Reiche gleichermaßen. Kranke, Schwangere und Reisende sind vom Fasten ausgenommen, denn die Regeln des Koran nehmen immer Rücksicht auf die Schwäche des Menschen.

FREITAGSGEBET

Freitag ist der islamische Feiertag. An diesem Tag treffen sich die Muslime zum großen Freitagsgebet in der Moschee. Dort findet das Gebet unter der Anleitung des Imam, des Vorbeters, statt. Die Gebete werden auf der ganzen Welt immer in arabischer Sprache gesprochen, auch wenn die Muslime selbst eine andere Muttersprache haben.

MOSCHEE UND GEBET

Die Moschee ist das islamische Gebets- und Versammlungshaus. Zur Moschee gehört ein hoher Turm, das Minarett, von dem der Gebetsrufer (Muezzin) zu bestimmten Zeiten die Gläubigen zum Gebet ruft. Fünfmal am Tag ist Gebetszeit – vor Sonnenuntergang, am Mittag, am Nachmittag, am Abend und vor der Nachtruhe. Der Gläubige muss zum Beten nicht in die Moschee gehen, sondern kann sein Gebet dort verrichten, wo er sich gerade befindet. Dabei muss er nur sein Gesicht in Richtung der heiligen Stadt Mekka wenden.

Die Blaue Moschee in Istanbul

Innenansicht der Blauen Moschee in Istanbul

PILGERFAHRT NACH MEKKA

Die von Abraham und Ismael erbaute Kaaba in Mekka ist das älteste muslimische Gotteshaus und das höchste Heiligtum des Islam. Mekka ist die Geburtstadt von Mohammed. Dort und in der Stadt Medina wurde ihm der Koran offenbart. Daher gehört es zu den Pflichten eines gläubigen Muslims, einmal in seinem Leben nach Mekka zu pilgern. Dort müssen die Pilger sieben Mal die Kaaba gegen den Uhrzeigersinn umrunden, dabei Gebete sprechen und den heiligen schwarzen Stein berühren.

Pilger beim Umrunden der schwarz verhüllten Kaaba in Mekka

HINDUISMUS

Der Hinduismus ist die vorherrschende Religion Indiens. Das Wort Hindu ist vom Namen des Flusses Indus abgeleitet. Hinduismus ist heute nach dem Christentum und dem Islam die drittgrößte Religionsgemeinschaft in der Welt. Der Hinduismus ist in einem Zeitraum von mehr als 4000 Jahren entstanden. Er fasst eine Vielzahl unterschiedlicher religiöser Vorstellungen zusammen. Die Inder selbst nennen ihre Religion Sanatana Dharma, das heißt „ewiges Gesetz".

WELCHE GÖTTER VEREHREN DIE HINDUS?

Der Hinduismus kennt viele Götter, doch viele Hindus glauben an „das Absolute". Dieses Absolute entfaltet sich in der „indischen Dreifaltigkeit" aus Brahma, Vishnu, und Shiva. Für manche Hindus sind Brahma, Vishnu und Shiva drei gleichrangige Erscheinungsformen eines einzigen, allmächtigen Gottes. Brahma ist der Schöpfer und wird als Baumeister der Welt angesehen, ist aber nicht der höchste Schöpfergott, denn er baut und ordnet die Welt nach Gesetzen, die ihm vorgeschrieben sind. Vischnu ist der Erhalter der Welt. Befindet sich die Welt in Gefahr, erscheint Vishnu in Gestalt eines Tieres oder eines Menschen, um das Böse abzuwehren, und stellt die Weltordnung wieder her. Der andere Gott, Shiva, ist der Zerstörer und gleichzeitig Schöpfer neuen Lebens.

Darstellung der Göttin Shiva

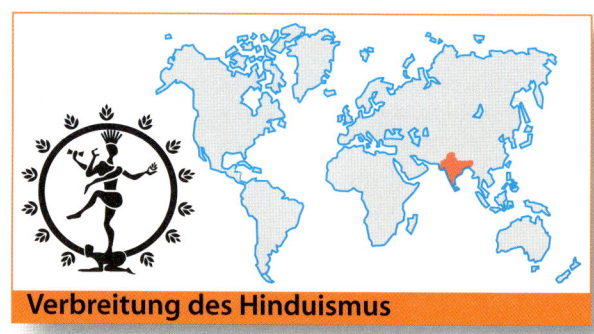

Verbreitung des Hinduismus

VEDEN – DIE HEILIGEN SCHRIFTEN

Die heiligen Schriften des Hinduismus sind sehr umfangreich. Sie sind in Sanskrit, der altindischen Gelehrtensprache, aufgeschrieben. Die älteste Schriftsammlung ist über 3000 Jahre alt und wird Veda („das Wissen") genannt. In den Veden sind religiöse Überlieferungen festgehalten: Es sind Hymnen, Opfervorschriften und Weisheitslehren. Jeder Hindu erkennt die Veden an.

DER TEMPEL

Hindu-Tempel nennt man Mandir. Die Menschen kommen zum Gebet hierher. Im Mittelpunkt eines Tempels, unter dem Turm, steht eine Figur der Gottheit, die in diesem Tempel verehrt wird. An den Wänden stehen andere Götterstatuen. Es gibt besondere Stellen, an denen der Gottheit Speisen als Opfer dargebracht werden. Die Hindus ziehen ihre Schuhe aus, denn der Tempel ist ein heiliger Ort. In vielen Tempeln gibt es Wasserbecken, damit die Gläubigen sich vor dem Gebet reinigen können.

Innenansicht eines hinduistischen Tempels

DIE KASTEN

Das Dharma, die heilige Weltordnung, bestimmt, dass jeder Hindu durch seine Geburt einer bestimmten Kaste angehört. Es gibt vier Kasten: die Brahmanen (Priester), Krieger, Bauern und Handwerker. Brahmanen bilden die höchste Rangordnung, dann folgen die Krieger, die Bauern und die Handwerker. Hindu wird man durch Geburt in eine Kaste. Zum hinduistischen Glauben kann man nicht übertreten wie beispielsweise zum Christentum. Niemand kann eine Kaste verlassen und in eine höhere oder niedrigere Kaste aufgenommen werden. Viele Hindus erkennen die Kastengesetze an. Aber zahlreiche Hindus empfinden es als ungerecht, dass niemand in eine höhere Kaste aufsteigen kann. Denn dadurch dürfen sie bestimmte Berufe nicht ausüben. Im modernen Indien kommt es immer häufiger vor, dass sich Menschen gegen die Kastengesetze auflehnen.

DIE WEGE ZUR ERLÖSUNG

Die Hindus streben nach der Erlösung, das heißt Befreiung der Seele aus dem Kreislauf der Wiedergeburt. Es gibt mindestens vier Wege, die zur Erlösung führen. Das ist erstens der Weg des Handelns: Man muss sich an die Regeln des Dharma halten, seine religiösen Pflichten erfüllen, die Regeln seiner Kaste befolgen und gute Taten vollbringen. Dann steigt man in jedem neuen Leben auf, bis schließlich die höchste Stufe erreicht ist. Auf dieser Stufe muss man nicht wiedergeboren werden. Ein anderer

Mönch bei der Meditation

HAST DU SCHON GEWUSST,

dass für Hindus die Kühe heilig sind? Da die Hindus überzeugt sind, dass auch in Tieren eine Seele wohnt, die in einem früheren Leben vielleicht in einem menschlichen Körper lebte, verzichten sie nach Möglichkeit auf das Töten von Tieren. Aus diesem Grund ernähren sie sich vegetarisch.

Weg zur Erlösung ist die Konzentration. Es handelt sich um Techniken, die wir als Yoga kennen. Yoga bedeutet „Vereinigung mit Gott". Mit täglichen Übungen in Fasten, Atemtechniken, bestimmten Körperhaltungen und wiederholtem Sprechen von bestimmten Worten, den „Mantras", wird der Geist von körperlichen Zwängen befreit. Die dritte und beliebteste Möglichkeit ist Bhakti, die liebende Hingabe an eine Gottheit.

Ein vierter Weg ist Dschinana, der Weg der geistigen Erkenntnis. Das Ziel ist, dass der Mensch aufhört, sich mit seinem Körper zu beschäftigen. Dieser Weg muss von einem Guru (Lehrer) erlernt werden.

WAS IST KARMA?

Das Wort Karma bedeutet „Tat". Das Karma, das sind die Taten eines Menschen, entscheidet über sein Schicksal. Tut er viel Gutes, wird er ein glückliches Leben haben, wenn er schlecht handelt, wird sein Leben im Unglück enden. Das Karma entscheidet aber auch, ob man in einer besseren Form wiedergeboren wird oder nicht.

HAST DU SCHON GEWUSST,

dass man Menschen in Indien, die keiner Kaste angehören, Parias („Unberührbare") nennt? Sie stehen in der untersten Stufe der Gesellschaft und müssen Berufe ausüben, die niemand machen möchte, wie z. B. Müllbeseitigung oder Arbeiten in der Kanalisation. Parias gelten daher als „unrein" und andere Hindus dürfen sie nicht einmal berühren.

BUDDHISMUS

Der Buddhismus ist nach seinem Gründer Buddha benannt, der vor etwa 2500 Jahren in Nordindien lebte. Buddha bedeutet: der Erwachte.

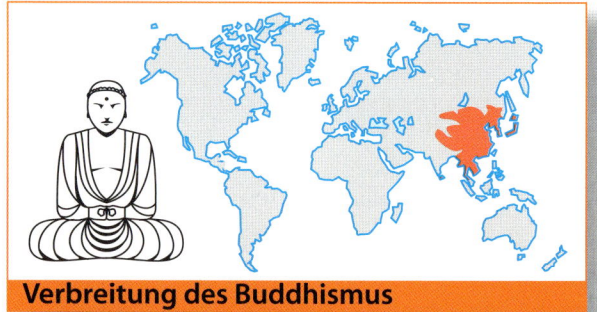

Verbreitung des Buddhismus

DAS LEBEN DES BUDDHA

Die Lebensgeschichte des Buddha klingt wie ein Märchen. Sein Geburtsname war Siddhartha Gautama und er war der Sohn eines reichen Fürsten. Siddhartha lebte in prächtigen Palästen und wurde zu einem Herrscher erzogen. Schließlich heiratete er eine schöne Prinzessin. Sein Vater versuchte den Prinzen vor allem Leid und Elend außerhalb der Palastmauern zu bewahren. Obwohl ihm jeder Wunsch erfüllt wurde, hatte Siddhartha das Gefühl, dass ihm etwas fehlte. Im Alter von 29 Jahren beschloss er, das Leben außerhalb des Palastes kennenzulernen. Es wurden Vorbereitungen getroffen, denn der Prinz sollte nur die schönen Seiten der Welt sehen. Aber bei seinen Ausfahrten sah er inmitten fröhlicher Menschen einen vom Alter ge-

Goldene Buddhafigur in einem Tempel

Siddhartha verlässt seine Frau.

zeichneten Greis, dann einen Schwerkranken und am Fluss, wie Leichen verbrannt wurden. Das waren neue Erfahrungen für Siddhartha, denn Alter, Krankheit und Tod hatte er bisher nicht gekannt.

DER PRINZ VERLÄSST DEN PALAST

Bei seinen Ausfahrten hatte Siddhartha zum ersten Mal gesehen, was Armut, Krankheit und Tod sind. Er erkannte, dass er selbst im Laufe seines Lebens Leid erfahren würde. Er war über diese Erkenntnis so erschüttert, dass er sein Leben nicht mehr so fortsetzen konnte wie bisher. Er wollte herausfinden, woher das Leid in der Welt kommt und ob man es verhindern kann. Siddhartha verließ heimlich den Palast und seine Familie. Er schnitt sein Haar ab und tauschte seine Kleider gegen alte Sachen eines Bettlers. Er zog umher und suchte einen Meister, der ihm den Sinn des Lebens zeigen sollte. Aber keiner der Lehrer (Gurus), die er traf, konnte ihn überzeugen. Daraufhin versuchte er, das Leben eines Asketen zu führen. Siddhartha fastete so lange, bis er ganz schwach war. Dabei erkannte er, dass auch dieser Weg nicht der richtige war. Schließlich zog er sich in einen Wald zurück und setzte sich unter einen wilden Feigenbaum, um zu meditieren. Er saß mit überkreuzten Beinen („Lotussitz") ganz aufrecht da, schloss die Augen und dachte konzentriert nach. Dabei wurden seine Gedanken klar und deutlich. Sein bisheriges Leben kam ihm wie ein Dämmerschlaf vor, aus dem er nun erwachte. Er meditierte sieben Jahre unter dem Feigenbaum und erlebte nun die „Große Erleuchtung". Durch seine Erleuchtung wurde Siddhartha zum Buddha.

DIE VIER EDLEN WAHRHEITEN

Während Buddha meditierte, versuchte er Antworten auf folgende Fragen zu finden: Was ist Leiden? Wodurch hört das Leiden auf? Wie kann ich das Leiden beenden? Die Antworten auf diese Fragen sind die vier edlen Wahrheiten:

1. Das Leben besteht nur aus Leiden und alles Glück ist vergänglich.
2. Das Leiden entsteht durch die menschliche Begierde.
3. Wenn die Begierde aufhört, hört auch das Leiden auf.
4. Nur ein Weg führt zum Glück. Das ist der Achtfache Pfad. Er ist der „mittlere Pfad" zwischen den Extremen eines Lebens in Lust und Genuss und einem Leben in völliger Entsagung.

Mit dem Leiden meint Buddha jede Art von Unzufriedenheit. Sie entsteht aus den unerfüllten Wünschen der Menschen. Buddha lehrte, dass Menschen am meisten an ihrer eigenen Gier leiden. Sie wollen immer mehr haben – z. B. Reichtum, Schönheit und Jugend. Also sind sie nie zufrieden und kommen niemals zur Ruhe. Wenn die Gier aufhört, endet auch die Unzufriedenheit. Um diesen Zustand zu erreichen, muss man sich üben. Dazu dient der Achtfache Pfad. Wenn man die Regeln des Achtfachen Pfades befolgt, kann man sich von Gier befreien und das Nirwana erreichen.

STUPAS – ORTE DER ANBETUNG

Buddha starb im Alter von 80 Jahren. Sein Leichnam wurde verbrannt und seine Asche verteilten seine Jünger auf acht Orte, an denen man halbkugelförmige Gebäude mit einer Spitze errichtete. Diese Grabmäler werden Stupas genannt. Heute gibt es viele Stupas, die allerdings keine Asche Buddhas mehr enthalten. Stupas werden sehr verehrt, weil sie in ihrem Aufbau die fortschreitende Erkenntnis und den Achtfachen Pfad darstellen.

DER ACHTFACHE PFAD

Der Achtfache Pfad wird durch acht Speichen des Rades symbolisiert. Er besteht aus folgenden Teilen:

Die rechte (richtige) Rede, d. h. nicht lügen oder schlecht über andere reden

Rechtes Handeln, d. h. niemandem etwas Böses tun

Der rechte Lebenserwerb, d. h. seinen Lebensunterhalt so verdienen, dass man anderen nicht schadet

Die rechte Anstrengung, um böse Gedanken zu unterdrücken

Die rechte Aufmerksamkeit, d. h. immer genau darauf achten, ob man sich richtig verhält

Die rechte Konzentration, die zur Meditation notwendig ist

Die rechte Erkenntnis, die man braucht, um die Welt so sehen zu können, wie sie wirklich ist

Das rechte Denken, d. h. Mitleid und Hilfsbereitschaft

WAS BEDEUTET NIRWANA?

Nirwana ist das Ziel des Achtfachen Pfades. Die Seele wird befreit und findet ihre Ruhe. Buddha lehrte, dass die Gier die Menschen zu immer neuem Geborenwerden treibt. Wenn man unzufrieden stirbt und noch unerfüllte Wünsche hat, kann die Seele nicht zur Ruhe kommen. Deshalb muss man auf die Erde zurück, um weiter diesen Wünschen nachzujagen. Aus diesem Grund macht auch keine Wiedergeburt wirklich glücklich. Wer die Gier überwunden hat, beendet den Kreislauf der Wiedergeburten. Das Verlöschen der Gier heißt Nirwana. Das bedeutet aber nicht, dass man schnell diese Welt verlassen und sterben will. Wer Buddhas Weg geht, wird frei von ungeduldigem Verlangen und sinnlosen Wünschen.

Stupa von Sanchi

SPORT

WAS IST SPORT?

Unter Sport versteht man eine Form der körperlichen Betätigung, die unseren Körper trainiert und damit leistungsfähiger macht. Sport kann Spiel und Wettkampf sein oder man betreibt ihn aus reiner Bewegungsfreude und für die Gesundheit.

Sport kann man außer in der Schule (schließlich ist Sport ja ein Unterrichtsfach!) beispielsweise auch in einem Sportverein ausüben. Dort sucht man sich eine Sportart aus, die Spaß macht. Es gibt die Möglichkeit einer Mannschaftssportart oder man entscheidet sich für eine Einzelsportart.

Sport ist gesund und macht Spaß.

AMATEUR ODER PROFI?

Die meisten von uns sind Freizeitsportler. Freizeitsport dient vor allem der körperlichen Gesundheit und soll auch Spaß machen. Bei den Erwachsenen, die regelmäßig Sport treiben, unterscheidet man Amateure und Profis. Amateursportler bekommen für ihre sportlichen Aktivitäten kein Geld, sondern üben nebenbei einen ganz normalen Beruf aus. Profi- oder Berufssportler hingegen verdienen ihren Lebensunterhalt mit ihren sportlichen Leistungen. Fußballer in den Bundesligavereinen oder Formel-1-Rennfahrer sind beispielsweise Profis.

GESCHICHTE DES SPORTS

Bei den alten Griechen stand im Sport der Wettbewerb im Vordergrund, den sie bei den Olympischen Spielen austrugen. Die Römer hingegen sahen Sport als Zerstreuung, also etwas Angenehmes, bei dem man nicht arbeiten oder angestrengt nachdenken muss. Im mittelalterlichen Frankreich bedeutete Sport vor allem einige Stunden der Erholung. Der Begriff Sport aber entstand erst im 18. Jahrhundert in England aus dem Wort disport, das ursprünglich Vergnügen, Spaß, Freizeit bedeutete. Sport umfasste bis in die Mitte des 20. Jahrhunderts nur die in Wettkämpfen betriebenen Formen der „Leibesübungen". Zu dieser Zeit begann man in England auch, den Amateur- oder Breitensport vom Spitzen- oder Berufssport zu unterscheiden.

BESONDERE SPORTLICHE EREIGNISSE

Viele Menschen haben nicht nur großen Spaß daran, selbst Sport zu betreiben, sondern sehen sich auch gerne Wettkämpfe an. Bei Länderspielen wie bei den Fußballweltmeisterschaften oder sportlichen Wettbewerben wie Leichtathletikweltmeisterschaften drücken die meisten Leute der Mannschaft oder den Sportlern ihres Heimatlandes die Daumen. Und die Olympischen Spiele begeistern Sportler und Zuschauer, weil sie neben dem spannenden Wettkampf auch ein riesiges Fest mit Menschen aus allen Ländern der Erde bieten.

Deutsche Fußballfans drücken ihrem Land die Daumen.

SCHNELLER, HÖHER, WEITER – DIE OLYMPISCHEN SPIELE

Die Wiege der Olympischen Spiele ist das antike Griechenland. Die ersten Spiele fanden vor etwa 2800 Jahren statt. Die alten Griechen riefen die Olympischen Spiele ins Leben, um Zeus, den Göttervater, mit einem Gottesdienst zu ehren. Schon die ersten Spiele fanden alle vier Jahre statt. Ihm Jahr 393 nach Christus wurden sie zum letzten Mal abgehalten, denn dann wurden sie vom oströmischen, christlichen Kaiser Theodosius I. als „heidnische Feste" verboten.

GOLD, SILBER UND BRONZE

Der Sieger jedes olympischen Wettbewerbs bekommt eine Medaille aus Gold, der zweite eine aus Silber und der dritte eine Bronzemedaille. Jeder Olympionike (Sieger der Olympischen Spiele) ist stolz, eine Medaille zu erhalten, doch das Schönste ist eigentlich die festliche und ausgelassene Stimmung. Für die meisten Sportler gilt daher das Motto der Olympischen Spiele: Dabei sein ist alles!

?

Erst gegen Ende des 19. Jahrhunderts kam der Franzose Pierre de Coubertin auf die Idee, sie wieder neu ins Leben zu rufen. Die ersten Olympischen Spiele der Neuzeit fanden 1896 zu Ehren der alten Griechen in Athen statt. Seitdem werden sie alle vier Jahre an einem anderen Ort ausgetragen. Nur 1916, 1940 und 1944 wurden sie während der Weltkriege unterbrochen. Seit 1924 finden auch Olympische Winterspiele statt.
Heute sind die Olympischen Spiele das größte Sportereignis auf der ganzen Welt. Sie dauern 14 Tage. An mehr als zweihundert verschiedenen Wettbewerben nehmen Tausende Sportler und Sportlerinnen teil. Zur feierlichen Eröffnung wird die olympische Flagge mit den fünf Ringen (Symbol für die fünf Kontinente) gehisst und die olympische Flamme entzündet; sie wird jedes Jahr vom Olymp an den Austragungsort gebracht.

SPORTARTEN

Seit den ersten Olympischen Spielen vor fast 3000 Jahren hat sich Sport sehr verändert. Während einige der antiken Sportarten wie Ringen und Diskuswerfen immer noch ausgeübt werden und beliebt sind, gibt es manche der Sportarten, z. B. Tauziehen als Sport, nicht mehr. Dafür sind im Laufe der Jahre neue hinzugekommen. Hier findest du nun einige ausgewählte Sportarten:

DER BALL IST RUND

Da es sehr viel Spaß macht, mit einem Ball zu spielen, haben sich die Menschen viele verschiedene Sportarten dafür ausgedacht. Fast immer ist ein Netz im Spiel, in das man den Ball schießen muss, wie z. B. beim Fußball. Oder ein Netz, über das man den Ball schlagen muss, wie beim Tennis. Und die Größe des Balles kann auch sehr unterschiedlich sein – von

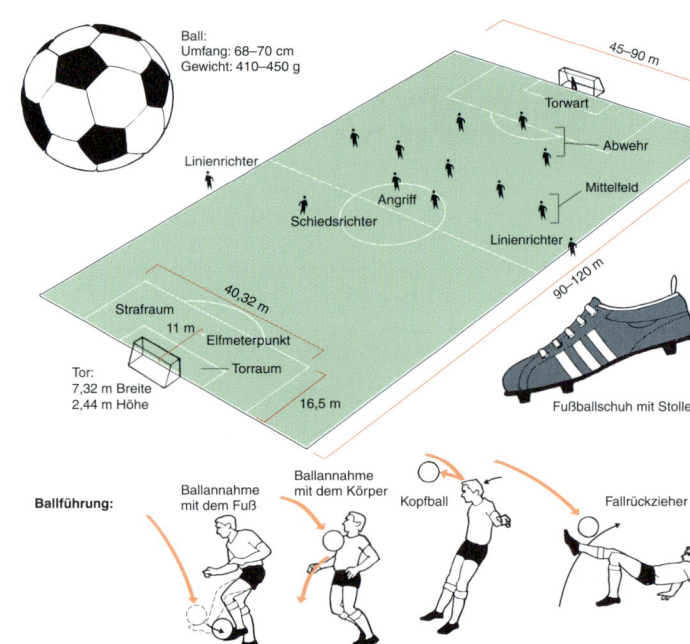

Ball: Umfang: 68–70 cm Gewicht: 410–450 g

45–90 m

Torwart

Abwehr

Linienrichter

Angriff

Mittelfeld

Schiedsrichter

Linienrichter

90–120 m

40,32 m

Strafraum

11 m

Elfmeterpunkt

Tor: 7,32 m Breite 2,44 m Höhe

Torraum

16,5 m

Fußballschuh mit Stollen

Ballführung:

Ballannahme mit dem Fuß

Ballannahme mit dem Körper

Kopfball

Fallrückzieher

einem melonengroßen Fußball bis hin zu den ganz leichten Tischtennisbällen.

Fußball: Fußball ist wohl das beliebteste Mannschaftsspiel der Welt. Elf Spieler auf jeder Seite versuchen, den Ball ins gegnerische Tor zu schießen. Die Feldspieler dürfen den Ball mit allen Körperteilen mit Ausnahme der Arme und Hände berühren. Nur der Torwart darf den Ball innerhalb des Strafraums mit den Händen anfassen. Nach 45 Minuten – also nach der ersten Halbzeit – wird das Spiel für 15 Minuten unterbrochen. Danach beginnt die zweite Halbzeit mit noch einmal 45 Minuten. Es gewinnt die Mannschaft, die mehr Tore erzielt als das gegnerische Team.
Seit 1930 finden alle vier Jahre Weltmeisterschaften statt (die Dauer des Zweiten Weltkriegs ausgenommen). Europameisterschaften gibt es seit 1960. Sie werden ebenfalls alle vier Jahre ausgetragen. Seit 1908 findet bei den Männern und seit 1996 auch bei den Frauen im Zuge der Olympischen Spiele ebenfalls ein Fußballturnier statt.

Basketball, Handball und Volleyball: Bei diesen extrem schnellen Ballspielen werden viele Treffer erzielt. Beim Basketball stehen sich zwei Mannschaften von je fünf Spielern gegenüber, die versuchen, den Ball in den gegnerischen Korb zu werfen. Die Spieler dürfen den Ball weder kicken noch mit ihm losrennen, aber sie können dribbeln (den Ball auf dem Boden aufprallen lassen), den Ball passen, werfen oder rollen. Basketballspieler

Basketball: Der Ball geht in den Korb.

müssen sehr wendig und vor allem groß sein. Das liegt daran, dass der Korb weit über Kopfhöhe hängt. Für die größeren Spieler ist es natürlich leichter, in den Korb zu treffen. Für einen normalen Treffer gibt es zwei Punkte, für einen Wurf aus größerer Entfernung drei Punkte und für einen Freiwurf (nach Foulspiel) einen

Volleyball

Punkt. Die Mannschaft, die am Ende des Spiels die meisten Punkte gesammelt hat, hat gewonnen. Handball wird im Grunde wie eine Mischung aus Basketball und Fußball gespielt. Der Ball wird in derselben Weise eingesetzt wie beim Basketball, nur wird er nicht in einen Korb, sondern in ein Tor geworfen. Wie der Name schon sagt, wirft man den Ball mit der Hand. Kicken mit den Füßen ist nicht erlaubt. Jede Mannschaft hat einen Torwart und sechs Feldspieler, die sich den Ball zuwerfen oder dribbeln. Dribbeln heißt, dass man den Ball nach höchstens drei Schritten auf den Boden aufprallen lässt. Die Mannschaft, die nach dem Ende der Spielzeit die meisten Tore erzielt hat, hat gewonnen.
Volleyball ist ein sogenanntes Rückschlagspiel. Das heißt, zwei Mannschaften zu je sechs Spielern stehen sich auf den zwei Seiten eines Netzes in einem Feld gegenüber und schlagen den Ball nach bestimmten Regeln über das Netz, das mitten im Feld über Kopfhöhe gespannt ist, hin und zurück. Bei offiziellen Wettkämpfen gewinnt die Mannschaft das Spiel, die drei Sätze gewonnen hat.

Tennis: Tennis wird schon seit Jahrhunderten gespielt. Es kann in der Halle und auch im Freien von zwei (Einzel) oder von vier Spielern (Doppel) oder auch von jeweils zwei Frauen und zwei Männern (gemischtes Doppel) gespielt werden. Tennis zählt seit den Erfolgen von Steffi Graf und Boris Becker zu den beliebtesten und am meisten verbreiteten Ballspielen. Gespielt wird mit einem Schläger mit Bespannung und hohlen Bällen aus Gummi, die mit einer flauschigen Filzschicht überzogen sind. Ein Match besteht aus mehreren Sätzen. Um einen Satz für sich zu entscheiden, muss man sechs Spiele gewinnen. Normalerweise müssen zwei bzw. drei Sätze gewonnen werden, um der Sieger des Matches zu sein.

KAMPFSPORT

Als Kampfsport bezeichnet man Sportarten mit vor allem kämpferischen Elementen. Ringen, Boxen, Fechten und asiatische Zweikampfsportarten wie Judo, Karate und Jiu-Jitsu gelten als Kampfsportarten .

Boxen: Bei diesem sportlichen Faustkampf versuchen zwei Gegner, sich durch Faustschläge kampfunfähig zu machen oder durch überlegene Technik einen Punktsieg zu erringen. Boxer dürfen nur an Kopf, Arme, Brust oder Bauch schlagen, nicht in die Nieren, den Nacken oder zwischen die Beine. Im Boxkampf gibt es mehrere Runden, die normalerweise drei Minuten lang sind. Am Ende jeder Runde ertönt ein Gong. Beim Boxkampf geht es hart zu. Meistens kommt es zu blutigen Verletzungen im Gesicht und oft wird einer der Kämpfer nach einem Schlag ohnmächtig, d. h. der Boxer

MUHAMMAD ALI

Der amerikanische Schwergewichtler Muhammad Ali ist der populärste Boxer in der Geschichte des Sports. Er war dreimal Weltmeister im Schwergewicht und durchbrach damit zweimal die Regel „They never

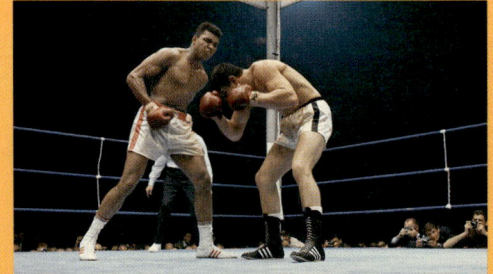

Muhammad Ali

come back" („Sie kehren niemals zurück"). Ali war berühmt für seine tänzelnden Bewegungen und seine großmäuligen Sprüche.

geht k. o. (Abkürzung für das englische Wort knock out; knock bedeutet „schlagen" und out „aus, fertig"). Seit ungefähr 20 Jahren gibt es Boxsport auch für Frauen.

Ringen zählt zu den ältesten Wettkampfsportarten.

Ringen: Das Ringen zählt zu den ältesten Wettkampfsportarten und war schon bei den alten Griechen und Römern vor mehr als 2000 Jahren bekannt. Beim Ringen versucht man, den Gegner umzuwerfen oder zu Boden zu ziehen. Jeder Kampf dauert bei Kindern und Frauen vier Minuten, bei Männern fünf. Gewonnen hat derjenige, der für seine Würfe die meisten Punkte vom Ringrichter bekommt. Ein Schultersieg bedeutet, dass einer der Ringer es geschafft hat, den anderen mit den Schultern auf den Boden zu drücken.
Es gibt zwei verschiedene Arten des Ringens: griechisch-römischer Stil und Freistil. Ringer im griechisch-römischen Stil dürfen nur oberhalb der Gürtellinie greifen, also den Gegner nicht an den Beinen festhalten. Beim Freistil dürfen sich die Ringer überall am Körper greifen und den jeweils anderen mit den Beinen umwerfen oder festhalten.

Fechten: Im Gegensatz zu den meisten anderen Kampfsportlern kämpfen Fechter mit einer Waffe in der Hand, bei der es sich um ein Florett, einen Degen oder einen Säbel handeln kann. Die Klinge der Waffe ist sehr dünn und biegsam und knickt bei einem Treffer um, damit der Gegner nicht verletzt wird. Um ihre

Augen vor der Spitze der Waffe zu schützen, tragen die Fechter Masken mit einer Art Sieb vor dem Gesicht. Gewinner eines Gefechts ist derjenige, der zuerst eine bestimmte Anzahl von Treffern landet.

LEICHTATHLETIK

Als Leichtathletik bezeichnet man eine Gruppe von Sportarten, die im Freien oder in der Halle von einzelnen Sportlern oder Mannschaften als Wettkampf ausgetragen werden. Die Leichtathletik wurde bereits vor über 2500 Jahren von den alten Griechen erfunden. Leichtathleten mussten um die Wette laufen, springen oder werfen. Heute umfasst die Leichtathletik Laufwettbewerbe sowie Sprung-, Wurf- und Stoßdisziplinen.

Laufen: Bei den Laufwettbewerben unterscheidet man Kurzstreckenläufe (100, 200 und 400 Meter), Mittelstreckenläufe (800 und 1500 Meter) und Langstreckenläufe (3000, 5000, 10.000 Meter und den Marathonlauf über 42.195 Meter). Beim Hürdenlauf muss man zwischendurch über einige Hürden springen, die auf der Bahn jedes Läufers aufgebaut werden und ungefähr einen Meter hoch sind. Es gibt den 100-Meter-Hürdenlauf (für Männer 110 Meter) und den 400-Meter-Hürdenlauf. Beson-

Hürdenlauf

? DIE KÖNIGSDISZIPLIN

Die Könige der Leichtathletik sind die Zehnkämpfer. Sie müssen Spitzenleistungen in fast allen Leichtathletikdisziplinen erbringen. Die Frauen führen einen Siebenkampf durch. Die wichtigsten Leichtathletikwettkämpfe finden im Rahmen von Weltmeisterschaften und Olympischen Spielen statt.

ders spannend sind bei vielen Wettkämpfen die Staffelläufe. Dabei laufen normalerweise vier Läufer in einer Mannschaft hintereinander.

Springen: Beim Springen unterscheidet man in der Leichtathletik Weitsprung und Hochsprung. Zum Letzteren zählt auch der Stabhochsprung, bei dem die Springer mithilfe eines langen, biegsamen Stabes in die Höhe schnellen. Die besten Stabhochspringer springen mehr als sechs Meter hoch. Beim normalen Hochsprung muss der Springer eine Querlatte überspringen. Die besten Hochspringer können etwa 2,4 Meter hoch springen. Beim Weitsprung sprintet der Athlet über eine 45 Meter lange und 1,22 Meter breite Anlaufstrecke und springt von einem Balken möglichst weit in eine mit Sand gefüllte Grube. Die besten Weitspringer schaffen fast neun Meter.

Werfen: Zum Werfen werden verschiedene Geräte benutzt. Beim Diskuswerfen kommt eine dicke Scheibe aus Metall zum Einsatz, die die Athleten ungefähr wie einen schweren Teller in der Hand halten. Hammerwerfer werfen eine Metallkugel, die an einem Seil mit Griff befestigt ist. Wie die Diskuswerfer drehen sie sich vor dem Abwurf ein paar Mal im Kreis, um Schwung zu holen. Auch beim Kugelstoßen geht es um eine Metallkugel. Diese wird aber nicht geworfen, sondern von der Schulter aus gestoßen, denn sie ist zu schwer zum Werfen. Und beim Speerwerfen benutzt man einen langen, dünnen und spitzen Stab aus Metall oder Kunststoff. Der Speer wird aus dem Anlauf heraus geworfen.

WASSERSPORT

Es gibt es eine ganze Menge von Sportarten, bei denen das Wasser eine Hauptrolle spielt. Vom Schwimmen über das Tauchen bis hin zum Rudern und zum Segeln – das alles wird als Wassersport bezeichnet.

Schmetterlingsschwimmen

Schwimmen und Wasserspringen: Schwimmen ist eine der beliebtesten Sportarten der Welt. Die ersten Schwimmwettkämpfe gab es schon um 36 vor Christus in Japan. Heute finden überall auf der Welt Schwimmwettbewerbe statt – von Wettkämpfen beim Schulsport bis hin zu den Olympischen Spielen. Beim Schwimmen gibt es vier Stilarten: Brustschwimmen, Kraul- oder Freistilschwimmen, Delfin- oder Schmetterlingsschwimmen und Rückenschwimmen. Wettbewerbe finden über Stecken von 50 bis 1500 Metern statt.

Zum Wasserspringen gehören das Kunstspringen vom ein oder drei Meter hohen Brett und das Turmspringen von unterschiedlich hohen Plattformen. Die Ausführung des Sprungs und der Schwierigkeitsgrad werden von Punktrichtern bewertet.

Ruder- und Kanusport: Kanuten und Ruderer betreiben ihren Sport auf Flüssen und Seen. Beim Rudern sitzen die Sportler immer mit

DIE BESTE AUF DEM WASSER

Die deutsche Kanufahrerin („Kanutin") Birgit Fischer ist die erfolgreichste deutsche Olympionikin. Sie gewann in verschiedenen Disziplinen des Kajaksports zwischen 1980 und 2004 insgesamt zwölf olympische Medaillen (achtmal Gold und viermal Silber); außerdem holte sie 27 Weltmeistertitel.

SUPERSCHWIMMER

Der amerikanische Schwimmer Mark Spitz ist mit insgesamt neun Olympiasiegen einer der erfolgreichsten Athleten in der Geschichte des Sports. Dem Star der Olympischen Spiele 1972 in München gelang es, sieben Goldmedaillen zu gewinnen. In allen Disziplinen erreichte er einen neuen Weltrekord.

?

dem Rücken zur Fahrtrichtung und ziehen das Ruder mit großer Kraft durchs Wasser, um das Boot zu beschleunigen. Verwendet werden Ruderboote für einen, zwei, vier oder acht Ruderer. Die Wettkampfstrecke beträgt bei den Männern 2000 Meter. Bei den Frauen ist sie 1000 Meter lang.

Beim Kanusport sitzen die Sportler in Fahrtrichtung. Es gibt zwei unterschiedliche Bootstypen: Kajak und Kanadier. Kajakfahrer benutzen ein Doppelpaddel mit einem Blatt an jedem Ende. Im Kanadier kniet der Fahrer und treibt sein Boot mit einem Stechpaddel voran. Im Kajak und Kanadier können ein, zwei oder vier Sportler Platz finden. Die Wettkampfstrecken sind 500 und 1000 Meter lang.

WINTERSPORT

Wie der Name schon sagt, sind Kälte, Schnee und Eis für den Wintersport Voraussetzung. Während man Sportarten wie Skifahren, Skispringen, Bobfahren und Rodeln im Freien betreibt, werden Wettbewerbe auf dem Eis in der Regel in Hallen durchgeführt.

Skisport: Skifahren als Sport und Freizeitvergnügen gibt es bei uns erst seit ungefähr hundert Jahren. Bei Wettbewerben unterscheidet man vier Gruppen. Die alpinen Wettkämpfe umfassen Abfahrtslauf, Slalom, Riesenslalom und Super-G (Super-Riesenslalom). Skilanglauf und Skispringen bezeichnet man als nordische Disziplinen. Im Gegensatz zu den

Skiwettbewerben, bei denen man einen Hang hinuntergleitet, wird der Langlauf überwiegend in ebenem oder leicht hügeligem Gelände betrieben. Langlaufskier sind schmaler und leichter als Alpinskier. Skispringen wird nicht als Freizeitsport ausgeübt. Für diesen schwierigen, gefährlichen Sport müssen die Skispringer besonders hart trainieren. Gesprungen wird von einer Schanze. Beim sogenannten Skifliegen auf den ganz großen Schanzen schaffen die besten Skispringer mehr als 200 Meter. Biathlon ist eine Kombination aus Langlauf und Schießen. Bei diesem Sport muss man also schnell im Langlauf sein und gut schießen können.

Snowboarding erfordert große Geschicklichkeit.

besonders elegant übers Eis zu bewegen und möglichst fehlerlos schwierige Sprünge mit Pirouetten zu zeigen. Die Übungen werden von Preisrichtern auf einer Skala von 0 bis 6 benotet. Man unterscheidet Einzelwettbewerbe für Frauen und Männer und Paarwettbewerbe. Beim Eistanz treten nur Paare auf; hier kommt es mehr auf das künstlerische Können als auf die technische Bewertung an.

SNOWBOARDING IST IN

Ein Snowboard sieht aus wie eine Mischung aus Skiern und Surfbrett. Ein Snowboarder hat jedoch nicht ein Brett an jedem Fuß, sondern er steht mit beiden Beinen auf einem einzigen breiten Brett. Das Fahren mit dem Snowboard verlangt besondere Geschicklichkeit. Man kann damit nicht nur wie auf Skiern den Abhang hinuntergleiten, sondern auch besonders gut springen. Bei einigen Snowboarder-Wettbewerben müssen die Teilnehmer möglichst schwierige Sprünge mit Drehungen und Überschlägen zeigen.

Auf dem Eis: Die Holländer benutzten bereits im 13. Jahrhundert Holzschlittschuhe mit Eisenkufen. Ab der Mitte des 19. Jahrhunderts, als es in Amerika Schlittschuhe ganz aus Metall gab, kam das Schlittschuhlaufen groß in Mode. Heute gibt es im Eislaufsport drei Wettbewerbe: Eisschnelllauf, Eiskunstlauf und Eistanz. Beim Schnelllauf kommt es auf Strecken von 500 bis 10.000 Metern nur auf die Geschwindigkeit an. Beim Eiskunstlauf ist es wichtig, sich

RADSPORT

Der Radsport ist fast so alt wie das Fahrrad selbst. Schon mit altertümlichen Hochrädern wurden Straßenrennen gefahren. Der moderne Radsport umfasst vor allem zwei Sparten, die Straßenrennen und die Bahnrennen. Die großen Straßenrennen dauern mehrere Wochen und führen über zahlreiche

Pistenradrennen

Etappen. Bahnrennen finden auf Pisten mit überhöhten Kurven statt. Sie werden in der Halle auf Holz- oder Kunststoffbahnen, im Freien auf Bahnen aus Beton und Asphalt ausgetragen. Die Bahnräder haben weder Schaltung noch Bremse.

TOUR DE FRANCE

Die Tour de France ist das größte Straßenrennen überhaupt. Jedes Jahr quälen sich Hunderte von Fahrern auf einer extrem anstrengenden Strecke von rund 3400 Kilometern quer durch Frankreich. Die Rundfahrt führt über die Alpen und Pyrenäen, wo die Radfahrer bis auf Höhen von über 2500 Meter hinauffahren. Die Schlussetappe endet immer in Paris.

TECHNIK

GESCHICHTE DER TECHNIK

Unsere Vorfahren in der Steinzeit hatten nur ihre Hände zur Verfügung, um verschiedenste Gebrauchsgegenstände herzustellen. Sie waren völlig von der Natur abhängig und mussten in Höhlen Schutz suchen. Die Jagd nach Tieren zur Nahrungsbeschaffung konnte sehr gefährlich sein, da es noch keine Waffen gab. Aber allmählich lernten die Menschen aus der Natur und konnten ihre neuen Kenntnisse zur Erfindung von hilfreichen Gegenständen einsetzen.

In der Frühzeit erfanden die Menschen Gegenstände für die Jagd.

leben und breiteten sich über viele Erdteile aus. Mit dem Feuer hielten sie wilde Tiere fern und erhitzten ihre Nahrung, wodurch diese leichter verdaut werden konnte.

FAUSTKEIL UND FEUER

Die Erfindung des Faustkeils, eines Steins mit zwei geschärften Kanten und einem spitzen Ende, war eine große Bereicherung. Ab diesem Zeitpunkt konnten die Menschen z. B. ihre Jagdbeute zerlegen, das Fell des Tieres abtrennen und daraus wärmende Decken herstellen. Um den Stein zu schärfen, schlug man zwei Steine so lange gegeneinander, bis Teile mit scharfen Kanten absplitterten. Aus dem Faustkeil entwickelten sich im Laufe der Zeit Axt und Messer. Vor mehr als 100.000 Jahren, also in der Altsteinzeit, lernten die Menschen, das Feuer zu beherrschen, und fanden heraus, wie sie es selbst entfachen konnten. Etwa indem sie Feuersteine aneinanderschlugen und mit den Funken trockenes Gras und Zweige entzündeten. Die Menschen konnten jetzt auch in kälteren Gebieten

Ein Faustkeil

DER PFLUG – DIE REVOLUTION DER STEINZEIT

Vor etwa 10.000 Jahren, also zu Beginn der Jungsteinzeit, begannen Menschen, sesshaft zu werden. Waren sie vorher Jäger und Sammler gewesen, wurden sie jetzt Ackerbauern und Viehzüchter. Das war die sogenannte „Neolithische Revolution" – also die jungsteinzeitliche Revolution. Mit der Entstehung der Landwirtschaft änderten sich die

Auch im alten Ägypten wurden Pflüge verwendet.

Lebensbedingungen der Menschen ganz entscheidend. Die Menschen entwickelten eine Vielzahl neuer Techniken, um Tiere zu zähmen und zu züchten. Außerdem erfanden sie Werkzeuge, um Nutzpflanzen wie Gerste oder Weizen zu säen und zu ernten. Eine der wichtigsten Erfindungen war der Pflug vor über 6000 Jahren. Die ersten Exemplare davon waren vermutlich noch einfache Astgabeln. Aber im Lauf der Jahrhunderte wurde der Pflug immer weiter verbessert.

DAS RAD

Eine weitere bedeutende technische Erfindung war das Rad. Das Rad wurde im 4. Jahrtausend vor Christus in Mesopotamien (im heutigen Irak) erfunden. Es war eine kreisförmige Holzscheibe, die man zunächst nur als Töpferscheibe verwendete, etwas später aber auch als Wagenrad. Bis dahin hatte man schwere Lasten wie etwa große Steine transportiert, indem man Baumstämme als Rollen darunterlegte und die Lasten darüberzog. Heute findet man Räder nicht nur an Fahrzeugen, sondern auch in vielen Maschinen, z. B. in Uhren und Motoren. Ohne die Erfindung des Rades gäbe es weder Fahrräder noch Lokomotiven oder Autos.

DIE DAMPFMASCHINE UND DIE INDUSTRIELLE REVOLUTION

Die Dampfmaschine steht ebenfalls für einen Wendepunkt in der Geschichte, nämlich für die industrielle Revolution. In einer Dampfmaschine wird Wasser in einem Kessel erhitzt und verdampft, wobei man als Heizmaterial Kohle verwendet. Der Dampf gelangt in einen Zylinder, wo sich ein beweglicher Kolben befindet. Der wird durch den Dampf hin- und herbewegt und treibt über einen ausgeklügelten Mechanismus ein Schwungrad an. So verwandelt die Dampfmaschine die chemische Energie der Kohle in Bewegungsenergie. Mit dieser Bewegungsenergie lassen sich dann andere Maschinen antreiben. Durch die Entwicklung der Dampfmaschine in

JAMES WATT

Der britische Ingenieur und Erfinder James Watt (1736–1819) hat zwar die Dampfmaschine nicht selbst erfunden, sie aber wesentlich weiterentwickelt. Seine verbesserte Dampfmaschine wurde in vielen Bereichen eingesetzt, z. B. als Antrieb für andere Industriemaschinen oder als Antriebsmotor für Fahrzeuge wie Eisenbahnen und Dampfschiffe.

Mobile elektrische Beleuchtungsanlage mit Dampfmaschine, Dynamomaschine und Scheinwerfer von 1873

der Mitte des 18. Jahrhunderts und die Entstehung von Fabriken wurde es möglich, viele Gegenstände in großen Mengen schneller herzustellen. Vor der Dampfmaschine waren zur Energieerzeugung vorrangig Wasser- und Windenergie genutzt worden, z. B. in Mühlen zum Mahlen von Korn. Nun war man von der Natur nicht mehr so sehr abhängig. Mit der Dampfmaschine konnten beispielsweise in der Textilindustrie mechanische Webstühle angetrieben und mit weniger Arbeitern mehr Stoffe hergestellt werden – schneller und billiger. Die Erzeugung vieler Güter wurde zunehmend maschinell.

TECHNIK HEUTE

Seit der Erfindung des Faustkeils hat sich die Technik rasant entwickelt. Die technischen Erfindungen haben unser Leben seitdem völlig verändert. Verglichen mit unseren Vorfahren leben wir heute in Europa und anderen industrialisierten Ländern dank der Technik in großem Wohlstand. So können wir dank der Informationstechnik mit vielen Menschen auf der ganzen Welt Nachrichten austauschen. Die Verkehrstechnik ermöglicht uns, binnen kurzer Zeit große Strecken zu bewältigen und so fremde Länder zu bereisen. Mithilfe hoch entwickelter Medizintechnik können heute Krankheiten geheilt werden, bei denen es früher keine Rettung gab.

BEREICHE DER TECHNIK

Die Technik wird heute in verschiedene Gebiete eingeteilt, die die meisten Bereiche unseres täglichen Lebens beeinflussen. Wir benötigen die Technik, damit Häuser gebaut werden können, in denen wir leben oder arbeiten. Wenn wir verreisen, sind wir auf die Bahn, das Auto oder das Flugzeug angewiesen. Zum Lernen, Spielen oder für Informationen aus dem Internet brauchst du einen Computer, in dem ebenfalls viel Technik steckt. Und wenn wir fernsehen oder ins Kino gehen und uns aber vorher übers Telefon oder Handy mit Freunden verabreden wollen, sind wir wieder von der Technik abhängig. Also könnten wir ohne Technik kein besonders angenehmes Leben führen.

ELEKTRONIK

Die Elektronik ist die Technik von elektrischen und elektronischen Geräten. Durch sie fließen Elektronen (Elementarteilchen) und sorgen für den elektrischen Strom. Im Innern solcher Geräte gibt es elektronische Schaltungen, in denen viele elektronische Bauteile miteinander verbunden sind. Die Bauteile steuern den Fluss der Elektronen so, dass das Gerät die unterschiedlichsten Aufgaben erfüllen kann – von der Steuerung von Maschinen bis zur schnellen Übermittlung von Informationen wie Bilder, Texte oder Töne. So ermöglichen es elektrische Schaltkreise in einem Computer, dass Daten gespeichert und verändert werden können. Und ein Fernseher empfängt über eine Satellitenschüssel oder über Kabel Signale und wandelt sie in Bild und Ton um. In einer Schaltung sind viele Bauteile über Drähte oder sogenannte Leiterbahnen miteinander verbunden. Elektronische Bauteile sind elektrische Widerstände, Transistoren, Dioden und Kondensatoren.

Ein Chip

Mithilfe elektronischer Schaltkreise können Daten im Computer gespeichert werden.

? KONRAD ZUSE

Der deutsche Bauingenieur Konrad Zuse (1910–1995) baute 1936 die erste Rechenmaschine, die mit dem binären Zahlensystem arbeitete. Das Binärsystem ist die Sprache der Computer – so eine Art Geheimsprache. Mit ihm lassen sich aus Nullen und Einsen alle Zahlen bilden. Konrad Zuse wollte sich mit dem Computer das Leben einfacher machen, da er beruflich immer wieder dieselben Berechnungen durchführen musste.

BAUTECHNIK

Unter Bautechnik versteht man alle technischen Arbeiten und Verfahren, um Bauwerke aller Art zu errichten, aber auch die Gewinnung und Herstellung von Baustoffen. Im Bauwesen unterscheidet man den Hochbau,

Beim Hochbau werden beispielsweise Wohnhäuser gebaut.

den Tiefbau, den Wasserbau und den Ingenieurbau.

Der Hochbau beschäftigt sich mit oberirdischen Bauwerken, z. B. Wohnhäusern. Der Tiefbau befasst sich mit Bauwerken, die unmittelbar auf bzw. unter der Erdoberfläche liegen – beispielsweise mit dem Bau von Eisenbahngleisen, Straßen und Tunnels. Beim Wasserbau stehen vor allem der Bau von Schleusen, Dämmen und Kanälen im Mittelpunkt. Die Arbeiten von Bauingenieuren stehen beim Ingenieurbau im Vordergrund, z. B. der Bau von Brücken und Hochstraßen.

MASCHINENBAU

Zum Maschinenbau gehört der Bau von Büromaschinen (Faxgerät, Kopiergerät, Computerdrucker), Druckmaschinen, Kraftmaschinen, Textilmaschinen (Webstühle, Strickmaschinen) und Werkzeugmaschinen (Bohrmaschinen, Fräsmaschinen, Hobelmaschinen).

Druckmaschinen: Druckmaschinen werden zum Herstellen von Druckerzeugnissen (Buch, Zeitung) verwendet.

Seit der Erfindung der Druckerpresse wurden die Druckmaschinen stetig verbessert. Ein großer Fortschritt war die Erfindung der sogenannten Rotationsdruckmaschine um 1863. Bei dieser Druckmaschine wurden nicht einzelne Seiten, sondern ganze Papierrollen bedruckt – die einzelnen Zeitungsseiten z. B. schnitt man erst nach dem Druck von der Rolle ab. Heute kann man nicht nur Texte, sondern auch Bilder aufs Papier bringen. Dazu gibt es unterschiedliche Verfahren und die entsprechenden Maschinen dazu. Die wichtigsten Druckverfahren sind Hochdruck, Tiefdruck, Flachdruck – auch Offsetdruck genannt – und Durchdruck (dazu zählt z. B. das Siebdruckverfahren).

Kraftmaschinen: Alle Geräte, die Energie in Bewegung oder mechanische Arbeit umwandeln, bezeichnet man als Kraftmaschinen. Sie werden zum Antrieb von Arbeitsmaschinen und Fahrzeugen verwendet.

Keine Maschine erzeugt die Kraft, die zur Verrichtung einer Arbeit nötig ist, aus dem Nichts. Immer muss ihr zuerst Energie zugeführt werden – entweder durch eine Person, die Muskelarbeit verrichtet, mithilfe eines Motors oder auch durch Naturkräfte wie bei einer Windmühle. Kraftmaschinen sind z. B. Elektromotoren, Verbrennungsmotoren, aber auch die Dampfmaschine sowie Turbinen (Kraftwerke) und Windräder.

Damit viele unserer Geräte funktionieren, brauchen sie einen Elektromotor, der elektrische Energie in Bewegung umwandelt. Waschmaschine, Staubsauger, Föhn und Bohrmaschine, aber auch schwere Werkzeugmaschinen haben solche Motoren. Elektromotoren funktionieren mit Magnetismus. Fließt Strom durch eine Drahtspule, baut sich ein magnetisches Feld auf. Liegt die Drahtspule in einem anderen Magneten, so dreht sie sich sehr schnell und treibt das Gerät an.

?

ERFINDUNG DES BUCHDRUCKS

Die Druckerpresse mit beweglichen Lettern erfand der Goldschmied Johannes Gutenberg (1400–1468) aus Mainz. Er entwickelte um das Jahr 1450 ein Verfahren, mit dem man aus Blei einzelne Buchstaben gießen konnte. Mit den Buchstaben ließ sich der ganze Text für eine Buchseite aneinanderlegen und mit Druckerschwärze in einer Presse auf Papier drucken. Die Buchstaben konnten anschließend für den nächsten Text erneut verwendet werden. Dank dieser Erfindung konnte man viele Exemplare eines Buches recht schnell und einfach herstellen.

Johannes Gutenberg

Der Sternmotor dieser Propellermaschine gehört zu den Kraftmaschinen.

In Verbrennungsmotoren wird chemische Energie über Wärmeenergie in mechanische Energie umgewandelt. Brennstoffe sind hauptsächlich Benzin und Diesel. Kraftfahrzeuge (Autos und Lastwagen) fahren mit Verbrennungsmotoren. Verbrennungsmotoren treiben auch Diesellokomotiven an.
Die Turbine ist eine Maschine, in der die Strömungsenergie von Wasser, Dampf oder Gas in mechanische Energie umgesetzt wird. Das Grundelement einer Turbine sind Laufräder, die mit Schaufeln versehen sind. Die Strömungsenergie, z. B. Dampf, bringt die Schaufelräder zum Drehen. Die drehende Turbine treibt einen Generator an, der schließlich die Bewegungsenergie der Drehung in elektrische Energie umwandelt. Vorläufer der Turbine waren Windrad und Wasserrad. Es gibt Wasserturbinen, Dampfturbinen und Gasturbinen. Turbinen werden beispielsweise in Kraftwerken zur Stromerzeugung eingesetzt oder dienen als Antriebsmaschinen für Schiffe.

VERKEHRSTECHNIK

Die Technik begleitet uns auch auf dem Weg zur Arbeit, zur Schule, wenn wir verreisen wollen, oder beim Transport von Gütern – auf der Straße, auf der Schiene, auf dem Wasser oder in der Luft.

Auf der Straße: Als der deutsche Maschinenbauer Carl Benz (1844–1929) um 1885 sein dreirädriges Fahrzeug mit Motorenantrieb entwickelte, hatte er wohl keine Vorstellung davon, wie kompliziert die Autos einmal sein würden. Moderne Autos sind Kraftfahrzeuge, die zahlreiche mechanische und elektronische Systeme enthalten, die genau aufeinander abgestimmt sein müssen. Das Treibstoffsystem mit der Benzinpumpe führt dem Motor den Treibstoff zu. Das Zündungssystem erzeugt den elektrischen Funken genau dann, wenn das Treibstoff-Luft-Gemisch verbrennen soll. Das

?

BENZIN- UND DIESELMOTOR
Den Benzinmotor erfand 1883 der deutsche Ingenieur Gottlieb Daimler (1834–1900), den Dieselmotor zehn Jahre später der deutsche Ingenieur Rudolf Diesel (1858–1913). Beide Motoren liefern seit der Erfindung des Autos den Antrieb für Fahrzeuge und sind aus dem modernen Verkehr nicht mehr wegzudenken.

Getriebesystem überträgt die Kraft des Motors auf die Antriebsräder. Das Kühlsystem verhindert, dass der Motor sich überhitzt. Das Bremssystem bringt das Auto schnell zum Stehen.
Autos kann man nach Personenkraftwagen und Nutzkraftwagen unterteilen. In Personenkraftwagen (Pkw) werden, wie der Name schon sagt, Personen befördert. Nutzfahrzeuge werden gebaut, um schwere Lasten oder viele Menschen zu transportieren. Lastkraftwagen (Lkw) besitzen große Ladeflächen und Stauräume für Ladung. Busse haben viele Sitzplätze für Passagiere. Es gibt auch Spezialfahrzeuge wie Rettungswagen oder Müllwagen.

Rettungswagen zählen zu den Spezialfahrzeugen.

HAST DU SCHON GEWUSST,

dass es 1865 ein Gesetz in England gab, das uns heute seltsam vorkommt? Die Geschwindigkeit der damals dampfbetriebenen Wagen war auf drei Kilometer pro Stunde beschränkt. Dem Wagen musste eine Person mit einer roten Fahne vorausgehen, um entgegenkommende Fahrzeuge wie Pferdekutschen und unvorsichtige Fußgänger vor dem herannahenden Auto zu warnen.

?

Auf Schienen: Schon in der Antike benutzten Römer und Griechen Spurrillen, um ihre schweren Wagen zu führen. Die ersten Schienenbahnen kannte man aber erst seit dem Mittelalter. Die ersten richtigen eisernen Schienen wurden 1789 benutzt. Sie konnten viel größere Belastungen aushalten als Holzschienen und gingen nicht so schnell kaputt.

Die ersten Dampflokomotiven erreichten eine Höchstgeschwindigkeit von etwa 50 Kilometern in der Stunde. Seitdem hat die Technik so rasante Fortschritte gemacht, dass Geschwindigkeiten um die 300 Kilometer in der Stunde, wie sie der ICE erreicht, keine Seltenheit mehr sind. Es gibt drei Arten von Lokomotiven: Dampfloks, Dieselloks und Elektroloks.

Auf dem Wasser: Der Einbaum ist möglicherweise die älteste Form eines Wasserfahrzeugs. Die ersten größeren Schiffe entstanden um 3000 vor Christus in Ägypten und waren aus Schilf gebaut. Segelschiffe gibt es seit etwa 4000 Jahren. Die ersten fuhren wohl in Ägypten auf dem Nil. Diese Schiffe besaßen einen Rumpf aus Holz und hatten ein einzelnes viereckiges Segel, das an dem einzigen Schiffsmast befestigt war. Sie wurden durch die Kraft des Windes, aber auch durch den Gebrauch von zusätzlichen Stangen und Rudern vorwärtsbewegt. Später wurden größere Segelschiffe aus Holz gebaut, die mehrere hohe Masten mit riesigen Segeln besaßen. Moderne Schiffe sind nicht mehr vom Wind abhängig, da sie über leistungsstarke Motoren verfügen. Die ersten Schiffe ohne Segel waren Dampfschiffe, die es seit Anfang des 19. Jahrhunderts gibt. Moderne Schiffe werden in der Regel aus Stahl gebaut und von Dieselmotoren angetrieben. Heute werden Schiffe für Vergnügungsreisen, vor allem aber zum Transport ganz unterschiedlicher Güter benutzt – so transportieren z. B. Tankschiffe in ihren Tanks riesige Mengen Erdöl oder andere flüssige Ladung.

Segelboot

In der Luft: Fliegen kann der Mensch seit 1783 mithilfe von Ballons, die mit Gas oder heißer Luft gefüllt waren. Den ersten Flug mit einem Motorflugzeug unternahmen die Brüder Wright aus den USA im Jahr 1904. Sie kamen 40 Meter weit – das ist weniger als die Länge eines modernen Jumbojets!
Heute gibt es die unterschiedlichsten Flugzeuge für die verschiedensten Zwecke, die aber alle etwas gemein haben: Sie haben starre

Elektrolok

HAST DU SCHON GEWUSST,

dass die erste Untergrundbahn die Londoner Metropolitan war? Sie nahm 1863 ihren Betrieb auf. Damals wurde sie noch von einer Dampflok gezogen. Weil der Rauch in den Tunneln sehr unangenehm war, ersetzte man sie ab Ende des 19. Jahrhunderts durch neu entwickelte Elektroloks.

?

Flügel (Tragflächen), die für den Auftrieb sorgen, also dafür, dass das Flugzeug überhaupt aufsteigen kann und sich dann in der Luft hält. Flugzeuge erheben sich aufgrund der Form ihrer Flügel in die Luft. Die Luft strömt über die gewölbte Flügeloberseite schneller als über die flache Unterseite. Dadurch entsteht an der Oberfläche ein Sog, der das Flugzeug nach oben zieht. An der Unterseite entsteht ein Stau, der es hochdrückt. Beide Kräfte zusammen ergeben den nach oben gerichteten Auftrieb. Wird der Auftrieb größer als das Gesamtgewicht des Flugzeugs, so hebt das Flugzeug ab.

KOMMUNIKATION UND INFORMATION

Unsere moderne Welt wird von einer Flut aus Informationen beherrscht, die uns die hoch entwickelte Nachrichtentechnik ermöglicht. Sie umfasst vor allem Telefon, Funk und Fernsehen sowie Satellitentechnik.
Heute können wir Tausende von Kilometern mit dem Telefon im Bruchteil einer Sekunde überbrücken. Das Telefon verwandelt Schallwellen in elektrische Signale und schickt sie dann an den Empfänger. Lange Zeit legten diese Signale den Weg in Metallkabeln zurück. Heute werden sie in Form von Laserlicht in Glasfaserkabeln oder als Radiowellen übertragen, die man auf Satelliten im Weltall richtet. So ist ein weltweites Kommunikationsnetz entstanden, in dem nicht nur Gespräche geführt werden, sondern auch Schriftstücke und Fotografien in Sekundenschnelle übertragen werden können.

Satelliten – Botschaften aus dem Weltraum:
Hunderte von künstlichen Satelliten umkreisen heute die Erde. Viele von ihnen sind sogenannte Kommunikationssatelliten, d. h., sie übertragen Fernsehsendungen oder stellen Telefonverbindungen her. Mit anderen Satelliten beobachtet man die Erde. Wettersatelliten beispielsweise haben Kameras an Bord, mit denen

Durch Satelliten werden Informationen auf der ganzen Welt weitervermittelt.

Aufnahmen von der Erde und ihrer Atmosphäre gemacht werden. Diese Aufnahmen sind für Wettervorhersagen und die Klimaforschung sehr wichtig. Navigationssatelliten senden Signale aus, mit denen man die Position eines Schiffes auf dem Meer oder die eines Flugzeuges in der Luft bestimmen kann. Es gibt auch Forschungssatelliten, deren Beobachtungsinstrumente auf unsere Nachbarplaneten oder weite Galaxien gerichtet sind. Mit ihrer Hilfe wird der Weltraum erforscht.

?

DIE ERFINDUNG DES TELEFONS
Der Italiener Antonio Meucci (1808–1896) beschäftigte sich bereits um 1854 mit der Erfindung des Telefons. 1871 meldete er das Patent dafür an. Da er die Patentgebühr aber nur bis 1874 bezahlen konnte, lief sein Patent aus. Nun kam ihm Alexander Graham Bell (1847–1922) zuvor. Denn auch er hatte ein Telefon gebaut, das er 1876 patentieren ließ. Bell stellte daraufhin sein Telefon auf der Weltausstellung in Philadelphia vor und gründete die Firma Bell Telephone Company.

Wirtschaft ist allgegenwärtig in unserem Leben. Auch junge Menschen sind als Käufer oder Sparer, als Auszubildende oder Ferienjobber auf vielfältige Weise wirtschaftlich aktiv. Viele Situationen des Alltags, gesellschaftliche und politische Fragen sind mit der Wirtschaft eng verknüpft.

WAS VERSTEHT MAN UNTER WIRTSCHAFT?

Zur Wirtschaft gehören alle Tätigkeiten und Einrichtungen (z. B. Unternehmen, private und öffentliche Haushalte), die der planvollen Deckung der **menschlichen Bedürfnisse** dienen. Dazu zählen die Erzeugung, der Verbrauch, der Umlauf und die Verteilung von Gütern sowie Dienstleistungen. An diesen wirtschaftlichen Vorgängen nehmen nicht nur große Unternehmen und der Staat teil, sondern auch wir sind täglich daran beteiligt.

WIE ALLES ANFING

Mit der **Entwicklung der Landwirtschaft** in der Jungsteinzeit vor etwa 10.000 Jahren nahm auch das wirt-

Jeder Mensch ist mit der Wirtschaft eng verknüpft.

schaftliche Handeln seinen Lauf. Bis dahin lebten die Menschen als Jäger und Sammler. Hatte man Glück bei der Jagd, hatten alle zu essen, anderenfalls hungerten die Menschen. Durch die Landwirtschaft konnte man auch für Notzeiten vorsorgen: Das geerntete Getreide konnte für den Winter gelagert werden und Haustiere wie Kühe dienten als **Nahrungsmittelvorrat**. Dabei musste der Bauer vorausschauend und zielgerichtet, also „wirtschaftlich" vorgehen. Natürlich umfasst unsere Wirtschaft heute sehr viel mehr als die Landwirtschaft. Dennoch trifft unsere moderne Definition genauso auf die damalige Situation wie das heutige Wirtschaftsgeschehen zu.

Die Landwirtschaft war eine der ersten Wirtschaftsformen.

WIRTSCHAFTSBEREICHE

Seitdem die Menschen sesshaft geworden sind, gibt es Arbeitsteilung. Über die Jahrtausende hinweg haben sich unzählige Berufe und Techniken der Warenproduktion entwickelt. Um in dieses scheinbare Chaos von Berufen Ordnung zu bringen, haben Wissenschaftler das Wirtschaftsleben in Bereiche, sogenannte Sektoren, gegliedert. Der **primäre (erste) Sektor** umfasst alle Tätigkeiten, bei denen es um die Gewinnung von Naturprodukten und Rohstoffen geht. Die Wirtschaftszweige sind Landwirtschaft, Forstwirtschaft und Fischerei. Der **sekundäre (zweite) Sektor**

Wir verdienen in verschiedenen Wirtschaftsbereichen unser Geld.

umfasst alle Tätigkeiten zur Weiterverarbeitung von Rohstoffen in Fertigprodukte. Dazu zählen alle Wirtschaftszweige in den Bereichen Industrie, Handwerk und Bergbau. Beim **tertiären (dritten) Sektor** handelt es sich um Dienstleistungen. Die wichtigsten Wirtschaftszweige dieses Bereichs sind Handel und Verkehr, Tourismus, Bildungswesen, Gesundheitswesen, Verwaltung, Banken, Medien, Rechts- und Justizwesen, Sicherheits- und Streitkräfte.

ter zum Problem werden, wenn die Unternehmer ausbeuterisch handeln. Um diese Menschen zu schützen, wurde das System der sozialen Marktwirtschaft geschaffen. Viele Staaten, auch die Bundesrepublik Deutschland, regeln daher das wirtschaftliche Zusammenleben ihrer Bürger durch Gesetze wie beispielsweise Kündigungsschutz oder eine Arbeitslosenversicherung. In der **sozialen Marktwirtschaft** herrscht nicht der reine Wettbewerb der Stärksten wie in der freien Marktwirtschaft, sondern es wird auch für die Schwächeren gesorgt.

In einer **Planwirtschaft** bestimmt der Staat darüber, welche Produkte wo und in welchen Mengen hergestellt werden. Grund und Boden sowie alle Erzeugnisse gehören dem Staat und nicht einzelnen Bürgern. In vielen sozialistischen Ländern wurde bis Ende des 20. Jahrhunderts Planwirtschaft betrieben. Im Alltag kam es aber immer wieder zu Fehlplanungen, z. B. wurde von vielen benötigten Waren zu wenig hergestellt oder die Verteilung im Land funktionierte nicht.

WIRTSCHAFTSFORMEN

Die Basis der wirtschaftlichen Prozesse ist die Wirtschaftsordnung eines Landes. Die Wirtschaftsordnung regelt, wie eine Wirtschaft aufgebaut sein soll und welchen gesetzlichen Rahmenbedingungen sie unterliegt. Dabei unterscheidet man zwischen Marktwirtschaft und Planwirtschaft. In der **Marktwirtschaft** entscheiden Haushalte und Unternehmen selbst darüber, was und wie viel sie herstellen, kaufen oder verkaufen wollen. Wenn der Staat möglichst wenig in das Wirtschaftsgeschehen eingreift, spricht man von einer **freien Marktwirtschaft**. Allein Angebot und Nachfrage regeln die Wirtschaft. Das kann für die schwächeren Teilnehmer wie die Arbei-

WIE FUNKTIONIERT DER INTERNATIONALE HANDEL?

Viele Waren, die wir im Alltag verwenden, kommen aus dem Ausland. Die Länder der Erde stehen heute in vielfältigen **wirtschaftlichen Beziehungen**. Der internationale Handel beruht, ebenso wie der Handel innerhalb eines Landes, auf Arbeitsteilung und Spezialisierung: Jedes Land produziert und verkauft die Waren, die es am besten und billigsten herstellen kann. Von dem Erlös kauft es die Güter, die in anderen Ländern günstiger und besser produziert wurden. Die zunehmende internationale Zusammenarbeit und Vernetzung rund um den Erdball fasst man heute unter dem Sammelbegriff **Globalisierung** zusammen.

Wir betreiben weltweit unseren Handel.

NATUR UND UMWELT

NATUR UND UMWELT

Als Natur bezeichnen wir die Gesamtheit der Umwelt, die nicht von Menschenhand geschaffen wurde. Dazu zählen alle Lebewesen, die die Erde bevölkern (z. B. Tiere, Pflanzen, Menschen), aber auch meteorologische Erscheinungen wie das Wetter. Um die Erde noch lange in gutem Zustand zu erhalten, müssen wir mit der Natur und der Umwelt sorgfältig umgehen und sie schützen, damit sie weiterhin unser schöner blauer Planet bleibt.

Unsere Natur muss geschützt werden.

WETTER – WITTERUNG – KLIMA

Das Wetter hat Einfluss darauf, wie wir wohnen, was wir essen und sogar, was wir anziehen. Aber was genau ist Wetter eigentlich? Wenn über das Wetter geredet wird, hören wir auch oft Begriffe wie Witterung und Klima. Du hast dich sicher schon gefragt, was genau ist was? Eigentlich versteht man unter Wetter den Zustand an einem bestimmten Ort zu einer bestimmten Zeit. Beobachtet man das Wetter an einem Ort über einen längeren Zeitraum, spricht man von Witterung. Bei uns kann z. B. im Sommer eine schwülwarme oder trockenmilde Witterung herrschen.

Unter Klima schließlich versteht man die Wetterabläufe, die in einem großen Gebiet, z. B. in der Wüste oder in der Antarktis, über einen langen Zeitraum gemessen werden. Die Meteorologen (Wissenschaftler für Wetterkunde) untersuchen über viele Jahrzehnte hinweg gesammelte Daten und können dann ableiten, welches Wetter und welche Witterung an einem Ort zu einer bestimmten Jahreszeit zu erwarten sind. Das Wetter bestimmt unser ganzes Leben.

WETTERPHÄNOMENE

Wind und Sturm, Regen und Schnee, Nebel und Sonnenschein – all diese Erscheinungen gehören zum Wetter. Sie entstehen durch das Zusammenspiel von Sonne, Wasser und Luft. Aber wie kommen sie genau zustande?

Wenn der Wind weht: Luft übt einen ständigen Druck auf uns aus. Dieser Luftdruck verändert sich mit zunehmender Höhe, er wird aber auch von der Lufttemperatur beeinflusst. Als Folge dieser Luftdruckunterschiede treten Ausgleichsströmungen auf, die wir Wind nennen. Winde können schwach und sanft sein, aber auch schnell und stark.

Die Stärke des Windes wird auf der Beaufortskala gemessen. Früher, als die Segelschiffe vom Wind abhängig waren, spielte neben der Windrichtung vor allem die Windstärke eine ent-

Das Wetter von einem Satelliten aus beobachtet

scheidende Rolle. Der britische Admiral Sir Francis Beaufort stellte eine Skala der Windstärken auf, die auch heute noch in Gebrauch ist. Diese Skala umfasst 13 Windstärken von Null bis Zwölf.

Wasser von oben: Wasserdampf ist ein Gas, das durch Verdunstung von Wasser aus Meeren, Flüssen und Seen entsteht und in der Luft enthalten ist. Sobald er abkühlt, bildet er winzige Wassertropfen, die sich zu Wolken vereinigen. Wenn sich die winzigen Wasserteilchen zu größeren Tröpfchen zusammenschließen, werden sie irgendwann so schwer, dass sie zur Erde fallen: Es regnet. Nach dem Regen verschwinden die Wolken wieder, weil das in ihnen enthaltene Wasser ja auf die Erde zurückgekehrt ist.

Wolken und Nebel: Wolken verteilen sich oft über den ganzen Himmel, sodass sie dicht über dem Erdboden, aber auch noch in rund 18 Kilometern Höhe auftauchen können. Sie haben ganz unterschiedliche Formen und Größen. Es gibt verschiedene Wolkenfamilien, die jeweils in einer bestimmten Höhe schweben. Ganz hoch oben befinden sich die Zirruswolken, die aus Eiskristallen bestehen. Dann gibt es hohe Schäfchenwolken (Zirrokumulus), die wie kleine, weiße Sahneflocken erscheinen. Die faserigen, hohen Schleierwolken (Zirrostratus) legen sich wie ein Schleier über den Himmel. Im mittleren Bereich finden wir dicke, graue oder bläulich erscheinende Schichtwolken (Altostratus) aus Wassertröpfchen und Eiskristallen. Außerdem gibt es in dieser Höhe auch noch Haufenwolken (Altokumulus), die wie Dampfwölkchen aussehen und vorwiegend aus kühlen Wassertröpfchen bestehen.

Weiter unten findet man die hell- bis dunkelgrauen Regenschichtwolken (Nimbostratus). Sie haben keine klare Abgrenzung, wirken also wie ein Wolkenmeer und bringen meist Dauerregen. Auch die grauen Schichtwolken (Stratus), die ungefähr 600 Meter über dem Erdboden wie eine Decke erscheinen, bringen Niederschläge. Aus ihnen fällt Sprühregen.

Zusätzlich zu diesen Wolken gibt es noch solche, die mehrere Stockwerke durchstoßen: Zu ihnen zählen die Haufenwolken (Kumulus), die wie ein Blumenkohl leuchtend weiß in den blauen Himmel wachsen. Besonders beeindruckend sind die Gewitterwolken (Kumulonimbus). Sie ragen wie ein dunkles Gebirge weit in die Höhe und bringen schwere Regenschauer, die oft von Blitz und Donner begleitet werden. Bildet sich eine Wolke in Boden-

Es gibt die verschiedensten Wolkenformen.

nähe, nennt man sie Nebel. Der Nebel besteht aus winzigen Wassertröpfchen, die in der Luft schweben. Nebel entsteht häufig über kalten Meeren, Flüssen und Seen.

Donner und Blitz: Ein Gewitter ist wie ein prächtiges Feuerwerk am Himmel, kann aber sehr beängstigend sein. Das richtige Gewitterwetter entsteht, wenn es in heißen Sommern sehr drückend und schwül wird. Das Wasser in Flüssen und Seen wird durch die Sonnenstrahlen erwärmt, verdunstet und wird zu Wasserdampf. Die erwärmte Luft steigt mit dem Wasserdampf in die Höhe. Dabei wird sie immer

ÜBERSCHWEMMUNGEN

Zu Hochwasser und Überschwemmungen kommt es, wenn starke Regenfälle die Flüsse über die Ufer treten lassen. Die schlimmsten Überschwemmungen werden jedoch durch Wirbelstürme und Seebeben verursacht. Durch die Erschütterungen des Meeresbodens wird eine mächtige Meereswelle ausgelöst, die man Tsunami nennt. Sie erreicht mit Geschwindigkeiten von bis zu 700 Stundenkilometern die Küste und kann so hoch sein wie ein 15-stöckiges Gebäude.

Ein Blitz

kühler, denn sie entfernt sich immer mehr von der Erde, die Wärme abstrahlt. Die winzigen Wasserdampfteilchen rücken in dieser kühleren Umgebung enger zusammen und werden zu größeren Wassertröpfchen. Aus ihnen entstehen die ersten kleineren Gewitterwolken, die im Laufe des Tages immer weiterwachsen und sich zu typischen Haufenwolken entwickeln. In diesen riesigen Gewitterwolken baut sich eine elektrische Ladung auf, die in Form eines verästelten Blitzes auf die Erde überspringen kann. Kurz nachdem es geblitzt hat, hören wir den Donner. Der Donner ist eine Schallwelle, die durch die Ausdehnung der von einem Blitz erhitzten Luft entsteht. Wir nehmen ihn als Krachen oder Rollen wahr. Da sich der Donner nur mit Schallgeschwindigkeit ausbreitet, kann man aus dem zeitlichen Abstand zwischen Blitz und Donner auf die Entfernung des Gewitters schließen. Gewitter werden oft von wolkenbruchartigem Regen oder Hagel begleitet.

Eine weiße Schneedecke

Schnee – die weiße Pracht: Schnee besteht aus winzigen Eiskristallen. Er entsteht in hohen Wolken bei niedrigen Temperaturen. Regentropfen beginnen oft als Eiskristalle zu fallen, die auf ihrem Weg zur Erde schmelzen. Wenn das Wetter kalt ist, gelangen die Eiskristalle als Schnee auf den Boden und bilden eine weiße Decke auf der Erde.

KLIMA UND JAHRESZEITEN

Das für ein Gebiet typische Wetter wird als Klima bezeichnet. Jede Landschaft der Erde hat ihr eigenes Klima. Daher ist es an manchen Orten überwiegend heiß oder kalt, an anderen meist feucht oder trocken. Im Verlauf eines Jahres ändert sich das Wetter, denn die Erde umrundet die Sonne genau in einem Jahr. Diese Veränderungen werden Jahreszeiten genannt. Die Jahreszeiten mit ihrem unterschiedlichen Klima kommen unter anderem durch die Neigung der Erdachse zustande. Fast auf der ganzen Erde gibt es vier Jahreszeiten, an den Polen jedoch nur zwei.

Klimazonen: Auf der Erde gibt es große Gebiete, in denen das Klima ziemlich einheitlich ist. Man bezeichnet sie als Klimazonen. Wichtige Unterscheidungsmerkmale zwischen den einzelnen Klimazonen sind Temperatur und Niederschlagsmenge. Man unterscheidet tropisches, gemäßigtes und polares Klima. Tropisch bedeutet, dass es das ganze Jahr über warm ist. Die tropischen Regionen der Erde liegen im Bereich um den Äquator. In der Arktis und Antarktis, also den Gebieten um den Nord- und Südpol, ist es umgekehrt, hier herrscht das ganze Jahr über ein sehr kaltes Polarklima. Je näher man übrigens den sehr kalten Regionen direkt am Nord- oder Südpol kommt, desto trockener wird es. Die Luft ist so kalt, dass kaum noch Wasser verdunstet. Der Schnee und das Eis dort sind viele Jahrhunderte oder sogar Jahrtausende alt. Zwischen den Polen und dem Äquator liegen die Zonen mit gemäßigtem

Klima, in denen es je nach Jahreszeit warm oder kalt ist. Innerhalb des gemäßigten Klimas unterscheidet man die warm- und die kühlgemäßigte Klimazone. In der warmgemäßigten Klimazone (Subtropen) liegt z. B. der Mittelmeerraum. Sobald man nach Norden die Alpen überquert hat, befindet man sich im kühlgemäßigten Klima; in dieser Klimazone liegt auch Deutschland.

Unsere vier Jahreszeiten: Wir unterteilen das Jahr in Jahreszeiten. Wenn auf der nördlichen Hälfte der Erde, der Nordhalbkugel, Winter herrscht, ist auf der südlichen Hälfte, der Südhalbkugel, Sommer.

Der Frühling ist die Zeit, in der die Tage länger und wärmer werden. Die Nächte sind noch kühl. Der Frühling beginnt auf der Nordhalbkugel, wo auch wir leben, am 21. März und endet am 21. Juni.

Im Herbst wird es kälter und die Blätter verfärben sich.

Der Sommer ist die wärmste Jahreszeit. Die Sonne steht hoch am Himmel, sodass die Sonnenstrahlen fast senkrecht auf die Erde fallen. Die Tage sind lang, die Nächte kurz. Auf der Nordhalbkugel beginnt der Sommer am 21. Juni und endet am 23. September.

Im Herbst werden die Tage kürzer und die Nächte länger. Es wird allmählich kälter, es gibt viel Nebel und gelegentlich auch Bodenfrost. Der Herbst beginnt bei uns am 23. September und endet am 21. Dezember.

Der Winter ist die kälteste Jahreszeit. Die Sonne steht tief am Himmel; ihre wärmende Wirkung lässt stark nach. Die Tage sind kurz, die Nächte lang. Der Winter beginnt am 21. Dezember und endet am 21. März.

HAST DU SCHON GEWUSST,

dass bei Frühlings- und Herbstbeginn die Sonne direkt über dem Äquator steht? Tag und Nacht sind an diesen beiden Tagen auf der ganzen Welt mit jeweils zwölf Stunden gleich lang. Man spricht dann auch von Tagundnachtgleiche.

LEBEWESEN AUF DER ERDE

Wo man auch hinsieht – überall ist Leben. In einem Tropfen Wasser leben mikroskopisch kleine Geschöpfe und auf Brotkrümeln wachsen winzige Schimmelpilze. Lebewesen besiedeln das Land ebenso wie die Meere und können sich auch unter sehr unwirtlichen Bedingungen vermehren – sei es in trockenen Wüsten oder auf eiskalten Berggipfeln.

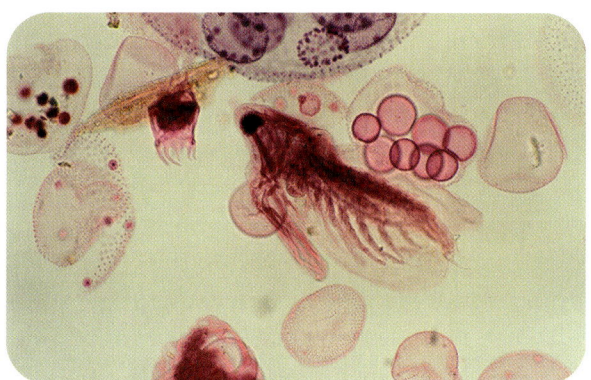

Auch Bakterien zählen zu den Lebewesen.

DAS TIERREICH

Das Tierreich ist in insgesamt 30 Gruppen gegliedert, die man Stämme nennt. Diese Stämme umfassen sowohl Wirbeltiere als auch wirbellose Tiere.

WIRBELLOSE TIERE

Als Wirbellose bezeichnet man alle Tiere ohne Wirbelsäule. Mit 97 Prozent bilden sie die große Mehrheit des Tierreiches. Die Wirbellosen reichen von einfachen Schwämmen bis zu relativ hoch entwickelten Tieren wie Insekten oder Kopffüßern (z. B. Kraken), die zu den Weichtieren gehören. Die größte Gruppe der wirbellosen Tiere und damit auch die größte Tiergruppe überhaupt sind die Gliederfüßer, Tiere mit einem gegliederten Körper und einem harten Außenskelett. Während seiner Entwicklung muss sich ein Gliederfüßer von Zeit zu Zeit häuten, weil sein Außenskelett nicht mit dem Körper mitwächst. Der Stamm der Gliederfüßer umfasst etwa eine Million Arten. 90 Prozent von ihnen sind Insekten, die restlichen zehn Prozent verteilen sich auf Spinnentiere, Krebstiere und Tausendfüßer. Die Weichtiere sind die zweitgrößte Gruppe der Wirbellosen. Die meisten der 90.000 Arten sind Wasserbewohner und atmen mithilfe von Kiemen; es gibt auch Landbewohner mit Lungen. Zu den Weichtieren gehören Schnecken, Muscheln und Kopffüßer.

Einfache Wirbellose sind beispielsweise Schwämme, Quallen, Seeanemonen und Korallen, Würmer (Ringelwürmer, Plattwürmer, Rundwürmer) sowie Stachelhäuter wie Seesterne und Seeigel. Viele Wirbellose sind Wasserbewohner. Manche von ihnen schwimmen während ihres ganzen Lebens im Wasser, andere heften sich an einer Stelle fest.

Fische sind wechselwarme Wirbeltiere.

heute in Meeren, Seen und Flüssen. Fische sind wechselwarme Tiere. Ihre Körpertemperatur ändert sich mit der Temperatur der Umgebung. Je kälter es ist, umso weniger bewegen sich wechselwarme Tiere. Es gibt über 21.000 verschiedene Arten von Fischen. Ihr Körper ist oft stromlinienförmig und meist mit Schuppen bedeckt. Mithilfe der Kiemen nehmen sie Sauerstoff aus dem Wasser auf. Haie und Rochen sind Knorpelfische. Ihr Skelett besteht aus Knorpeln, nicht aus Knochen. Alle anderen Fische gehören zu den Knochenfischen.

Lurche: Lurche (Amphibien) sind Tiere, die an das Leben im Wasser und an Land angepasst sind. Die meisten Amphibien verbringen zumindest einen Teil ihres Lebens im Wasser, wo sie ihre gallertartigen Eier ablegen. Die Klasse

Ein Frosch

der Amphibien umfasst drei Ordnungen mit rund 4400 heute lebenden Arten: die Schwanzlurche (Salamander und Molche), die Froschlurche (Frösche und Kröten) sowie die eigenartige Gruppe der Blindwühlen. Das sind wurmähnliche Amphibien, die keine Gliedmaßen und nur zurückgebildete Augen haben. Lurche sind wechselwarme Tiere.

WIRBELTIERE

Wirbeltiere haben eine Wirbelsäule, die in einzelne Abschnitte (Wirbel) gegliedert ist. Zu den Wirbeltieren gehören die Säugetiere, Vögel, Reptilien, Amphibien und Fische.

Fische: Rundmäuler, Knorpelfische und Knochenfische, deren Vorfahren vor über 400 Millionen Jahren die Ozeane bevölkerten, leben

Kriechtiere: Kriechtiere (Reptilien) sind eine Gruppe der Wirbeltiere, zu der die Schlangen, Echsen, Schildkröten, Krokodile und die Brückenechsen gehören. Von den Reptilien gibt es heute etwa 6500 Arten, die nicht an ein Leben im oder am Wasser gebunden sind; sie atmen durch Lungen. Ihre Haut ist durch Hornschuppen oder -schilder vor dem Austrocknen geschützt. Reptilien sind wechselwarme Tiere und daher vorwiegend in warmen Gebieten zu Hause, wo sie durch die hohen Temperaturen aktiver sind. Die meisten Reptilien legen Eier, einige sind lebend gebärend (z. B. Blindschleiche und Kreuzotter).

Vögel: Die Vögel sind hoch entwickelte, meist flugfähige Wirbeltiere mit etwa 8600 Arten. Stammesgeschichtlich sind sie mit den Reptilien verwandt, was man an Fossilien nachweisen kann. Wie die Reptilien legen die Vögel Eier, die aber im Gegensatz zu den meisten Reptilieneiern eine harte Schale besitzen. Die Vögel haben auch einige neue Eigenschaften entwickelt und so sind sie die einzigen Lebewesen mit Federn. Außerdem verfügen sie über Flügel und einen Schnabel aus Knochen und Horn. Sie sind gleichwarme Tiere, das heißt, ihre Körpertemperatur bleibt unabhängig von der Temperatur der Umgebung immer gleich (wie bei den Menschen auch!). Vögel sind in allen Lebensräumen anzutreffen – im tropischen Regenwald, in der Wüste, in eisigen Gebieten oder in der Stadt!

Säugetiere: Säugetiere sind die am höchsten entwickelten Wirbeltiere. Zu ihnen gehören der Mensch und alle anderen Tiere, die ihre Jungen mit Milch säugen und deren Haut in der Regel ein Haarkleid trägt. Säugetiere sind gleichwarm und so weitgehend unabhängig von der Außentemperatur. Sie haben von allen Tieren das am höchsten entwickelte Gehirn und Nervensystem sowie besonders leistungsfähige Sinnesorgane. Alle Säugetiere, außer den Eier legenden Kloakentieren (auch Schnabeltiere genannt), gebären lebende Junge. Die Größenunterschiede bei Säugetieren sind enorm. So kann die größte Art, der Blauwal, 35 Meter lang und 130 Tonnen schwer werden, während die kleinsten Arten, nämlich Spitzmäuse und Fledermäuse, eine Kopfrumpflänge von weniger als vier Zentimetern haben. Manche kleine Säugetiere werden nicht älter als ein Jahr, der Mensch hingegen erreicht ein Durchschnittsalter von etwa 80 Jahren. Es gibt etwa 6000 Arten von Säugern, die alle Lebensräume (meist auf dem Land) besiedeln.

DAS PFLANZENREICH

Das Pflanzenreich umfasst ungefähr 260.000 bekannte Arten, zu denen Algen, Sporenpflanzen (Moose und Farne) und Blütenpflanzen gehören. Sie sind Lebewesen, die in der Regel Chlorophyll (Blattgrün) besitzen und alle lebensnotwendigen Stoffe selbst aufbauen können (Fotosynthese). Die Fortpflanzung erfolgt ungeschlechtlich (z. B. durch Sporen oder Ausläufer) oder geschlechtlich (durch Befruchtung).

Die Arten im Pflanzenreich werden systematisch in mehreren Abteilungen zusammengefasst. Eine Abteilung mit sehr einfach gebauten Pflanzen stellen die Moose dar, die keine echten Gefäße (Leitsysteme für Wassertransport) besitzen. Alle anderen Pflanzengruppen werden als Gefäßpflanzen zusammengefasst. Dazu gehören Farnpflanzen und Blütenpflanzen (auch Samenpflanzen). Die Samenpflanzen werden wiederum in Nacktsamer und Bedecktsamer unterteilt.

Säugetiere wie diese Kuh säugen ihre Jungen.

Farne besitzen keine Blüten.

Pflanzen ohne Blüten: Algen, Moose und Farne haben weder Blüten noch Samen. Die einfachsten Pflanzen sind die Algen. Viele von ihnen bestehen aus nur einer Zelle und sind so winzig, dass man sie mit bloßem Auge gar nicht erkennen kann.

Es gibt aber auch Algen, die so groß wie Bäume werden. Die meisten Algen leben im Meer, manche auch im Süßwasser.

Moose sind dagegen Landpflanzen. Sie wachsen normalerweise dort, wo es nass oder feucht ist, z. B. auf Steinen am Ufer von Bächen oder am Waldboden.

Auch Farne gedeihen meist an feuchten, schattigen Plätzen, also vor allem in Wäldern. Sie sehen oft wie große, grüne Federn aus, die direkt aus dem Boden herauswachsen. Moose, Farne und manche Algen bilden Sporen, über die sie sich fortpflanzen.

Die Sporen von Farnen befinden sich in kleinen hellbraunen Behältern, die auf den Unterseiten der Wedel sitzen. Die winzigen Sporen werden vom Wind zerstreut und keimen an einem günstigen Ort aus: Aus ihnen wächst dann eine kleine Pflanze heran. Diese kleine Pflanze hat gleichzeitig männliche und weibliche Geschlechtsorgane mit männlichen bzw. weiblichen Keimzellen, die bei der Befruchtung miteinander verschmelzen.

Bei den Moosen ist es umgekehrt: Hier hat die ausgewachsene Moospflanze männliche und weibliche Geschlechtsorgane. Nach der Befruchtung der Keimzellen entsteht eine Tochterpflanze, die aber auf der alten Pflanze sitzen bleibt. Bei Algen ist es komplizierter, manche vermehren sich über Sporen fort, andere durch Zellteilung (die einzelligen Algen).

Blüten- oder Samenpflanzen: Diese Abteilung der hoch entwickelten Pflanzen bilden Blüten, Früchte und Samen. Man gliedert sie in Nacktsamer und Bedecktsamer.

Die Nacktsamer bilden Samenanlagen, die nicht von einem Fruchtblatt umgeben sind. Dazu zählen alle Nadelbäume, Ginkgos und Palmfarne. Bei den Nadelbäumen sind die Blüten in Zapfen zusammengefasst. Jeder Zapfen bildet männliche oder weibliche Geschlechtszellen. Durch deren Verschmelzung entsteht ein Samen. Nadelgehölze gehören zu den ältesten Samenpflanzen mit fast 500 Arten. Ihre Nadeln sind umgebildete Blätter. Palmfarne, die Palmen ähneln, wuchsen schon vor 200 Millionen Jahren, wie der Ginkgobaum auch. Der Ginkgo gehört zu den Laub abwerfenden Bäumen. Zu den Bedecktsamern zählen alle anderen Pflanzen. Sie bilden zumeist bunte, auffällige Blüten, die zur

Blüten dienen der Fortpflanzung.

Fortpflanzung dienen. Charakteristisch für sie ist, dass ihre Samen in einen Fruchtknoten eingeschlossen und deshalb nicht sichtbar sind. Erst beim Öffnen der Frucht werden sie frei. Die Blüten bestehen aus vier verschiedenen Teilen: Die Kelchblätter fungieren als äußere schützende Blütenhülle, die oft farbigen Kronblätter sollen Tiere anlocken. Die Staubblätter sind die männlichen, die Fruchtblätter die weiblichen Geschlechtsorgane.

DIE UMWELT

Als Umwelt bezeichnen wir alle natürlichen Lebensgrundlagen von Menschen, Tieren und Pflanzen. Die ökologische Umwelt besteht sowohl aus Lebewesen als auch aus den unbelebten Faktoren Luft, Wärme, Licht, Wasser und Boden. Die gesamte Umwelt unserer Erde wird auch Biosphäre genannt.

Die Umwelt ist unsere natürliche Lebensgrundlage.

WARUM IST DIE UMWELT SO WICHTIG?

Ein Lebewesen kann auf Dauer nur in einer Umwelt überleben, die seinen Bedürfnissen entsprechende Bedingungen aufweist. Das gilt auch für uns Menschen. Lebewesen können sich zwar an viele Veränderungen ihrer Umwelt anpassen, doch sie gehen zugrunde, wenn bestimmte Grenzen überschritten werden. In der Natur herrscht ein ökologisches Gleichgewicht, das heißt, die Lebensgemeinschaften aus Tieren und Pflanzen eines abgegrenzten Gebietes gleichen bestimmte Veränderungen selbstständig aus: Wenn eine Insektenart z. B. zunimmt, wächst auch die Zahl ihrer Fressfeinde, bis diese nicht mehr genügend Nahrung finden. Dann sinkt ihre Zahl auf die ursprüngliche Größe und das ökologische Gleichgewicht ist wieder hergestellt.

GEFAHREN FÜR DIE UMWELT

Die Existenzgrundlage vieler Tiere und Pflanzen wird vor allem durch die Eingriffe des Menschen in die unterschiedlichen Lebensräume empfindlich gestört. Er rodet Wälder, begradigt Flüsse und baut Straßen und In-

dustrieanlagen. Die Folge ist, dass der Lebensraum für Wildtiere und Wildpflanzen immer kleiner wird. Verlieren Tiere, Pflanzen und Mikroorganismen ihren Lebensraum, verschiebt sich das ökologische Gleichgewicht. Da aber unsere Umwelt von dem Gleichgewicht der Ökosysteme (Lebensräume von Tieren und Pflanzen) abhängt, ist die Erhaltung einer gesunden Umwelt auch für das Überleben des Menschen von größter Bedeutung.

Das ökologische Gleichgewicht wird durch den Eingriff des Menschen gestört.

UMWELT-VERSCHMUTZUNG

Der technische Fortschritt, den der Mensch inzwischen erreicht hat, bringt nicht nur Vorteile, sondern verursacht auch viele Probleme. Heute bevölkern über sechs Milliarden Menschen die Erde und die Zahl nimmt ständig zu. Mehr Menschen und mehr Technik erzeugen aber auch immer größere Mengen Abgase und Abfall. Heute wird die Luft auf der ganzen Erde durch Abgase verschmutzt. Die größten Luftverschmutzer sind die Industrieländer in Nordamerika und Europa sowie China in Asien mit ihrem starken Autoverkehr, ihren Fabriken und Kraftwerken.

Saurer Regen: Die Auspuffgase der Autos und Flugzeuge und die Abgase von Fabriken, Kraftwerken und Heizungen, die Kohle, Erdöl oder Holz verbrennen, lösen sich im Wasserdampf der Luft. Sie kommen als saurer Regen wieder auf die Erde und machen die Böden und Bäume krank. In manchen Gebieten sind die Bäume schon so stark betroffen, dass ihre Wipfel nur noch aus dürren und gelben Zweigen bestehen. Anderswo sind ganze Waldflächen durch sauren Regen abgestorben.

Treibhauseffekt: Bestimmte Gase in der Atmosphäre „fangen" die Wärme der Sonne ein und lassen sie nicht mehr entweichen. Die Luftschicht an der Erdoberfläche erwärmt sich wie in einem Gewächshaus oder Treibhaus. Deshalb nennt man diese Gase auch Treibhausgase. Über Millionen von Jahren stellten diese Gase kein Problem für die Umwelt dar, doch das hat sich geändert, seit wir selbst Treibhausgase in großen Mengen erzeugen. Das folgenreichste ist das Kohlendioxid, das bei jedem Verbrennungsprozess (z. B. bei den Verbrennungsmotoren der Autos) entsteht. Je mehr Treibhausgase gebildet werden, desto stärker erwärmt sich die Erde. Die Folge ist, dass das Polareis zu schmelzen beginnt und dadurch die Meeresspiegel steigen und das Tiefland an den Küsten überfluten. Dagegen könnte es in manchen Gebieten weniger regnen, und fruchtbares Ackerland würde sich dort in Wüste verwandeln. Klimaforscher haben ausgerechnet, dass die Temperatur weltweit bis zum Jahr 2050 um ein bis drei Grad ansteigt, wenn die Abgase nicht weniger werden. Diese weltweite Erwärmung kann für das Leben auf der Erde bedrohlich werden.

Ozonschicht: Ganz oben in der Lufthülle, in 30 Kilometern Höhe, entsteht die Ozonschicht durch die Einwirkung der Sonnenstrahlung auf Sauer-

WENIGER MÜLL!

Jeder kann etwas gegen Umweltverschmutzung tun:
– Du kannst den Müll trennen,
– dein Schulbrot in eine Dose packen, statt es in Folie einzuwickeln,
– Flaschen benutzen, die du wieder auffüllen kannst.

?

stoff. Sie schützt das Leben auf der Erde vor der krebserregenden ultravioletten Sonnenstrahlung und ist deshalb für alle Lebewesen außerordentlich wichtig. Doch Gase wie FCKW (Fluorchlorkohlenwasserstoff) machen die Schutzschicht löchrig. Auf der Südhalbkugel ist über Australien und der Antarktis bereits ein großes Ozonloch entstanden. Menschen und Tiere bekommen von den Strahlen Sonnenbrand und mit der Zeit Hautkrebs. Pflanzen wachsen langsamer und wir können immer weniger ernten.

Verschmutzte Meere: Viele schädliche oder giftige Stoffe, die täglich in den Industrieanlagen als Abfallprodukte entstehen, gelangen (trotz modernster Filteranlagen!) über die Flüsse ins Meer. Fische und andere Meeresbewohner nehmen sie beim Fressen auf. Entweder gehen sie daran zugrunde oder sie speichern diese Stoffe im Körper. Wenn wir dann Fisch essen, wird unser Körper ebenfalls belastet und geschädigt. Eine weitere große Belastung der Meere wird durch Erdöl verursacht, das bei Unfällen von Tankschiffen ausläuft oder das abgelassen wird, wenn Schiffe gereinigt werden. Wissenschaftler haben berechnet, dass es in unseren Meeren in etwa 30 Jahren kaum noch Fische und andere Lebewesen geben wird, wenn nicht sofort Maßnahmen gegen die Verschmutzung getroffen werden.

?

HAST DU SCHON GEWUSST,

dass ein einziger Tropfen Öl 1000 Liter Wasser so verschmutzen kann, dass es für Menschen, Tiere und Pflanzen unbrauchbar ist? Wenn man bedenkt, dass bei einem Tankerunfall manchmal mehr als 100.000 Tonnen Öl ins Meer laufen, kann man sich die Ausmaße einer solchen Katastrophe gut vorstellen!